# Sachen- und Quellen-Register

zu

von Savigny's

System des heutigen römischen Rechts,

bearbeitet

und mit Genehmigung des genannten Herrn Verfassers nebst einem Vorworte desselben

herausgegeben

von

O. L. Heuser,
Ober-Appellations-Gerichts-Sekretar zu Cassel.

---

Berlin,
bei Veit und Comp.
1851.

# Vorwort.

Durch die Bearbeitung der hier vorliegenden Register ist ein seit längerer Zeit von mir gehegter Wunsch in Erfüllung gebracht worden. Ich zweifle nicht, daß die Besitzer des Systems in diesen Registern eine bedeutende Erleichterung für den Gebrauch des Werkes finden und daß sie dafür, so wie ich selbst, dem Bearbeiter derselben dankbar sein werden.

Savigny.

# Erste Abtheilung.

## Sachen-Register.

---

### A.

Abhängige II, 49.
Abortus II, 8.
Absolutoria esse omnia judicia VI, 61.
Abwesenheit, als Hinderungsgrund der Verjährung, III, 424.
— , als Restitutionsgrund, III, 426. VII, 161.
s. Restitution.
Acceptation der Schenkung IV, 128. 148. 265.
— des Verzichtes IV, 545.
Acceptilation IV, 56. 90. 127. 175. 198. 258.
— bedingte, III, 125. 126.
Accessio, Eigenthumserwerbsart, II, 282.
— temporis V, 362.
Accrescendi jus VIII, 487.
Accusatio ex lege Julia de adulteriis, deren Verjährung, III, 416.
Acquisitio per universitatem I, 384.
Actio — Bedeutung, V, 7. 8.
Actio ad exhibendum I, 236. IV, 64. V, 25. 127. 442. VI, 66.

Actio adversus Publicanos V, 131.
Actiones aediliciae III, 358. V, 61.
Actio aquae pluviae arcendae II, 294. III, 252. 364. IV, 487. 491. 535.
Actiones arbitrariae V, 119. 125. 130. 145.
Actio arborum furtim caesarum V, 476.
Actiones bonae fidei und stricti juris V, 461.
— — —, praktische Bedeutung des Unterschiedes, V, 463.
— — —, Grenzscheidung beider Arten, V, 470. 480.
— — —, Aufzeichnung der act. str. jur., V, 475.
— — —, Aufzeichnung der bon. fid. act., V. 483.
— — —, Verhältniß beider Arten, V, 487.
Actio Calvisiana IV, 25. 272.
Actio certi V, 98.
Actiones civiles V, 61.
Actio commodati II, 142. V, 83. 84. 258.
— —, deren Verjährung, III, 400. V, 291. 298.
— communi dividundo (Verjährung) V, 279. 409.
— confessoria, V, 31. 35. 478.
— constitutae pecuniae V, 498.
— contraria V, 509.
— de calumnia III, 412.
— de effusis II, 95. 125.
— de eo, quod certo loco V, 132.
— de moribus V, 202.
— de peculio II, 84. 97. 135. III, 93. 251. V, 558. VI, 76.
— depositi II, 137. 176. 427. III, 400. V, 83. 84. VI, 76.
— —, Verjährung, V, 291. 298.

Actio de rationibus distrahendis V, 457.
— de receptis V, 508.
— de tigno juncto IV, 176. V, 476.
Actiones directae V, 70.
Actio doli II, 121. 319. III, 117. 300. 357. 414. 425. 450. IV, 444. V, 40. 124. 342. 615. 616.
— — , Verjährung, V, 353. 381.
— — , auf das Interesse, V, 453.
— duplex V, 151. VI, 328.
— emti III, 400.
— ex edicto aedilicio III, 413.
— ex lege Cornelia de injuriis V, 547.
— ex stipulatu V, 622 631.
Actiones extraordinariae V, 61. 107.
Actio familiae herciscundae juristischer Personen II, 294.
— — — , Verjährung, V, 275. 276. 279. 410.
— — — , persönliche Klage, V, 36.
— Faviana IV, 25. 28. 29. 272. 583.
— fiduciae II, 177. V, 486. 517.
Actiones fictitiae II, 41. V, 71.
Actio finium regundorum juristischer Personen, II, 294.
— — — , Verjährung, V, 275. 276. 279. 410.
— — — , persönliche Klage, V, 36.
— — — , deren Wesen, V, 484. VI, 109.
— funeraria II. 95. 119. V, 484.
— furti II, 121. 428.
— — juristischer Personen II, 372.
— — des filius familias II, 98. 99.
— — des peregrinus II, 40.
— — , Verjährung, V, 279.

Actio furti, deren Natur, V, 38. 51. 446. 475.
— — manifesti V, 62. 251. 354. 476.
— — , keine condictio, V. 568. 592.
— — , (quanti res est) V, 446.
— hypothecaria, Verjährung, V, 275. 277. 278. 320. 390 ff.
— — , Entstehung, V, 95.
Actiones honorariae V, 61 ff. s. a. Prätor.
Actio in bonum et aequum concepta II, 92. V, 491.
— incerti V, 98. 612. 617.
— in factum II, 102. 113. V, 92.
— in jus — in factum concepta V, 78.
— in factum wider den Freigelassenen II, 429.
— in factum civilis IV, 256. V, 62. 97.
— in factum de calumnia V, 200. 258.
— injuriarum II, 95. 118. 122. V, 476.
— in personam I, 373.
— — — , deren Natur, V, 11 ff.
— — — , — Verjährung, V, 285.
— — — , hinsichtl. der Rechtskraft der Urtheile, VI, 515.
— in rem I, 356. 373.
— — — , deren Natur, V, 11. 106. 119.
— — — , hinsichtlich der Rechtskraft der Erkenntnisse, VI, 515.
— — — , Angabe des Erwerbsgrundes, VI, 533.
— in rem scripta II, 378 V, 25.
— interrogatoria VII, 23.
— judicati VI, 305. 411.
— legis Aquiliae eines Peregrinen II, 40. III, 388. 432. IV, 64. 75. 303. V, 48. 57.

Actio legis Aquiliae in factum V, 96.
— — — utilis V, 95. 466. 475.
— — — , keine condictio, V, 569.
— — — , Formel, V, 570.
— — — , Concurrenz mit Contraktsklagen, V, 226.
— — — , quanti res est, V, 443. VII, 36.
Actiones legitimae V, 61.
Actio locati II, 142. III, 400.
— — , Verjährung, V, 309.
— mandati II, 136. 176. 427.
Actiones mixtae V, 36. 89.
Actio nata V, 280 ff.
— negatoria VI, 348.
— negotiorum gestorum II, 136. 427.
— noxalis V, 558.
s. Noxalklagen.
Actiones ordinariae V, 61 ff. 107. 643.
Actio Pauliana III, 415. IV, 24. 28. 29. 47. 55. 84. 139. 226. 271. 537. 565. 583.
— — , persönliche Klage, V, 26.
— perpetua V, 280.
Actiones personales V, 16.
Actio pignoraticia contraria III, 301.
— — directa (Verjährung) V, 292. 300.
— — , Begründung, VI, 77.
— poenalis V, 42.
Actiones populares II, 131. 217.
— praejudiciales V, 19.
Actio praescriptis verbis bei der donatio mortis causa IV, 255.

Actio praescriptis verbis bei der donatio sub modo IV, 281.
— — — bei Innominatcontrakten V, 97.
Actiones praetoriae V, 61. 106. 115.
— —, Verjährung, V, 353.
Actio Publiciana VII, 188.
— — confessoria IV, 96.
— pro socio II, 134. 176.
— — —, Verjährung, V, 353.
— quanti minoris VIII, 272.
— — —, Concurrenz mit der act. redhibitoria, V, 257.
— — —, Collision verschiedener Gesetze, VIII, 272.
— quasi Calvisiana IV, 25.
— quasi Faviana IV, 25.
— quasi Serviana V, 95.
— quod jussu II, 135. III, 93.
— quod metus causa I, 373. II, 320. 378. III, 101. 452. IV, 71. 537. V, 25. 56. 124.
— redhibitoria VII, 94. 106. VIII, 272.
— —, Concurrenz mit der act. quanti minoris, V, 257.
— —, Collision verschiedener Gesetze, VIII, 272.
Actiones rei persecutoriae V, 39.
Actio rei uxoriae II, 94. 116. 118. V, 490. 497.
— rerum amotarum V, 124. 555.
— rescissoria VII, 233.
— restitutoria VII, 107.
— Rutiliana V, 93.
— Serviana V, 93. 95.
— sepulchri violati II, 95. 124. 132. V, 201.

Actiones stricti juris V, 461.
Actio tigni juncti IV, 176. V, 476.
— tributoria III, 93. 251.
— tutelae II, 176.
— — , Verjährung, V, 586.
Actiones utiles I, 295. II, 216. 294. III, 95. IV, 125. 137. 178. 285. V, 32. 70. 132.
Actio vectigalis V, 81.
— venditi, Verjährung, V, 289. 292. 304.
— vi bonorum raptorum II, 121. 208. III, 391. 417.
— — — — , Verjährung, V, 38. 51. 279. 456.
Actiones vindictam spirantes, II, 121.
s. Pönalklagen.
— vulgares V, 94.
Actionenrecht, Begriff, I, 401. V, 2 ff.
Actor civitatis II, 296. 328. 337.
Addictio V, 621.
— in diem III, 155.
Adel VIII, 163.
Adjudicatio, formulae pars, V, 67.
Adnotatio I, 129.
Adoption II, 65. 498.
— , Alter des Adoptivvaters, III, 75.
— , Einwilligung durch Schweigen, III, 250. 255.
— , Form, V, 22.
— , zur Erwerbung des Bürgerrechtes, VIII, 47.
— , Collision verschiedener Gesetze, VIII, 500.
Adolescentes III, 24.
Adstipulatio II, 56. 82. 136. V, 202. 550.
Adulti III, 24.

Adventitien, Klagverjährung, IV, 438.
s. a. peculium.
Advocaten, Irrthum im Processe, III, 387. IV, 300.
Advocatur II, 225. 228.
Aedilicische Klagen III, 115 358. 413. IV, 428.
Aegypten, Verfassung ds., VIII, 51.
Aequitas I, 55. 238. 300. V, 180.
Aerarium II, 272.
Aerarius II, 197.
Aestimatio litis VI, 198.
Aetas legitima III, 80.
Affektionswerth V, 466. 475.
Ager publicus I, 369. II, 288.
Agere non valenti non currit praescriptio V, 409.
Agnation I, 341. II, 75. 448. 493.
Agnition der bonorum possessio, Frist, IV, 301. 401. 417. 425. 439.
Album der judices V, 103. 469.
Alienatio, Bedeutung, IV, 24.
— judicii mutandi causa VII, 212.
Alieni juris II, 23 49.
Alimente, Vertrag über, I, 234.
— , Recht auf ꝛc., II, 104 ff. 115. 118.
— , legirte, II, 106. III, 46.
— , bis zur Pubertät ausgesetzte, III, 74.
— , geschenkte, IV, 284.
Alimentenklage II, 118. 387.
— unehlicher Kinder VIII, 527.
Allectio VIII, 48.
Alter, unreifes, III, 22.

Alter, verschiedenes zu verschiedenen Zwecken, III, 74.
Alternative Verbindlichkeit IV, 351.
Altersstufen III, 23.
— , heutiges Recht, III, 81.
Analogie I, 291.
Anfechtbarkeit eines Rechtsverhältnisses IV, 537.
Angehörigkeit der Person an ein bestimmtes Rechtsgebiet VIII, 14.
Angst, Wirkung auf die Handlungsfähigkeit, III, 109. 110.
Annalis exceptio Italici contractus IV, 426.
Anniculus IV, 376.
Antapocha V, 306. 310.
Antinomie I, 286 ff.
Apostaten II, 232. IV, 269.
Appellatio und provocatio VI, 485.
Appellation gegen ein Urtheil, wodurch eine Kaiserconstitution verletzt wird, VI, 382.
Appellationsfrist IV, 300. 425 470.
Aqua ex castello II, 377.
Aquiliana stipulatio V, 606.
Arbiter II, 179. V, 469. 470. 489.
Arbitraria judicia II, 93.
s. a. act. arbitrariae.
Arbitria V, 101. 106. 126.
Argumentum a contrario I, 237.
Arme, Legat an rc., II, 270.
Armenversorgung II, 270 ff. 272.
Arrogation II, 65. 67. 69. 74. 493. III, 62.
Atellanen II, 204.
Athletae II, 184.

Auctoritas prudentium I, 49. 148.
— — des Vormundes II, 431.
Aufnahme als Bürger VIII; 48.
Aufsichtsrecht des Staates über juristische Personen II, 325. 353.
Ausdruck, unbestimmter, I, 222. 225.
— , unrichtiger, I, 222. 230.
Auslegung der Gesetze I, 206 ff. 216.
s. a. Interpretation.
Authenticum I, 67.
Autonomie VIII, 112.

## B.

Bannrechte II, 378. 379.
Baumaterialien, Vindication, V, 409.
Bauerngüter VIII, 307.
Beamtenvereine II, 253.
Beatitudines possessionis IV, 16.
Bedingungen III, 120 ff. s. conditio.
— , suspensive, resolutive, III, 149.
— , Beweislast, V, 155. 185.
— , potestative, zufällige, gemischte, III, 128 ff.
— , unsittliche, III, 169.
— , nothwendige, unmögliche, III, 157.
— , fingirte Erfüllung, III, 138.
— , zufälliges Hinderniß in der Erfüllung, III, 144.
— , in Beziehung auf die Ehe, III, 180.
— , Bestimmungen der neueren Gesetzbücher über unmögliche u. unsittl. Bedingungen, III, 203. s. a. Fiktion.
Beerdigung, Klage wegen gestörter, V, 200.

Begnadigung VII, 102.
Beischlaf, außerehlicher, s. Obligationen.
Beneficium I, 64. IV, 9.
Beneficium competentiae II, 85. IV, 26. 28. 237. VIII, 271.
— —, des Schenkers, IV, 121. 596. V, 178. 378.
Beneficium excussionis V, 212.
— inventarii III, 383. 406. 438.
Bereicherung, Bedeutung, IV, 52. 71. 72.
Besitz juristischer Personen II, 290.
—, natürlicher, II, 143.
—, redlicher, III, 368. 396.
—, Theorie, IV, 16. 54.
—, unvordenklicher, IV, 510.
—, Übergang auf die Erben, II, 371. V, 203.
—, Collision verschiedener Gesetze, VIII, 199.
Besitzerwerb Unmündiger III, 49.
Besitzfehler III, 119.
Besitzverlust einer streitigen Sache nach der Litiscontestation VI, 167.
Bestätigung, obrigkeitliche, eines Rechtsgeschäftes, VII, 159.
Besteuerung einer Corporation II, 347.
Betrug I, 324. II, 178. III, 115. 268. 294. 340. 358.
—, als Restitutionsgrund, VII, 198.
— eines Minderjährigen, als Grund der Versagung der Restitution, VII, 140. 158.
Beweggrund, Irrthum im, III, 304.
Beweis des Gewohnheitsrechtes I, 181.
— des Irrthums III, 336. 465.
— der unvordenklichen Zeit IV, 517.

Beweis innerer Thatsachen III, 336.
Beweislast V, 153. 155.
— bei Exceptionen V, 185.
Blödsinn III, 85.
Bona, Bedeutung, I, 340.
— possessa, proscripta, vendita, II, 179.
— vacantia VIII, 315.
— Verjährung des Rechtes des Fiskus auf solche, V, 360.
Bona fides III, 368. 372. V, 108. 337.
— —, Bedingung der Verjährung, V, 326.
Bonae fidei judicia II, 93. V, 99. 461.
Boni mores I, 56. V, 468.
Bonorum possessio I, 295. III, 404. 408. 427. 435. 436. 438.
— — juristischer Personen II, 303.
— —, capitis deminutio, II, 89.
— —, ventris nomine, II, 16.
— —, contra tabulas, IV, 271. 537.
— —, contra tabulas liberti, IV, 272.
— —, Agnition, IV, 301. 401. 417. 425. 439.
— —, edictalis—decretalis, IV, 431.
— —, Fristversäumung aus Irrthum, III, 404.
Brautgeschenke, Widerruf, IV, 227.
Briefwechsel, dadurch abgeschlossene Verträge, VIII, 235. 256.
Bürgen, s. Restitution, Bürgschaft.
Bürgerrecht VIII, 46.
—, Erwerb durch Geburt, VIII, 46.
—, — — Adoption, VIII, 47.
—, — — Freilassung, VIII, 48.
—, — — Aufnahme, VIII, 48.

Bürgerrecht, Aufhebung, VIII, 49.
— , Unterthanverhältniß ohne Bürgerrecht, VIII, 50. 57.
Bürgervermögen I, 369. II, 288.
Bürgschaft für die Schuld eines Sklaven II, 425.
— der Frauen III, 367.
— , Annahme einer untauglichen im Proceß, III. 386. 434.
— , Annahme durch Schweigen, III, 250. 251.
— , keine Schenkung, IV, 55. 126. 129. 132.
— , Unterbrechung der Klagverjährung, V, 315.
— in Form eines Mandates V, 222.
— , Fortdauer nach Erlöschung der Personalklage, V, 397 ff.
— , Restitution, VII, 217.

## C.

Caduca II, 274.
Calumnia II, 173. III, 412. IV, 48.
— , actio de, V, 200.
Calumniatores III, 106.
Canon, Folge der unterlassenen Zahlung, IV, 302. V, 310.
Canonisches Recht, I, 75.
— , Behandlung der Quellen, V, 334.
Capacität II, 522. 558. IV, 259. 268.
Capitalstrafe II, 213.
Capitis causa II, 209.
— deminutiones II, 25. 60 ff. 89. 209. 210. 443 ff. 475.
— — , deren Grade, II, 63.
— — , — Wirkungen, II, 69. VIII, 483.
— — , — — auf Dotalrechte, II, 116.
— — , — — auf Injurienklagen, II, 123.

Capitis deminutiones, deren Wirkungen auf Societätsrechte, II, 134.
— —, — — auf Mandat und negotiorum gestio, II, 136.
— —, — — auf die actio depositi, II, 137.
— —, — — auf die actio commodati, II, 142.
— —, — — auf Detention, II, 143.
— —, — — auf die Restitution eines Fideicommisses, II, 144,
— —, — — nach heutigem Rechte, II, 148.
— — der Emigrirten nach französischem Rechte, II, 153.
— — der Deportirten II, 154.
— — der zum Tode Verurtheilten II, 154.
Captatorische Verfügungen III, 190.
Caput II, 483.
Castella II, 251.
Causa III, 360. IV, 225. V, 526.
— lucrativa — onerosa IV, 11.
— adjecta s. expressa VI, 465. 514. s. a. Urtheil.
— superveniens VI, 515.
Causae probatio II, 494. 529.
Cautio de damno infecto IV, 566. V, 500.
— judicatum solvi V, 501.
—, in Beziehung auf Legate, V, 501.
—, rem ratam haberi, V, 501.
—, des Usufruktuars, IV, 272. V, 500.
— Muciana III, 137.
Censoren II, 196.
Centumviralgerichte I, 38.
Certa pecunia, certum, V, 537. 629 ff.

Cession IV, 125. 137. 285.
— der Klagen II, 216. V, 196.
— , keine Unterbrechung der Klagverjährung, V, 316.
Cessio bonorum II, 179.
Cessio in jure II, 113. 289. III, 225. IV, 106. 141. 195. 500.
— — — , Begriff, V, 21. VII, 21.
Chorherrenstifter II, 244.
Citation V, 316.
Civile Zeitrechnung IV, 347. ff.
Civilproceß I, 26.
Civis II, 38.
— libertinus, latinus II, 37.
Civitas II, 5. 249.
Civität II, 38.
Clausula generalis VII, 166.
Clubbs II, 256.
Coassation I, 253.
Codex, Auslegung, I, 253. 271. 283.
Codices expensi, accepti, V, 529.
Codicillar=Clausel IV, 144.
Coemtio II, 499. 500.
Cognation I, 342. II, 73. 75.
Cognitor II, 215.
Collegae II, 261.
Collegia sodalitia II, 255.
— tenuiorum II, 259.
Collegiati II, 261.
Collegien, bürgerliche, II, 228.
Collegium II, 260. 276.

Collision verschiedener örtlich begränzter Rechte VIII, 120. 130. 166.
— —, nach preußischem Recht, VIII, 132.
— —, nach französischem Recht, VIII, 133.
— —, nach östreichischem Recht, VIII, 133.
— —, Unterschied der rechtlichen Eigenschaft einer Person und der rechtlichen Wirkungen dieser Eigenschaft, VIII, 235.
Colonat I, 363.
Colonateigenthümer II, 377.
Colonieen, römische, II, 241. 246.
Comitia tributa II, 202.
Commercium II, 27. 31. 36. IV, 260. VIII, 183.
Commodat, keine Schenkung, IV, 27. 32.
—, condictio ex commodato, V, 519.
Compensation V, 138. 403. 467. 557. VI, 335.
Compromiß VI, 11. VII, 4.
—, Klagenverjährung, V, 320.
Computatio civilis — naturalis IV, 383.
Commune — communitas II, 250.
Communis opinio I, 100.
Conciliabula II, 251.
Concludentia facta III, 245.
Concubinat IV, 167.
Concubinenkinder II, 389. 414.
Concurrenz der Klagen V, 204. VI, 415.
—, successive, V, 211.
—, cumulative, elektive, V, 212.
—, alternative, V, 250.
—, partielle, V, 222.

Concurrenz der Exceptionen V, 263.
Concurs, Forderungen der Stadtgemeinden in einem solchen, II, 281.
— , Stellung der Obligationen in einem solchen, VIII, 282.
— , Attraktion, VIII, 287.
— , Collision verschiedener Gesetze, VIII, 445.
Concursprivilegien VIII, 165. 285.
Concursvermögen, außer dem Bezirke des Concursgerichtes belegenes, VIII, 286.
Condemnatio, formulae pars, V, 67. 69.
— , Bedeutung, VI, 220.
Condiktionen II, 92. III, 360. IV, 63. 163. 225.
— , Bedeutung, V, 16. 106. 462. 503. 506. 564. 567.
— , Eintheilung, V, 607.
— , Terminologie, V, 622.
— , Bedingungen derselben, V, 507.
— , deren Anwendbarkeit, V, 511. 521. 524. 527. 564.
— , — — bei dem Darlehn, V, 512.
— , — — bei dem Depositum, V, 518.
— , — — bei dem Mandat, Societät, Tutel, V, 519.
— , — — bei der negotiorum gestio, V, 520.
— , — — auf den Grund eines Irrthums, V, 521.
— , — — wegen Bereicherung des Gegners, V, 523.
— , — — bei dem legatum per damnationem, V, 540.
— , Anomalieen, V, 542.
— , Wirkungen, V, 620.
— , Entstehung der darauf bezüglichen Rechtsregeln und Begriffe, V, 638.
Condictio certi V, 114. 577. 609. 622 ff.
— ex lege V, 542 ff. 608.

Condictio ex injusta causa IV, 63. 176. V, 521.
— ex lege Aquilia V, 504. 544. 548 ff. 569.
— ex lege 10 Cod. de revoc don. IV, 231. V, 202. 547.
Condictio furtiva II, 428. V, 38. 47. 51. 110. 442. 482. 504. 524. 542 ff. 551. 608. 614.
— incerti V, 114. 612. 617. 622. 627.
— indebiti II, 425. III, 115. 214. 217. 271. 349. 362. 447 ff. IV, 26. 34. 36. 79. 147. V, 481.
— —, Verjährung, V, 110. 286. 521. 608.
— —, Verzugszinsen, V, 140. 141. VI, 145.
— —, Beweislast, V, 154.
— —, wegen Rechtsirrthums, III, 447.
Condictio Juventiana III, 271. V, 543.
Condictio — legis actio — V, 576.
— mutui V, 631.
Condictio ob causam datorum III, 221. 271. IV, 254. 281. 287. V, 482. 521. 608.
— ob turpem causam III, 107. 178. V, 482. 521. 608.
Condictio sine causa III, 271. IV, 63. 89. 153. 161. 176. 231. V, 110. 482. 510. 521. 524. 608.
Condictio triticaria V, 622. 626.
Conditio I, 398. 400. II, 450. 470.
Conditio jurisjurandi III, 185.
— promiscua III, 136. — s. Bedingung.
Confarreatio II, 499. 500.
Confiscation II, 71. 166.
Connubium II, 26. 31. 36. 43. 542.
Consensus praesumtus III, 253.
Constitutio I, 122.
—, Wirksamkeit, I, 142.

Constitutiones edictales I, 131.
Constitutum debiti, Unterbrechung der Klagenverjährung, V, 315.
— —, Fortdauer nach Verjährung der persönlichen Klage, V, 400 ff.
Consuetudo, longa, I, 420.
Consuetudo non vincit legem — non vincit rationem — I, 424.
Consultatio I, 132.
Consumtion der Klagen VI, 267. 277. 307.
Consumtion geschenkter Sachen IV, 63 ff. 163. 256. 273.
Contraktsverhältnisse juristischer Personen II, 317.
Contractus incertus V, 580.
Contumacia II, 179.
Convalescenz IV, 555.
Conventio in manum II, 499.
Conventionalstrafen III, 185 ff. V, 59.
Corpora pia II, 308.
Corporati II, 261.
Corporationen II, 243.
—, Begriff, II, 243. 329.
—, Erbeinsetzung, II, 302.
—, Beschlußnahme, II, 329. 345.
—, Auflösung, II, 279. 341. 348.
—, Proceßführung, II, 357.
—, Restitution, VII, 161. s. a. juristische Personen, Schulden, Statuten.
Corpus II, 260.
Corpus juris I, 66.
Correalverbindlichkeit, Anerkennung, V, 315.

Correalverbindlichkeit, Klage deshalb, V, 220 ff. 255. 315. 319.
Credere V, 513.
Cretio vulgaris III, 404.
Criminalproceß I, 26.
— , römische Formen, VI, 310.
Criminalrecht I, 26. II, 312.
Criminalverbrechen, Grund der Infamie, II, 173.
Culpa I, 219. III, 295. IV, 10.
Cura prodigi I, 151.
Curatio I, 361.
Curatoren III, 81.
Curator ventris II, 16.
Curiae II, 250.

## D.

Damnum decidere oportere V, 569.
Damnum injuria datum V, 550.
Dare IV, 104 ff. V, 516. 567. 589. VI, 172.
Darlehn, Empfang Seitens juristischer Personen, II, 295. 310. 317.
— , simulirtes, IV, 102.
— , Namens eines Andern, IV, 122.
— , Klagverjährung, V, 291. 305.
— , Klage, V, 481.
— , Natur, V, 109, 512 ff.
Decrete, kaiserliche, I, 125.
— , — , Wirksamkeit, I, 143.
Decuriae, decuriati, decuriales, II, 254. 261.
Decuriones II, 250.

Dediticii II, 37. 39.
Deductio in peculio II, 422.
Defensus VII, 176. 183.
Delegation — Schenkungsform — IV, 125. 598.
Deliberationsfrist III, 406. IV, 424.
Delikte juristischer Personen II, 295. 310. 317.
— der Sklaven II, 36.
— , Schulden aus ꝛc., II, 85. 427.
— , Obligationen aus Del. Unmündiger, III, 41.
— , Irrthum bei Del., III, 388. 431.
— , Klagverjährung, V, 286.
— , Klagen, V, 48. 56. 106. 475.
Delirium III, 86.
Demens — s. Vernunftlose.
Demonstratio falsa III, 306.
— — , formulae pars, V, 67. 609 ff.
Deportirte IV, 179.
Depositum, Einfluß der capitis deminutio auf ꝛc., II, 85.
— , Verantwortlichkeit, IV, 10.
— , keine Schenkung, IV, 27. 35.
— Namens eines Andern IV, 123.
— , Klagverjährung, V, 291
— miserabile V, 55.
— , Condiktion aus dem dep., V, 518.
— , Grad der culpa, I, 219.
Derelikton IV, 107. 307.
Designatores II, 184.
Desuetudo I, 195.
Detention II, 143.
Diebstahl III, 390.

Dienstbotenrecht I, 366.
Dies III, 204.
— , d. cedit, d. venit, III, 212.
— , ad diem, III, 217.
— civilis IV, 326.
— extremus, novissimus, postremus, supremus, IV, 358.
— , in Beziehung auf Erbeinsetzung, III, 218.
— , in Beziehung auf Legate und Fideicommisse, III, 219.
— , in Beziehung auf Verträge, III, 220.
— , in Beziehung auf dingliche Rechte, III, 225.
— fasti, nefasti, IV, 431.
Digesten, Auslegung, I, 253. 270. 284.
Dignitas II, 201. 452.
Dingliche Klage V, 23.
Dingliche Rechte I, 369.
Dörfer, s. vici.
Dolus II, 179. III, 117. 141. 329. 388. 431. IV, 10. V, 337.
Doli clausula V, 495.
Dolo desinere possidere V, 54
Domicilium VIII, 39.
— , Begriff, VIII, 58.
— , Begründung, VIII, 61.
— , Aufhebung, VIII, 63.
— , Wirkung, VIII, 67.
— , — bezüglich einer Person, welche mehreren Gemeinden angehörig ist, VIII, 86.
— juristischer Personen VIII, 65.
— , in Beziehung auf städtische Lasten, VIII, 69.
— , Concurrenz mit origo, VIII, 86.

Domicilium der Findelkinder VIII, 106.
— Wirkung nach heutigem Recht. VIII, 89. 92.
— originis VIII, 105.
Domkapitel II, 244.
Donatio IV, 13.
— mortis causa III, 156. IV, 23. 144. 165. 171. 178. 181. 239 ff.
— ante nuptias IV, 23. 169. 209.
— propter nuptias I, 77. IV, 23. 170. 222.
— sub modo IV, 103. 165. 234. 280 ff. III, 227. 229.
— , heutiges Recht, IV, 287.
— inofficiosa IV, 226.
— perfecta IV, 104. s. a. Schenkung, actio praescr. verb.
Dorfgemeinden II, 245. 337.
Dos I, 378.
— profectitia IV, 30.
— , keine Schenkung, IV, 47. 82. 124 174. 222.
— , Rückforderung derselben, III, 251. 255. IV, 303. 412. 537. V. 517.
— , Früchte derselben, IV, 359.
Dotalgrundstücke, deren Veräußerung, IV, 559. 566.
Dotalklage, deren Natur, V, 27.
— , deren Verjährung, V, 287.
Dotalrecht II, 113 ff. 150. IV, 56.
Dotation, Klage auf rc., II, 119 150.
Dotis actio II, 441.
Dotis dictio II, 436.
Drohung III, 101 ff. 261.
Dunkelheit eines Gesetzes I, 208.
Duplicationen V, 189 ff.

## E.

Ediktalladung Verschollener II, 19.
Edikte, obrigkeitliche, deren Beschädigung, III, 392.
Edikte I, 116. 122.
— , Kennzeichen derselben, I, 124.
— , deren Wirksamkeit, I, 142.
Edikte der Praefecti Praetorio I, 144.
Ehe I, 341. 347. 349. 352. II, 40. 42. 51. 75. 147. 219. 231.
— , doppelte, II, 182.
— , Fähigkeit zur rc., III, 55. 71.
— , Wirkung des Betrugs auf solche, III, 117.
— , Wirkung des Irrthums, III, 270. 362.
— , Eheverbote der lex Julia, II, 517 ff. III, 395.
— , Bedingungen in Beziehung auf die Ehe, III, 180 ff.
— , Einwillung in die Ehe durch Schweigen, III, 250.
— , Vertragsnatur der Ehe, III, 318 ff.
— , strenge und freie, IV, 166.
— , Berechnung des Alters zur Ehe, IV, 411.
— , während des Trauerjahrs, IV, 552.
— , erzwungene, III, 105.
— , Einwilligung des Vaters, II, 147.
— , örtliche und zeitliche Grenzen des Rechtsverhältnisses, VIII, 324. 494.
— , Erbfolge der Ehegatten, VIII, 497.
Ehebruch II, 390.
— ; Klage wegen rc., IV, 399. 425.
Ehehindernisse II, 517 ff. III, 395. IV, 552. 556.
Eheliches Güterrecht bei Änderung der Gesetzgebung, VIII, 495.

Ehescheidung, im Zorn, III, 87.
— , deren Bedingung, III, 180. IV, 169. 178.
— , örtliche Grenzen der darauf bezüglichen Rechtsregeln, VIII. 337.
— , zeitliche Grenzen der darauf bezüglichen Rechtsregeln, VIII, 495. 524.
Ehre II, 229.
Ehrenämter II, 228.
Ehrlosigkeit II, 229. s. Infamie.
Eid juristischer Personen II, 297.
— , de paternitate, II, 386.
— , Bedingung eidlichen Versprechens, III, 146. 185. 232. IV, 273.
— , als Beweismittel der unvordenklichen Zeit, IV, 524.
— , über die Rechtsverhältnisse selbst, V, 156.
— , Entscheidung des Rechtsstreites durch einen solchen, VI, 325.
— , als Surrogat eines Urtheils, VII, 47.
— , promissorium — assertorium —, VII, 49.
— , delatum, VII, 53.
— , Zuschiebung, VII, 56. 78.
— , Ableistung, VII, 57.
— , Inhalt, VII, 59.
— , Erlaß, VII, 62.
— , Wirkungen, VII, 63 ff. 70.
— , Zurückschiebung, VII, 73.
— , de credulitate, — de ignorantia, VII, 75.
— , Erfüllungs= — Reinigungseid, VII, 83.
— , heutiges Recht, VII, 84.
— , als Grund der zu versagenden Restitution, VII, 158.

Eid, Calumnieneid, VII, 74.
— , richterlicher, VII, 82.
— , Beschränkung auf Thatsachen, VII, 86.
— , Gewissensvertretung, VII. 87.
— , kein subsidiares Beweismittel, VII, 89.
Eigenthum I, 328. 367.
— juristischer Personen II, 285.
— , Wirkung der capitis deminutio darauf, II, 79.
— , Erwerb Unmündiger, III, 45.
— , Übertragung desselben, IV, 106.
— , Schenkung des, IV, 106 ff.
— , Anwendung verschiedener örtlicher Rechte, VIII, 181. 185.
— , — insbesondere bei der Usucapion, VIII, 187.
— , quiritanisches, VIII, 530.
— , zeitliche Grenzen des Rechtsverhältnisses, VIII, 420.
Einrede V, 169. 189. s. a. exceptio.
— , welche officio judicis supplirt werden darf, V, 188.
Einwendung V, 189.
Emblema Triboniani I, 257.
Emancipation II, 65. 75. 147. 494. III, 250. 255. IV, 51. 87.
Emphyteuse, Schenkung der, IV, 118.
— , Verzicht darauf, IV, 548.
— , Verjährung, V, 310.
— , Klage, V, 486.
Enterbung aus irrigen Motiven III, 380.
— , bedingte, III, 124. 126.
Entsagung IV, 515. s. a. Verzicht.
Entschädigungsklagen V, 41.

Entscheidungen höherer Gerichte, deren Einfluß auf die untergebenen Gerichte, I, 96.
Entscheidungsgründe eines Urtheils, deren Rechtskraft, VI, 350.
Epistola I, 129
Erbeinsetzung, von der Einwilligung eines Dritten abhängige, III, 133.
— , Irrthum in Beziehung auf ꝛc., III, 378 ff.
— , durch einen Anfangstermin beschränkte, III, 211.
— , sub modo, III, 227.
Erben, persönliche Fähigkeit derselben, VIII, 313. 457. 464.
Erbrecht I, 380.
— juristischer Personen II, 299.
— , Einfluß der capitis deminutio darauf, II, 88.
— , Verlust, IV, 302. VIII, 119.
— , Collision örtlicher Rechte, VIII, 295. 298.
— , — — — , nach preußischem Recht, VIII, 316.
Erbrechtsklage, Gerichtsstand, VIII, 309.
Erbschaft I, 378.
— , ruhende, II, 363. 421.
— , Schulden der ꝛc., II, 85.
— , Erwerb Unmündiger, III, 46.
— , irrige Antretung oder Ausschlagung, III, 330.
— , Irrthum hinsichtlich des Erwerbs, III, 382 ff.
— , Ausschlagung, IV, 29.
— , Schenkung, IV, 140.
— , Besitzer, IV, 92
— , Gerichtsstand, VIII, 238.
Erbvertrag über die künftige Erbschaft eines noch Lebenden IV, 141.

Erbvertrag über das künftige Vermögen IV, 142.
— , heutige Gültigkeit, IV, 145.
— , Collision örtl. od. zeitl. begrenzter Rechte, VIII, 314. 492.
Erkenntniß, verurtheilendes, freisprechendes, VI, 313. 320.
Erlaßvertrag IV, 127. 247. V, 383.
— , stillschweigender, IV, 128. 129.
Error in substantia III, 276 ff.
— in materia, über den Stoff, III, 279. 290.
— quotiens in substantia erratur, nullus est contractus, III, 277.
— in corpore III, 292.
— u. ignorantia III, 111. 326.
— facti u. juris III, 114. 326. 336.
— — , dessen Einfluß u. Beweis, III, 328.
— justus III, 335.
s. a. Irrthum, Rechtsirrthum.
Ersitzung IV, 298.
— , Concurrenz mit unvordenklicher Verjährung, IV, 515.
— , deren Grund, V, 269.
Eviction III, 358. IV, 101. 121.
Exceptio, Bedeutung, IV, 313 ff. V, 168. 182 ff.
— , Concurrenz, V, 263.
— , deren Form und Geschichte, V, 160 ff.
— , Inhalt, Arten, V, 169.
— , Zeit deren Vorbringens, V, 187.
— , Verjährung, V, 413 ff.
— , Unterbrechung der Klagverjährung durch Vorschützen einer ꝛc., V, 321.
— , inest actioni, V, 159.
— cognitoria V, 171.

Exceptio dilatoria V, 175.
— doli II, 420. III, 118. 233. 331. 343. 387. IV, 537. V, 172. 178. 379. 467. 501. VIII, 444.
— exceptionis V, 190.
— excussionis VIII, 271.
— facti V, 179.
— fori V, 171. 175. 176.
— in factum V, 170. 172.
— in odium creditoris, in favorem debitoris, V, 375.
— in rem V, 178. 179.
— juris V, 179.
— jurisjurandi V, 379. 387. VI, 414.
— litis ingressum impediens V, 186. VI, 39.
— metus V, 178. VIII, 444.
— non adimpleti contractus V, 289.
— non numeratae pecuniae IV, 301. V, 416. 423. 531. VIII, 271. 444.
— — Collision verschiedener Gesetze, VIII, 271. 444.
— pacti V, 172. 178. 379. 387. VI, 414.
— peremtoria s. perpetua V, 176.
— personae cohaerens V, 177.
— plurium concumbentium VIII, 528.
— praejudicialis V, 171. 176. VI, 435.
— procuratoria II, 218. V, 171.
— rei cohaerens V, 177.
— rei judicatae V, 84. 209. 253. 376. 378. VI, 267. 271. 413.
— — —, Auslegung des fr. 7. D. 44, 2. VI, 501.
— rei in judicium deductae V, 209. VI, 267.

Exceptio rei venditae et traditae V, 178.
— SCti Macedoniani II, 85. 330. 366. V, 378. VIII, 272. 444.
— SCti Vellejani VIII, 272. 444.
— temporalis V, 167. 175.
— utilis V, 170.
— violentae possessiones V, 434.
Exceptionsschrift V, 195.
Excusatio bei der Vormundschaft II, 523. IV, 301. 412. 413. 425. 435.
Execution eines Urtheils VI, 409.
— wider juristische Personen II, 297. V, 65. 621.
Exhibition V, 126.
Existimationis status II, 196. 452.
Expensilatio V, 527. 529.
Expensum latum V, 111, 482.
Expromission IV, 131. 149. 547.
Extraordinaria judicia V, 63.

F.

Facere V, 589.
Falcidische Quart IV, 269. VIII, 455.
Familia I, 342. II, 276.
Familiae emtor III, 260.
Familiengewalt (Einschränkung der Rechtsfähigkeit) II, 49.
Familienrecht I, 342. 345. VIII, 119. 324. 493.
Familienverhältnisse, Anwendung auf juristische Personen, II, 38. 239. 314.
Fiction I, 295.
— der Erfüllung einer Bedingung III, 138.

Fiction bei Klagen V, 71.
Fideicommmiß an juristische Personen II, 306.
— , Restitution, II, 144 ff. III, 251. V, 64. 129.
— , fideicommissaria libertas, II. 145.
— , Begünstigung, II, 21.
— an Priester II, 376. IV, 252. 265. 268. 274. 286.
Fiducia V, 517, 566.
Fiduciae causa II, 50.
Fidepromissor IV, 301. 441. 585. VIII, 79.
Fieber, Einfluß auf die Handlungsfähigkeit, III, 86.
Filia familias, Schuldenfähigkeit, II, 430.
Filius familias II, 52 ff.
— — , Klagfähigkeit, II, 96 ff.
— — , Verbot der Schenkungen, IV. 6.
— — , Verhältniß zur Klagverjährung, IV, 438.
Fiskus II, 245. 272. 360. IV, 179.
— , Klagverjährung, V, 278. 359.
Findelkinder VIII, 106.
Flamen Dialis II, 503.
Foetus II, 12 ff.
Fora II, 251.
Forderungen der Sklaven II, 35.
Formen der Rechtsgeschäfte — Grenzen des örtlichen Rechtes — VIII, 348.
Formulae V, 7. 29. 63. 67 ff.
— certae, incertae, V, 74. 628.
— in jus, in factum conceptae, V, 78. 159.
— der Condiktionen, bon. fid. Actionen und Deliktsklagen, V, 569. 605.
Forum originis — domicilii — VIII, 56. 72. 92.

Forum rei sitae VIII, 169. 200.
— contractus VIII, 203. 205. 234. 241. 244.
— — , bezüglich des Antritts einer Erbschaft, VIII, 238.
— gestae administrationis VIII, 216. 218. 242.
— — — des Vormundes, VIII, 347.
— delicti commissi VIII, 239. 261.
— solutionis VIII, 212.
— hereditatis VIII, 238. 300.
— , Wahlrecht des Klägers, VIII, 241.
s. a. Gerichtsstand.
Frauen, Fähigkeit zur Procuratur, II, 103. 516.
— , — zum Auftreten vor Gericht, II, 439.
— , Irrthum der ꝛc., III, 351, 389. 391. 450. 452.
— , Restitution der ꝛc., III, 432 ff.
— , unzüchtige, II, 554.
Fraus III, 118.
— , in fraudem legis, IV, 142. VIII, 358.
Freie Handlungen III, 521.
Freigeborene II, 36.
Freiheit II, 30 ff.
— , deren Bedrohung, III, 105.
— , deren Begünstigung, III, 142.
— , deren Unschätzbarkeit nach Geldwerth, IV, 51.
Freigelassene II, 36.
— , deren Tod, II, 21.
— , deren Stimmrecht, II, 211.
— , Erwerb des Bürgerrechtes, VIII, 48.
Freilassung durch vindicta II, 287. IV, 22. 50.
Fremdes Recht, Collision mit dem einheimischen, VIII, 25.
Fructuar, Verpflichtung zur Caution, IV, 272.

Früchte einer Sache VI, 101. s. a. Litiscontestation.
— — —, versäumte (s. percipiendi), VI, 104. 113.
— — —, nach preußischem Recht, VI, 120.
Fundus italicus VIII, 377.
Fungibilis res VI, 123.
Furcht III, 99. 268.
Furiosus III, 83.

## G.

Gebäude, Geschenk zum Wiederaufbau von ꝛc., IV, 179. 221.
Geberden, Willenserklärung durch ꝛc., III, 243.
Geburt II, 4.
—, als Bedingung zum Erwerb von Rechtsverhältnissen, II, 6.
—, Erwerb des Bürgerrechtes, VIII, 46.
Gefangene, Geschenk zum Loskauf von ꝛc., IV, 222.
—, Legat an ꝛc., II, 270.
Gegenbeweis unvordenklicher Zeit IV, 525.
Geistesschwäche III, 85.
Geld I, 376. II, 104.
Gelddarlehn des Sohns III, 251.
—, zinsloses, ob Geschenk? IV, 38.
—, Klagverjährung, V, 291.
—, verzinsliches, V, 305 ff.
Geldrente II, 108.
Gelegene Sache, Gesetz der, VIII, 169.
— —, Collision mit den Gesetzen des Wohnortes, VIII, 171.
— —, rücksichtlich beweglicher und unbeweglicher Sachen, VIII, 173.
— —, bei Veräußerungen, VIII, 183.
— —, bei Erwerb des Eigenthums durch Ersitzung, VIII, 185.

Gelegene Sache, Gesetz der, bei Eigenthumsklagen, VIII, 187.
— — , bei Präsidialservituten, VIII, 189.
— — , bei Emphyteuse und Superficies, VIII, 189.
— — , bei Klagen aus Mieth- und Pachtverhältnissen, VIII, 190.
— — , bei dem Pfandrecht, VIII, 191.
— — , bei dem Recht an Lehnen u. Fideicomm., VIII, 198.
— — , bei dem Besitz, VIII, 199.
— — , im Obligationenrecht, VIII, 200.
Gemeinde II, 242. 248.
Gemeindeämter II, 228.
Gemeindebeschlüsse II, 329 ff.
Gemeindegüter, deren Veräußerung, II, 342. 349.
Gemeindewege IV, 484.
Genehmigung, s. ratihabitio.
Generales formae der Praefecti Praetorio I, 144.
Gentilität II, 76.
Gentis enuptio II, 37.
Gerichtsbarkeit V, 1.
Gerichtsgebrauch I, 97.
Gerichtliches Geständniß VII, 6.
— — , als Surrogat eines Urtheils, VII, 7.
— — , Wirkung, VII, 10. 29.
— — , Entstehung und Entwickelung der Lehre, VII, 12.
— — , Gegenstand und Natur, VII, 16.
— — , Widerruf, VII, 28.
— — , Restitution wegen Irrthums, VII, 31. 42.
— — , Beweis der Unmöglichkeit des Eingestandenen, VII, 33.
— — , heutiges Recht, VII, 39.

Gerichtliches Geständniß, preußisches Recht, VII, 46.
s. a. Geständniß.
Gerichtsstand der Obligation VIII, 205. 226.
— —, Bedingungen dessen Geltendmachung, VIII, 244.
— —, preußisches Recht, VIII, 245.
— —, Zusammenhang und Collision mit örtlichen Rechten, VIII, 246. s. a. Forum.
Geschlechtstutel II, 5. 431. III, 24. V, 21. VIII, 137. 417.
Gesellige Vereine II, 255.
Gesellschaften II, 242. 243.
Gesetze, Bedeutung, I, 9. 39.
—, gebietende, verbietende, erlaubende, I, 58.
—, deren Auslegung, s. Interpretation.
—, Grund des Gesetzes, I, 216.
—, Beweggrund, Veranlassung, Absicht des Gesetzes, I, 221.
—, römische, deren heutige Anwendbarkeit, I, 66.
—, Wirkung für bestehende Rechtsinstitute, VIII, 514 ff.
—, rückwirkende Kraft, VIII, 368. 373. 382.
—, — —, nach preußischem Recht, VIII, 399.
—, — —, nach französischem Recht, VIII, 401.
—, — —, nach östreichischem Recht, VIII, 401.
—, authentische Erklärung, I, 209. VIII, 511.
—, neue, deren Einfluß auf erworbene Rechte, VIII, 384.
—, —, deren Einfluß auf den Zustand der Personen an sich, VIII, 414.
—, —, — — auf das Eigenthum, VIII, 420.
—, —, — — auf Servituten, VIII, 420.
—, —, — — auf das Pfandrecht, VIII, 421.
—, —, — — auf andere jura in re, VIII, 424.

Gesetze, neue, deren Einfluß auf Erwerb des Eigenthums und der Servituten durch Ersitzung, VIII, 426.
— , — , — — nach preußischem Recht, VIII, 432.
— , — , — — nach französischem Recht, VIII, 433.
— , — , — — nach östreichischem Recht, VIII, 434.
Gesetze, neue, Einfluß derselben auf das Obligationenrecht, VIII, 435.
— , — , — — auf Obligationen aus Delikten, VIII, 445.
— , — , — — auf den Concursproceß, VIII, 445.
— , — , — — auf das Erbrecht, VIII, 447.
— , — , — — auf Testamente, VIII, 447.
— , — , — — nach römischem Recht, VIII, 469.
— , — , — — nach preußischem Recht, VIII, 474.
— , — , — — nach östreichischem Recht, VIII, 480.
— , — , — — auf Intestaterbfolge, VIII, 482.
— , — , — — auf das Familienrecht, VIII, 493.
— , — , — — auf die Ehe, VIII, 494.
— , — , — — auf die väterl. Gewalt, VIII, 500.
— , — , — — auf die Vormundschaft, VIII, 504.
— , — , — — auf Freigelassene, VIII, 505.
Gesetzbücher I, 102.
— , Einführung neuer, VIII, 370.
Gesetzgebung I, 38 ff. 166.
— , particulare, I, 102.
Geständniß, außergerichtliches, VII, 44.
— , Restitution, III, 387. 457.
s. a. gerichtliches Geständniß.
Gestio pro herede III, 247. 365. 382.

Gewerbliche Vereine II, 254.
Gewicht, falsches, III, 357.
Gewohnheit, abrogatorische, I, 43.
Gewohnheitsrecht I, 34. 76. 144. 168. 420.
— , interpretirendes, I, 209.
— , partikulares, I, 421.
— , — , dessen Verhältniß zum Landes-Gesetz, I, 421.
— , — , — — zu örtlichen Gesetzen, I, 422.
— , — , — — zu absoluten und zu vermittelnden Gesetzen, I, 421.
— , gegen den Inhalt eines Gesetzes, I, 151.
— , nach der Ansicht des canonischen Rechtes, I, 154.
— , Bedingungen dessen Entstehung, I, 171.
— , Gesetz der Continuität, I, 36. 96.
— , dessen Beweis, I, 181. 186.
— , Wirkungen, I, 194.
— , gegen Wuchergesetze, I, 422.
— , Unkenntniß desselben, III, 327.
Großjährige III, 24.
Grund des Gesetzes, s. ratio legis.
Grundsteuer VIII, 71.
Grundsteuerfreiheit II, 378.
Grundstücke als juristische Personen II, 379.
Gutsherrliche Verhältnisse I, 366.

## H.

Habitatio II, 109. 110. IV, 32.
Haeretici II, 232.
Handlungsfähigkeit einer Person II, 1. 282. III, 22. 56. VIII, 134. 218. 263. 407.

Handlungsfähigkeit einer Person, nach preußischem Recht, VIII, 141.
— — —, nach östreichischem Recht, VIII, 144.
— — —, nach französischem Recht, VIII, 145.
—, allgemeine und besondere, VIII, 147.
— der Frauen VIII, 148.
— der in väterl. Gewalt stehenden Personen VIII, 149.
— im Wechselrecht VIII, 149.
Handlungsbücher, Beweiskraft, VIII, 355.
Handwerkszünfte II, 243. 245. 254.
Haus, Miteigenthum an einem, IV, 302.
s. a. Gebäude.
Heerstraßen IV, 485.
Heirath, Bedingung, III, 146.
—, zweite, IV, 236.
Heredes necessarii II, 282.
Hereditas III, 16.
— jacens II, 363.
Hereditatis petitio I, 233. II, 144. III, 396.
— —, Verjährung, III, 400.
— — in rem V, 18. 26. 31. 478.
— —, Besitz des Verklagten, VI, 75.
— —, omnis causa, VI, 107.
— —, Zinsen, VI, 149 ff.
Herkommen I, 98.
Hindernisse vor Gericht aufzutreten IV, 429 ff.
Historische Schule I (Vorrede), S. XIII.
Hochverräther II, 185.
Honores II, 46. 198. 201. VIII, 70.
Hostes II, 38. VIII, 25.

## J.

Jahr IV, 326. 336.
Idus IV, 328.
Immunitas VIII, 52. 72.
Impuberes III, 23. 25. 55.
Incapacität II, 558. IV, 268.
Incest III, 391.
Incola VIII, 59.
Indebitum, wissentliche Zahlung, III, 453. IV, 58. 79. 147.
Indignität IV, 275.
Infamie II, 170. 516.
— , einzelne Fälle derselben, II, 173.
— , juristische Bedeutung, II, 186.
— , deren Wirkungen bei den Römern, II, 188.
— , — — nach heutigem Recht, II, 228.
— , Anwendung auf Frauen, IV, 516.
— , Nebenwirkungen, II, 215.
— , Einfluß neuer Gesetze auf die Personen, VIII, 418.
Infamia mediata et immediata II, 187.
— juris et facti II, 187.
Infantes III, 23. 25.
Infantia III, 28
— eines Contrahenten bei obligatorischen Verträgen III, 40.
— — — bei Obligationen aus Delikten III, 41.
— — — bei Auflösung der Obligationen III, 44.
— — — bei Führung von Processen III, 45.
— — — bei dem Eigenthumserwerb III, 45.
— — — bei Sponsalien III, 45.
— — — bei dem Erwerb einer Erbschaft III, 46.
— — — bei dem Erwerb des Besitzes III, 49.

Infantiae proximus III, 37.
Ingenui II, 23. 36.
Injurienklage IV, 428.
— des filius familias II, 122.
— der filia familias IV, 441.
— juristischer Personen II, 313.
— , Unvererblichkeit, V, 200.
— , Verjährung, V, 353.
In jus vocatio II, 127. III, 394.
In manum conventio II, 499.
Innominatcontrakte IV, 225. 287.
Innungen II, 243.
In rem, in personam, Bedeutung des Ausdrucks, V, 24. 88. 89.
Insinuation III, 241.
— der Schenkung, V, 317. 319. VI, 55.
— einer Klage, deren Wirkungen, VI, 240. 247. 254.
— — — , nach preußischem Recht, VI, 255.
Insolvenz II, 179.
— durch Schenkung IV, 227.
Instanzen VI, 290.
— , Anknüpfung an das alte Recht, VI, 495.
Instanz, Freisprechung von der, VI, 310.
Institutionen, Auslegung, I, 271.
— , System, I, 394.
Intentio, pars formulae, V, 67. 68. 610.
Intentiones in jus coeptae V, 605.
Interdikte, possessorische, II, 126.
— , Verjährung, V, 553.
— , Formel, VI, 329.

Interdikte, judicia ordinaria, V, 65. 499.
Interdicta publica s. popularia II, 133.
Interdiktion III, 87.
Interdictum de aqua IV, 303.
— de itinere IV, 302. 516.
— de vi II, 276. 320. III, 101. IV, 427. V, 445.
— quod legatorum IV, 246. V, 26.
— quod vi aut clam I, 299. II, 125. III, 412. 425, V, 25.
— uti possidetis IV, 427. V, 151. 410. 444.
— utrubi IV, 304. V, 151.
Interesse (quanti res est) V, 87. 441. 613.
Interpolation I, 257.
Interpretatio I, 206. 296. 325.
— , Aussprüche des römischen Rechtes darüber, I, 296.
— , Ansichten der neueren Juristen, I, 318.
— , Aussprüche neuerer Gesetzbücher, I, 326.
— , ausdehnende, I, 231.
— , authentische, I, 209. VIII, 511.
— declarativa I, 227. 231.
— , doctrinelle, I, 209.
— , einschränkende, I, 231.
— , grammatische, I, 213. 320.
— , historische, I, 214. 276.
— lata I, 227.
— , legale, I, 209.
— , logische, I, 214. 320.
— stricta I, 227.
— , systematische, I, 214.
— mangelhafter Gesetze I, 222.
— rückwirkende Kraft, VIII, 511.

Interrogatio in jure VII, 20.
— in judicio VII, 27.
Intervention bei Executionen VI, 439.
Intestabilis II, 368.
Intestaterbfolge, zeitliche Grenzen, VIII, 482.
Intestaterbrecht juristischer Personen, II, 300.
— , Wirkung der capitis deminutio auf rc., II, 88.
— , Collision verschiedener Rechte, VIII, 314.
Inventar (beneficium inventarii) III, 383. 406. 438.
— , Errichtung, IV, 301. 413. 425.
Irrthum III, 99. 111 ff. 325 ff.
— , faktischer, III, 327. 332. IV, 115.
— , Rechtsirrthum, III, 327. 332. 336. 367. 375. 432. 448.
— , — der Minderjährigen, III, 430.
— , — der Frauen, III, 432.
— , — wegen Rustizität, III, 436.
— , — der Soldaten, III, 437.
— , entschuldbarer, III, 335.
— der Advocaten im Proceß III, 387.
— , unächter, III, 264. 440.
— , einseitiger, zweiseitiger, III, 266.
— , begleitender, III, 267.
— , wesentlicher, unwesentlicher, III, 268.
— hinsichtlich der Rechtsverhältnisse III, 267. 269.
— hinsichtlich der Personen III, 267. 269.
— hinsichtlich des Gegenstandes III, 267. 272.
— im älteren römischen Processe III, 384.
— bei dem Kaufvertrag III, 293. 302. 354.
— bei dem Miethcontrakt III, 299.
— bei der Schenkung III, 357. IV. 156.

Irrthum des Testators III, 300.
— bei der Verpfändung III, 301.
— in den Beweggründen III, 304.
— in der namentlichen Bezeichnung III, 305.
— in der Demonstration III, 306.
— bei der in jus vocatio III, 394.
— des Schreibers eines Testamentes III, 394.
— bei Verletzung des Trauerjahrs III, 394.
— bei Eingehung der Ehe III, 362.
— bei der Usukapion III, 369.
— bei den auf das Erbrecht bezügl. Handlungen III, 377.
— bei der hereditatis petitio und rei vindicatio III, 396.
— bei einer pluspetitio III, 386.
— in Anwendung auf Delikte III, 386.
— bei dem Diebstahl III, 390.
— bei dem crimen vis III, 391.
— bei dem Incest III, 391.
— bei der Beschädigung obrigkeitlicher Edikte III, 392.
— bei Zolldefrauden III, 393.
— in Beziehung auf Klagverjährung III, 399. 407.
— bei Unterlassungen III, 403.
— über das Alter eines Minderjährigen VII, 159.
— , als Restitutionsgrund, VII, 196.
— , Bestimmungen neuerer Gesetzbücher, III, 468.
s. a. Advocaten, Beweis, bonorum possessio, condictio, Delikte, Ehe, Erbeinsetzung, Erbschaft, Frauen, Testament, Vertrag, Restitution.
Juden II, 231 VIII, 161.
Judex V, 63. 506.

Judex, im Gegensatz zum Prätor, VI, 286.
Judicia V, 101.
— ordinaria, extraordinaria, V, 61. 107. 643.
— stricti juris, bonae fidei et arbitraria II, 93. V, 105. 106. 115. 461.
— duplicia V, 151. VI, 328.
— prodita V, 93.
— legitima et quae imperio continentur II, 439. V, 61.
Judicium rescindens -- rescissorium — VII, 233.
Judicis postulatio V, 578.
Jura in re I, 369. 372.
— —, Übertragung durch Schenkung, IV, 116.
— —, Beurtheilung nach der lex rei sitae, VIII, 189.
Jurisconsultus I, 2.
Juris praecepta I, 407.
Jurisprudentia I, 2.
Juristenstand I, 45.
—, Verhältniß zur Gesetzgebung, I, 48.
Juristische Personen II, 2. 236. 239. III, 89.
— —, Arten, II, 242.
— —, Geschichte, II, 246.
— —, Entstehung und Untergang, II, 275. 348.
— —, deren Rechte, II, 281.
— —, Verfassung, II, 283. 324.
— —, Klagverjährung, IV, 483.
— —, Eigenthum an Grundstücken, II, 288.
— —, Eigenthum an Servituten, II, 289.
— —, Bonorum possessio, II, 303. IV, 440.
— —, Abschließung von Verträgen, II, 294.

Juristische Personen, Klagrecht, II, 295.
— —, Eidesleistung in einem Processe, II, 297.
— —, Verbrechen derselben und Obligationen aus Delikten, II, 310.
— —, Majorität und Stimmeneinheit bei Beschlußnahmen, II, 329. 345.
s. a. Legate, Fideicommisse, Corporationen, actio fam. hercisc., actio finium regund., actio furti, Aufsichtsrecht, Darlehn, Delikte, Eid, Erbrecht, Execution, Familienverhältnisse, Fideicommiß, Injurienklage, Intestaterbrecht, obligatio, Patronat, Prädialservituten, Proceßführung, Sklaven, usus, Vertrag.
Juristische Thatsachen III, 3.
— —, Ungültigkeit, IV, 536.
— —, relative, absolute, IV, 539.
— —, Gründe ursprünglicher Nichtigkeit, IV, 549.
— —, später wegfallendes Hinderniß der Gültigkeit, IV, 554.
— —, später entstehende Nichtigkeitsgründe, IV, 544.
Jus actionum I, 401. V, 2 sq.
— civile I, 2. 109. 116. 413.
— commune I, 62.
— constitutum I, 61.
— feciale I, 32.
— gentium I, 109. 413.
— honorarium I, 109. 116.
— in personam, in rem, V, 23.
— liberorum II, 403. 436. 523.

Jus naturale I, 342. 346. 413.
— personarum I, 400.
— praediatorium II, 247.
— publicum I, 59.
— rerum I, 401.
— scriptum, non scriptum, I, 106.
— singulare I, 61.
— strictum I, 55.
Jusjurandum in litem V, 123. 129. 141. 145. 226. 453.
Justae nuptiae II, 389.
Justinianische Gesetze, deren Auslegung, I, 240.
— — , Critik einzelner Stellen, I, 252.

## K.

Kauf der eigenen Sache II, 424.
— ad gustum III, 131.
— , Irrthum bei dem ꝛc., III, 298.
— , zum Schein, IV, 100.
Kauf bricht Miethe VIII, 441.
Kalendae IV, 328.
Kalender IV, 318 ff.
— , römischer, IV, 321.
Kämmereivermögen IV, 288.
Ketzer IV, 269. VIII, 161.
Kinder III, 23.
— , uneheliche, II, 414. VIII, 527.
— , Leben im Mutterleibe, II, 12.
— , ungeborene, deren Rechtsverhältnisse, II, 14.
— , Widerruf der Schenkung wegen nachgeborener Kinder, IV, 228. s. Schwangerschaft.

Kindererzeugung, Belohnung der Mutter, II, 5.
Kindermord II, 397.
Kindesunterschiebung III, 379.
Kirchen, Restitution, III, 426.
— , Klagverjährung, V, 355.
Kirchengemeinde II, 266.
Kirchengut, Eigenthümer des &c., II, 265. 271.
Kirchenrecht I, 27.
Klage, Begriff, V, 4 ff.
— , Begründung, V, 154.
— , verschiedene Arten, heutige Anwendung, V, 136.
— aus Familienverhältnissen V, 18.
— , Vertheidigung gegen eine &c., V, 152.
s. actio.
Klagenbenennung V, 148 ff.
Klagfähigkeit des filius fam. II, 96. 99 ff.
Klaggrund, Verneinung, V, 153.
Klagrecht juristischer Personen II, 295.
— , dessen Aufhebung, V, 196.
— , — Vererblichkeit, V, 199.
— , — Concurrenz, V, 204 ff.
— , Aufhebung durch Verjährung, V, 265.
Klagverjährung III, 398. 407. 427. IV, 299. 307. 389. V, 265.
— , Wirkung, V, 366.
— , — naturalis obligatio, V, 375.
— , — — — nach preußischem Recht, V, 406.
— , — — — nach östreichischem, französischem, sächsischem Recht, V, 407.
— , Ausnahmen, V, 408. 425. 437. 446. 582.

Klagverjährung, Geschichte, V. 273 ff.
— , Bedingungen, V, 280 ff.
— , actio nata, V, 280.
— , Unterbrechung, V, 312. 321.
— , bona fides, V, 326.
— , — — nach preußischem Recht, V, 346.
— , — — nach französischem Recht, V, 351.
— , Ablauf der Zeit, V, 352.
— , Art der Berechnung, V, 362.
— , accessio temporis, V, 362.
— , hundertjährige, V, 355.
— , Unterbrechung durch Litiscontestation, VI, 55.
— , in Beziehung auf die mit periodischen Leistungen verbundenen Obligationen, V, 305.
— , bezüglich der periodischen Leistungen, die eine accessorische Natur haben, V, 311.
— , Anwendung auf Exceptionen, V, 413
— , Restitution Minderjähriger, VII, 159.
— , Restitution wegen Abwesenheit, VII, 186.
— , Collision verschiedener örtlich begrenzter Rechte, VIII, 273.
— , Collision verschiedener zeitlich begrenzter Rechte, VIII, 426.
s. a. Mahnung.
Kleidung, praetexta, toga virilis, III, 60.
— , paenula, III, 66.
Kriegsdienst, Unfähigkeit zum rc., II, 204. 205.
Kritik I, 240.
Kündigung, bei Klagverjährung, V, 285. 293. 308.
Kuppelei II, 555.

## L.

Läsion, s. Restitution.
Laesio enormis III, 358. VIII, 272. 440.
Landgut, Überlassung des Gebrauchs eines 2c., IV, 36.
Landrecht bricht gemein Recht VIII, 22.
Landsassiat, voller, VIII, 129.
Landstreicher VIII, 65.
Lasten, städtische, VIII, 69.
Latini II, 5. 41.
— Juniani II, 37. 46. IV, 268.
Leben, Bedrohung des 2c., III, 105.
Lebensalter, juristisch verschiedene, III, 23.
Lebensfähigkeit II, 11. 385 ff.
— , in Beziehung auf das Verbrechen des Kindermordes, II, 397.
Lebensrettung IV, 96. 223.
Legatare, deren persönliche Fähigkeit, VIII, 313. 457. 464.
— , Klagen derselben, V, 258.
Legatum alimentorum II, 106. III, 146. 224.
— annuum II, 109. III, 224. V, 312.
— an Arme II, 270.
Legat, bedingtes, III, 123.
— , betagtes, III, 211.
— , Ausschlagung, IV, 29.
— an Gefangene II, 270.
— einer Geldrente II, 108.
— der habitatio und der operae II, 110.
— , irrig gegebenes, III, 381.
— an eine persona incerta II, 376.
— an juristische Personen II, 305.

Legat an den Kaiser II, 376.
Legatum damnationis II, 290. 306. III, 219. V, 540. 548. VII, 37.
— poenae nomine III, 132. 175. 191. 235
— praeceptionis II, 305.
— sub modo III, 220.
— vindicationis II, 289. 306. III, 219.
— ususfructus II, 369.
— , welches von der Einwilligung eines Dritten abhängig gemacht wird, III, 133.
— , Verhältniß zur Schenkung, IV, 21.
— , Verhältniß zur Schenkung auf den Todesfall, IV, 260 ff.
Leges fugitivae I, 256.
Legis actio V, 7. 28. 66. 166. 181. 578.
Legis vicem quod obtinet I, 117.
Legitimation II, 65.
— per subsequens matrimonium II, 389.
— , zeitliche Grenzen, VIII, 500.
Legitimum judicium II, 439.
Lehen, Rechte daran, VIII, 305. 537. 539.
Leibeigenschaft I, 366. II, 378.
Leistungen, periodische, Verjährung der Klage auf ꝛc., V, 312.
Letzter Wille, Zusammenstellung mit der donatio mortis causa, IV, 258.
Lex I, 117.
— perfecta, imperfecta, minus quam perfecta IV, 550.
— originis, domicilii, VIII, 76.
— rei sitae VIII, 170.
s. Gesetz der gelegenen Sache.

Lex Aebutia V, 544.
— Aelia Sentia IV, 373. 376.
— Anastasiana IV, 101. VIII, 277.
— Calpurnia V, 577. 627.
— Cincia IV, 6. 7. 19. 28. 95. 98. 120. 194. 224. 276. 596. V, 548.
— commissoria III, 155. IV, 469. V, 256.
— Cornelia II, 123. V, 536.
— — de injuriis V, 547.
— Falcidia IV, 269.
— Furia IV, 441. V, 385. 399. VIII, 79.
— Julia II, 6. 37. 147. 183. 220. 517. III, 180. IV, 268. 273. 376. 442. VIII, 473.
— — de adulteriis III, 416. IV, 400. 441. V, 546.
— — municipalis II, 516. IV, 394.
— — repetundarum IV, 7.
— — judiciaria VI, 293.
— Junia II, 287. IV, 268. 376.
— Junia Norbana II, 45.
— Papia Poppaea VIII, 473.
— Plaetoria III, 80.
— Poetelia V, 538. 621.
— regia I, 122.
— Rubria VIII, 53.
— Scribonia IV, 493.
— Silia V, 577. 624.
— vectibulici II, 286.
— Voconia VI, 494. VIII, 470.
Libellus I, 132.
Liberale judicium V, 21. 134.

Liberalitas IV. 9.
Liberare IV, 126 sq. V, 375.
Liberi II, 23. 30.
Libertatis usucapio IV, 574.
Libertini II, 23. 36.
Lis inficiando crescit in duplum V, 56.
Literarum obligatio V, 494. 527.
Litis contestatio VI, 1.
— —, deren Wesen, VI, 8.
— —, im alten Formularprocesse, VI, 15.
— —, nach justinianischem Rechte, VI, 21.
— —, nach canonischem Rechte, VI, 36.
— —, nach den Reichsgesetzen, VI, 39.
— —, deren Wirkungen, II, 81. V, 501. VI, 48.
— —, omnis causa, VI, 54.
— —, Unterbrechung der Klagenverjährung, VI, 55. 247.
— —, Unterbrechung der Usucapion, VI, 55.
— —, Aufhebung des Grundes persönlicher Klagen, VI, 61
— —, Übergang der Klage auf die Erben, IV, 63. 248.
— —, Entstehung des Rechtes nach der L. C., VI, 64.
— —, — nach canonischem Rechte, VI, 70.
— —, mora und mala fides als Folgen der L. C., VI, 79.
— —, — nach preußischem Rechte, VI, 96.
— —, Besitz des Verklagten zur Zeit der L. C., VI, 73.
— —, Erweiterung des ursprünglichen Gegenstandes des Rechtsstreites durch L. C., VI, 101.
— —, — Früchte des streitigen Gegenstandes, VI, 101.
— —, — — bei den Klagen in rem, VI, 106.
— —, — — bei persönlichen Klagen, VI, 110.

Litis contestatio, Erweiterung rc., versäumte Früchte, VI, 113 150.
— —, — — nach preußischem Recht, VI, 120.
— —, — Proceßzinsen, VI, 121. 138.
— —, — — bei act. stricti jur., VI, 145.
— —, — — bei eingeklagten illiquiden Geldsummen, VI, 147.
— —, — — bei der Eigenthumsklage, VI, 149.
— —, — — bei der Erbschaftsklage, VI, 149.
— —, — — bei Klagen auf Legate und Fideicommisse, VI, 154.
— —, — — bei persönlichen Klagen, VI, 156.
— —, — — Wirkung der Consumtion u. Novation, VI, 157.
— —, — — Ansichten neuerer Schriftsteller über heutiges Recht, VI, 161.
— —, Verminderung des ursprüngl. Gegenstandes des Rechtsstreites durch L. C., VI, 164.
— —, — Untergang der streitigen Sache, VI, 165. 167.
— —, — Verlust des Besitzes der streitigen Sache, VI, 165. 167.
— —, — —, heutiges Recht, VI, 182.
— —, — —, Einschränkungen, VI, 184. 196.
— —, — Abnahme des Geldwerthes der streitigen Sache, VI, 166. 227.
— —, — Zeitpunkt der Schätzung, VI, 198.
— —, Stellung und Folgen im heutigen Recht, VI, 237. 254.
Literatur, juristische, deren Benutzung, I (Vorrede), S. XLVI.

Litis denunciatio, Unterbrechung der Klagverjährung, V, 317.
Locus regit actum VIII, 348.
— — —, Anwendung dieser Regel auf das Personenrecht, VIII, 351.
— — —, — — — auf das Sachenrecht, VIII, 352.
— — —, — — — auf das Obligationenrecht, VIII, 354.
— — —, — — — auf die Abfassung eines Testamentes, VIII, 355. 359.
— — —, — — — auf die Beweiskraft der Handlungsbücher, VIII, 355.
— — —, — — — auf den Abschluß einer Ehe, VIII, 356.
— — —, — — — bei Handlungen in fraudem legis, VIII, 358.
— — —, Verhältniß der positiven Gesetzgebung zu dieser Regel, VIII, 360.
— — —, — nach französischem Recht, VIII, 363.
— — —, — nach preußischem Recht, VIII, 364.
Logische Interpretation I, 214. 320.
Longa possessio IV, 278.
Longi temporis praescriptio IV, 492. V, 273. 352.
— , accessio temporis, V, 363.
Lucrativa causa IV, 11. 21. 56.

## M.

Mahnung, Erforderniß der Klagverjährung, V, 285. 316.
Majores III, 24. 79 sq.
Mala fides V, 337. VI, 79. 251.
— — superveniens III, 399. V, 329. 335.

Mancipation II, 27. 285. 289. IV, 106. 135. 154. 195. 198. 199. 244. 567.
Mancipi res IV, 154. 195.
Mancipium II, 50. 84. 494.
Mancipii causa I, 360. IV, 35.
Mandat II, 136. IV, 27. 35.
— , Condiktion, V, 519. 586.
Mandate, kaiserliche, I, 141. 142.
Manumissionsrecht juristischer Personen II,286.287.
Manumissionsfähigkeit IV, 373.
Manumissio mortis causa IV, 253.
Manus I, 357. II, 50. 84. 430. 499. IV, 365.
— consertae III, 274. V, 28.
Materia, als Gegensatz von species, III, 279.
Miethe III, 299.
Milde Stiftungen II, 271.
Minderjährige III, 24. 79.
— , Rechtsirrthum derselben, III, 389. 392. 393. 405. 430. 450.
— , Stillstand der Verjährung, V, 408.
— , Klagverjährung, III, 420. IV, 437.
— , Restitution, IV, 363. 405.
— , bonorum possessio, IV, 439.
s. a. Proceßführung.
Minderjährigkeit, Ende derselben, IV, 416.
— , Einfluß neuerer Gesetze darüber auf die Personen, VIII, 167. 415.
Mißgeburten II, 9.
Missio in possessionem IV, 566. V, 65.
Miteigenthum an einem Hause IV, 302.

Miterben, Verkauf durch einen ꝛc., III, 248.
Mobilia ossibus inhaerent VIII, 171.
Modus II, 269. III, 226 sq.
— , in Beziehung auf Erbeinsetzungen, III, 227.
— , in Beziehung auf Legate und Fideicommisse, III, 228.
— , in Beziehung auf Schenkungen, III, 229.
— , Mittel dessen Ausführung, III, 233.
Monat IV, 327. 337.
Monographien, deren Wesen und Bedeutung, I (Vorrede), S. XL.
Mora, Begriff, V, 285. VI, 79. 171. 208. 251.
— , bei dem Diebstahl, V, 552. VI, 211.
Moralische Personen, s. juristische Personen.
Moratorium V, 409.
Mores boni I, 56.
Mortis causa capio IV, 22. 274.
Mortis causa donatio, s. Schenkung.
Mortis causa manumissio IV, 253.
Muciana cautio III, 137.
Municipes, municipium, II, 246. 249. VIII, 52.
Mündige III, 24.
Munera VIII, 69.
Mutuum IV, 37.

## N.

Nachtwandeln, Einfluß auf die Handlungsfähigkeit, III, 86.
Nasciturus II, 12. VIII, 485.
Nationalität VIII. 15.
Naturalis obligatio I, 219.
Naturzustand I, 23.
Necessitas I, 61.

Negersclaven VIII, 163.
Negotiorum gestio II, 136. IV, 85. 130. 279.
— —, daraus entspringende condictio, V, 520.
Negotium, Gegensatz von donatio, IV, 12.
Negotium mixtum cum donatione IV, 99. 173.
Nexi obligatio V, 538. 621.
— liberatio V, 111. 541.
Nichtigkeit IV, 537. s. juristische Thatsachen.
—, bei nachfolgender authentischer Interpretation, VIII, 513.
Nichtschuld, s. indebitum.
Nicken, dadurch erfolgte Willenserklärung, III, 243.
Niesbrauch, Resolutivbedingung für den 2c., III, 225.
—, Vorbehalt des 2c., IV, 107. 109. 204.
—, dessen Schenkung, IV, 117. 172.
—, Werthermittelung, IV, 212.
Nonae IV, 328.
Non usus der Servituten IV, 298.
Notariat II, 228.
Novation V, 325.
— verjährter Forderungen V, 404.
— des Processes VI, 307.
Noxalklagen II, 427.
—, deren Natur, V, 25. 44. 133. 558.
—, einseitige, zweiseitige, V, 41 ff.
— juristischer Personen II, 294.
—, Übergang auf die Erben des Verletzers, V, 46.
—, — nach canonischem Recht, V, 51.
Nullitätsquerel VI, 476.
Nuntiationes II, 360.
— novi operis II, 133.

## O.

Obligare IV, 119 sq.
Obligatio I, 339.
— naturalis et civilis I, 419. II, 41. 54. 83. 106. 148. 422. 425. IV, 53. 57. 93. 583. V, 369. 378. 384 sq. VIII, 270.
— juristischer Personen II, 294.
— der Sclaven II, 35 ff.
— der Peregrinen II, 41.
— Unmündiger III, 40.
—, Einwirkung der capitis deminutio, II, 81.
— ex die IV, 295.
—, Entstehung durch Usucapion, IV, 313. 513.
—, deren Identität, V, 220.
—, Solidarität, V, 221. 255.
—, Aufhebung ipso jure und per exceptionem, V, 370.
— aus Delikten juristischer Personen II, 317.
Obligationes, quae naturalem praestationem habere intelliguntur, II, 105.
Obligationen, Ort der Erfüllung, VIII, 210. 225. 228.
— , — — — in Folge besonderen Willens der Parteien, VIII, 211.
— , — — — ohne einen solchen, VIII, 214.
— , — — — vermöge der Geschäftsführung, VIII, 216.
— , — — — ohne beide Voraussetzungen, VIII, 219.
— , — — — bei Obligationen aus Delikten, VIII, 278. 445.
— , — — — aus einem außerehlichen Beischlaf, VIII, 279.
— , deren Wirkung, VIII, 281.

Obligationen, Collision verschiedener Rechte, VIII, 200 ff.
— , örtliches Recht, nach der preußischem Gesetzgebung, VIII, 261.
— , — — , nach der östreichischen Gesetzgebung, VIII, 262.
— , — — , in Beziehung auf die persönl. Rechtsfähigkeit eines Contrahenten, VIII, 263.
Obligationenrecht I, 345. 367. 369.
Observanz I, 98.
Örtlicher Sprachgebrauch VIII, 265 ff.
Officium, Bedeutung, IV, 9.
— judicis V, 188. 464.
Omnis causa VI, 251.
— — , deren Übergehung im Urtheil, VI, 305.
Onerosum, Bedeutung, IV, 11.
Operae II, 110.
Operae fabriles IV, 35.
Operarum obligatio II, 81.
Operis novi nuntiatio I, 299. II, 133. 296. V, 500.
Opinio communis I, 100.
Oportere V, 80. 88.
Oratio I, 124.
Ordinalzahlen bei der Bezeichnung von Zeiträumen IV, 602 ff.
Ordo III, 327.
Ordo judiciorum V, 63.
Origo VIII, 39. 44. s. Bürgerrecht.
— , Begriff, VIII, 44.
— , Wirkung, VIII, 67.
— des neueren Rechtes VIII, 103.

## P.

Pachtgeld, Nichtzahlung, IV, 302. 409 ff.
Pactum IV, 128. 544. V, 383. VI, 127.
Pactum displicentiae IV, 301.
Paenula III, 66.
Pagani II, 231.
Partikularrecht VIII, 19.
Pater est, quem nuptiae demonstrant, II, 389.
Paternität II, 386. IV, 303.
— , Anerkennung, II, 389. III, 251.
— , Beweis, II, 390.
— , Gegenbeweis, II, 390.
— , Vermuthung, II, 387. 414.
Patria potestas II, 52.
Patronat I, 360. II, 76. IV, 61.
— juristischer Personen II, 286. 300.
— , Recht des Patrons zum Widerruf der Schenkung, IV, 228.
Peculium I, 378.
— adventitium ordinarium I, 77. II, 57. III, 420.
— extraordinarium II, 97. 119. IV, 172.
— castrense II, 57. 119. IV, 274.
— quasi castrense II, 57.
— , Berechnung, II. 422.
— , Stillstand der Verjährung für den Inhaber des pecul. advent., V, 408.
Pensio IV, 45.
Peregrinus II, 37. 38. IV, 259.
Perendinus dies IV, 604.
Persecutio, Bedeutung, V, 8.

Persona II, 33. VII, 263.
Persona incerta II, 307. 375.
— —, Legat an eine solche, II, 308.
Petitio, Bedeutung, V, 8.
petitoria formula V, 29. 476 sq.
Pfand, Einwilligung in dessen Veräußerung, III, 255. 256.
—, Frist für den Verkauf, IV, 301.
—, Wiedereinlösung, IV, 301.
— für die Schuld eines Sclaven II, 425.
Pfandbestellung, ob Schenkung? IV, 55. 118.
—, Unterbrechung der Klagverjährung, V, 315.
—, daraus entspringende Condiktion, V, 519.
Pfandcontrakt, Grad der culpa, I, 219.
Pfanderlaß, ob Schenkung? IV, 55.
Pfandrecht, Resolutivbedingung, III, 225.
—, stillschweigendes, III, 254.
—, Gegenstand der Schenkung, IV, 55. 118.
—, Usucapion, IV, 312. 513.
— wegen der dos IV, 56.
—, Fortdauer nach erloschener persönlicher Klage, V, 386 ff.
—, Collision älterer und neuerer Gesetze, VIII, 421.
Pfandurkunde, Unterschrift Seitens des Eigenthümers, III,248.
Pfandvertrag, stillschweigender, dessen Wirkung bei Collision örtlicher Rechte, VIII, 282.
Pfarreigüter II, 267.
Pflichttheil IV, 226.
Pia causa, Schenkung an eine ꝛc., IV, 223.
Pia corpora, deren Erbfähigkeit, II, 308.
Pietät IV, 83. 84.
Pignus in causa judicati captum VI, 438.

Plus petere IV, 41. V, 76. 612.
Poena II, 121. V, 38.
Poena negligentiae V, 271.
Poenales sponsiones V, 59.
Poenalklagen, deren Natur, V, 37.
— , Concurrenz, V, 241.
s. Noralklagen.
Pollicitationen II, 321. III, 121. IV, 120.
Polygamie VIII, 36. 160.
Possessionis beatitudines IV, 16.
Possessores II, 336.
Postuliren II, 189. 215. 225. 516.
— , erforderliches Alter, III, 74. IV, 412.
Potestas dominica II, 31. 49. 459.
— patria II, 52.
Praedes litis et vindiciarum VI, 51.
Prädialservituten II, 377. IV, 117.
— juristischer Personen II, 290. 380.
— , Resolutivbedingung bei ꝛc., III, 225.
Praedo III, 396.
Praefectus Praetorio I, 144.
Praejudicium I, 356. 363.
— , Natur, V, 19. 152.
— , Verjährung, V, 275. 277.
Praescriptio, Bedeutung, IV, 313. V, 68. 163. 266. 332.
— judicialis, testamentaria, conventionalis, IV, 305.
— extinctiva, acquisitiva, IV, 310. V, 266.
— longi temporis III, 398. 425. IV, 441.
— , Einfluß der exceptio rei judicatae, VI, 523.

Praestare IV, 101. V, 599.
Präterition IV, 540. VIII, 455.
Praetexta III, 60.
Prätor I, 37. VI, 287. VII, 109.
— , Edikt des rc., I, 106. 116. 118. 152.
Praevaricatio II, 173.
Pragmatica sanctio I, 129.
Praxis I, 97.
— , Beweis, VIII, 345.
Precarium, ob Schenkung? IV, 27.
— , Verjährung, V, 291. 298.
Preisveränderung einer streitigen Sache VI, 227.
Privatrecht I, 22.
Privatstrafe V, 49.
Privatvermögen des Fürsten II, 273. 361.
Privatwege IV, 485.
Privilegia I, 62. 65.
Proceß I, 3.
— , Bedrohung mit Proc., III, 106.
Proceßconsumtion V, 209. 254.
Proceßdauer VI, 7.
Proceßführung IV, 585.
— Seitens juristischer Personen II, 357.
— Minderjähriger I, 234.
— Unmündiger III, 45.
— , stillschweigende Genehmigung einer solchen, III, 247.
Proceßfristen III, 409. 426. 429. IV, 300. 413. 426. 470.
Proceßkosten, deren Übergehen im Urtheil, VI, 305.
Proceßrecht, Zusammenhang mit der Rechtsidee, V, 2.
Proceßschriften, Abfassung, II, 226.

Proceßstrafen juristischer Personen II, 319.
Proceßverjährung IV, 300. 413. 441. 584. V, 322. 378.
Proceßzinsen VI, 121.
Proceßzinsen, deren Übergehen im Urtheil, VI, 305.
s. a. Verzugszinsen, Urtheilszinsen.
Procurator, präsumirter, III, 254. 256.
Procuratur II, 103. 132. 216. 225. 228.
Procuratoria exceptio II, 218.
Pronunciatio VI, 286. 319.
Prorogation III, 247. 365.
Protestation III, 246. 256.
Provinzen, Verfassung, VIII. 50.
Provocation V, 418. VI, 485.
Puberes III, 24. 55.
Pubertas, Bestimmung derselben bei dem weiblichen Geschlecht, III, 68.
— , Möglichkeit der Ehe, III, 71.
— plena III, 75.
Pubertati proximus III, 37.
Pupillarsubstitution I, 151.

## Q.

Quaestio de statu V, 18.
Quanti res est V, 87. 441. 613.
Quarta Falcidia IV, 269.
Quasi-Contrakte, Klagverjährung, V, 286.
Querela inofficiosi I, 38. II, 124. 127. 222. 228. 441. V, 60.
Querela nullitatis IV, 540.

## R.

Rangordnung im Concurs VIII, 285. 292.
Ratihabitio IV, 558.
Ratio legis I, 216. 224. 228. 233.
— juris I, 55. 424.
— naturalis I, 55.
— utilitatis I, 56. 424.
Reallasten II, 377.
— , Erwerb durch Ersitzung und unvordenkliche Verjährung, IV, 513.
Realstatuten VIII, 171.
Rechnungsfehler VI, 379.
Recht, Begriff, I, 7. 9. 332.
— , in subjektivem Sinne, I, 7.
— , in objectivem Sinne, I, 9.
— , allgemeine Entstehung desselben, I, 13. 51.
— , absolutes, I, 57
— , anomalisches, I, 61. 218. 294. V, 199.
— , canonisches, I, 75.
— , dingliches, I, 369.
— , Erhaltung durch Tradition, I, 20.
— , erworbenes, I, 335. III, 3. VIII, 385. 490. 536.
— , dessen Fortbildung, I, 17.
— , gemeines, I, 4.
— , öffentliches, I, 21. 27.
— , örtliche Grenzen, VIII, 8 ff.
— , partikulares, I, 20. VIII, 19.
— , positives, I, 14.
— , praktisches, I, 92.
— , regelmäßiges, I, 62. 217.

Recht, römisches, I, 1. 2.
— , — , Grund dessen Studiums, I (Vorrede), XVIII.
— , — , als Bildungsmittel für den heutigen Rechtszustand, I (Vorrede), XXX.
— , subsidiares, I, 102
— , vermittelndes, I, 58.
— , wissenschaftliches, I, 45. 83. 155. 167.
— , zeitliche Grenzen, VIII, 368.
Rechtlosigkeit II, 33.
Rechtsfähigkeit I, 365. II, 1. VIII, 134. 218.
— , nach preußischem Recht, VIII, 141.
— , nach östreichischem Recht, VIII, 144.
— , nach französischem Recht, VIII, 146.
— , verminderte, II, 23.
— , anomalische Rechte in Beziehung auf ꝛc., II, 90.
Rechtsformeln I, 47.
Rechtsgeschäfte III, 6.
— , einseitige, zweiseitige, V, 508.
— , Wegräumung der Ungültigkeit durch die Zwischenkunft eines Irrthums, III, 366.
Rechtsinstitute I, 9.
— , Aufzählung derselben, I, 388.
— , Classification, I, 393.
Rechtsirrthum, s. Irrthum.
Rechtskraft IV, 530. 532. VI, 265. 285. 297. 300. 350. s. a. Urtheil.
Rechtsobjekt III, 386.
Rechtsquellen I, 11. 50.
— , Art der Benutzung, I (Vorrede), XLIII.
— , Zusammenstellung, I, 107.

Rechtsquellen, römische Ansicht darüber, I, 105.
— , — , praktischer Werth dieser Ansicht, I, 162.
— , concurrirende, I, 100.
— , Ansicht der neueren Juristen darüber, I, 166.
— , Aussprüche neuerer Gesetzbücher darüber, I, 197.
— , — des preußischen Landrechtes, I, 197.
— , — des französischen Gesetzbuches, I, 198.
— , — des östreichischen Gesetzbuches, I, 200.
— , Regeln für die Auslegung im Falle eines Widerspruchs und einer Lücke in denselben, I, 262.
Rechtsregeln, Entstehungsgründe, I, 12.
— , absolute, I, 57.
— , vermittelnde, I, 58.
— , Gebiet deren Herrschaft über die Rechtsverhältnisse, VIII, 2.
— , — — , örtliche Grenzen, VIII, 8.
— , über die ꝛc. Ulpians: honeste vivere, nominem laedere, suum cuique tribuere, als Grundlage der Classifikation der Rechtsverhältnisse, I, 407.
Rechtsstreit, Nebenpunkte, V, 35. s. a. Proceß.
Rechtsverhältniß I, 6 ff. 331. II, 1.
— , Verknüpfung mit der Person, II, 374.
— , Urrecht — erworbene Rechte, I, 335.
— , Entstehung und Untergang, III, 1.
s. Rechtsregeln.
Rechtsverletzung I, 24. V, 1.
Recipere V, 127. 567.
Regalien VIII, 183.
Regenwasser, Schutzanstalten gegen ꝛc., IV, 487.
Regula Catoniana IV, 555. VIII, 460.

Reichsgesetze I, 76.
Rei vindicatio III, 396. IV, 64. 175. 253. V, 130. 477.
— —, Verjährung, III, 400. VI, 73.
Relatio I, 133.
Religion, Einfluß auf die Rechtsfähigkeit, II, 231.
Religionsbekenntniß, Änderung, III, 185.
Religiöse Vereine II, 253.
Relocatio, stillschweigende, III, 251.
Rente, jährliche, IV, 212.
Renunciatio, s. Verzicht.
Repräsentation im Vermögenserwerb I, 364.
Replikationen V, 189. ff.
Repudiatio IV, 546.
Res V, 442.
— extra commercium VIII, 183.
— fungibiles VI, 123.
— incorporales V, 32.
Res judicata I, 37. IV, 532.
Res mancipi IV, 154. 195.
Res merae facultatis IV, 515. V, 267.
Res nullius VIII, 183.
Rescripte, kaiserliche, I, 128.
—, Unterschied von Edikten, I, 132.
—, verschiedene Arten, I, 132.
—, Wirksamkeit, I, 134. 142.
Reservation III, 246.
Reservatio mentalis III, 259.
Responsa prudentum I, 106. 116. 155.
Respublica II, 249.
Restituere V, 127.

Restitution IV, 300. 405. 423. 426. 440. 444. V, 414. VII, 90.
— , Begriff, VII, 95.
— , eigenthümliche Natur und innere Entwickelung, VII, 107.
— , Bedingungen, VII, 118.
— , — , Verletzung, VII, 120.
— , — , — , im Sachenrecht, VII, 125.
— , — , — , im Obligationenrecht, VII, 125.
— , — , — , im Erbrecht, VII, 127.
— , — , — , im Familienrecht, VII, 127.
— , — , Ausnahmen, VII, 138.
— , — , Restitutionsgrund, VII, 130.
— , — , — , Minderjährigkeit, III, 81. 418. 430. VII, 145. VIII, 272.
— , — , — , — , Ausnahmen, VII, 157.
— , — , — , — , Ausdehnung auf Corporationen, VII, 160.
— , — , — , Abwesenheit, VII, 161.
— , — , — , — , generalis clausula, VII, 166.
— , — , — , — , Begriff, VII, 167.
— , — , — , — , Schutz der Abwesenden gegen andere Personen, VII, 169.
— , — , — , — , defensi und indefensi, VII, 176. 182.
— , — , — , — , Schutz anderer Personen gegen Abwesende, VII, 180.
— , — , — , — , verschiedene Arten der Verletzung, VII, 186. 292.
— , — , — , Zwang, IV, 104. VII, 191.
— , — , — , Irrthum, III, 145. 331. 385. 419. VII, 196.
— , — , — , Betrug, III, 117. VII, 198.

Restitution, antiquirte Gründe, VII, 210.
— , Competenz der Gerichtsbehörden, VII, 214.
— , Parteipersonen, VII, 216.
— , Übergang des Restitutionsanspruchs des Verletzten auf Erben, Cessionare, Bürgen, VII, 217.
— , Person des Verpflichteten, VII, 223.
— , Verfahren, VII, 228.
— , — im heutigen Processe, VII, 237.
— , Aufhebungsgründe, VII, 239.
— , — , Verzicht, VII, 239.
— , — , Verjährung, VII, 242.
— , — , — , Anfang, VII, 245.
— , — , — , ununterbrochene Fortdauer, VII, 251.
— , — , — , Ablauf, VII, 254.
— , Zusammentreffen verschiedener Restitutionsgründe, VII, 257.
— , — in Folge eines Successionsfalles, VII, 263.
— gegen die Verjährung einer Restitution VII, 258.
— , Wirkungen, VII, 264.
— eines Minderjährigen, welcher in väterlicher Gewalt steht, VII, 277.
— , Collision verschiedener Gesetze, VIII, 272.
— , Einfluß neuer Gesetze, VIII, 443.
— wegen capitis deminutio, II, 83. 86.
— wider Klagverjährung III, 418.
— wider versäumte Inventarerrichtung III, 383.
— wider Separation der Erbschaft III, 384.
— wider versäumte Proceßfristen III, 429.
s. a. Eid, gerichtliches Geständniß.
Restitutionsfrist, Berechnung, III, 415.

Retentio dotis propter res donatas IV, 178.
— — propter mores V, 202.
Retentionsrecht V, 468.
Retrovenditio III, 155.
Reue bei Innominatcontrakten IV, 225. 283.
Richter, nothwendiges Alter im altrömischen Processe, III, 74.
Rückwirkende Kraft der Gesetze VIII, 373. 506.
Ruf, Bedrohung des guten ꝛc., III, 106.
Rusticitas, Rechtsirrthum aus ꝛc., III, 389. 405. 436.

## S.

Sache, Begriff, I, 338.
Sachenrecht I, 345. 367.
Sachwerth V, 442.
Sacramenti legis actio V, 30. 476. 578.
Saltus VIII, 51.
Sanctiones pragmaticae I, 32.
Schalttag IV, 323. 454.
— , Aufzählung der Fälle, in welchen derselbe nicht als ein Tag berücksichtigt werden soll, IV, 467.
— , dessen Berücksichtigung bei einer durch Vertrag in einer Zahl von Jahren oder Tagen bestimmten Frist, IV, 471.
— , als Grenzpunkt eines Zeitraums, IV, 472.
— , heutige Anwendung dieser Regeln, IV, 475.
Schatz IV, 485.
Schätzung VI, 198.
— bei Deliktsklagen VI, 214.
Schätzungseid V, 123. 129. 141. 145. 226. 453.
Scheinkauf IV, 100. 135.

Schenkung III, 7. IV, 1 ff.
— , Stelle im System, IV, 2.
— , Beschränkungen, IV, 5.
— , Erfordernisse, IV, 18. 23. 52. 77.
— , Analogie mit der Theorie vom Besitz, IV, 16.
— , Unterschied von successio auf den Todesfall, IV, 20.
— , im Verhältniß zum Legat, IV, 21.
— durch Übertragung dinglicher Rechte IV, 105. 116.
— einer Sache, deren Eigenthümer der Geber nicht ist, IV, 110.
— einer Schuldforderung IV, 122.
— einer dos IV, 123. 222.
— durch Befreiung von einer Schuld IV, 126.
— durch übernommene Bürgschaft IV, 132.
— des ganzen Vermögens IV, 134.
— einer zugefallenen Erbschaft IV, 140.
— des zukünftigen Vermögens IV, 142.
— einer Quote des gegenwärtigen oder zukünftigen Vermögens IV, 144.
— durch Zulassung der Usukapion IV, 565.
— durch Zulassung der Klagverjährung IV, 582.
— , Annahme des Beschenkten, IV, 128. 148. 151. 265.
— , durch Unterlassung, IV, 19. 109. 563.
— , Untergang des geschenkten Rechtes oder Gegenstandes, VI, 63. 74.
— , erschwerende Formen, IV, 194.
— , schriftliche Abfassung, IV, 201.
— , Insinuation, III, 450. IV, 5. 74. 85. 199. 209. 217. 224. 277.
— , Tradition, IV, 204.

Schenkung, Zuziehung von Zeugen, IV, 206.
— , Werthermittelung, IV, 211.
— , Zusammenrechnen mehrerer Schenkungen, IV, 216.
— , Wirkung der versäumten Insinuation, IV, 217.
— , remuneratorische, IV, 86. 223. 225.
— , negotium mixtum, IV, 99.
— , Vertragsnatur, IV, 145. 278.
— , unter Suspensivbedingung, IV, 154.
— , Irrthum hinsichtlich der ꝛc., III, 299. 434.
— unter Ehegatten I, 63. 151. 275. IV, 5. 59. 165. 224. 276. 287.
— — — , daraus resultirende Rechtsmittel, IV, 175.
— — — , Fälle deren Gültigkeit, IV, 178. 224. 276.
— — — , für den Fall der Ehescheidung, IV, 169. 171. 178.
— , Einfluß auf dritte Personen, IV, 587.
— , Widerruf, IV, 6. 74. 76. 85. 224. 228. 278.
— , — , Rechtsmittel, IV, 231.
— , — , Verzicht, IV, 235.
— , — wegen Verletzung des Pflichttheils, IV, 226.
— , — wegen Insolvenz des Schenkers, IV, 227.
— , — wegen Undankbarkeit, IV, 229. 233.
— , — wegen nachgeborner Kinder des Gebers, IV, 228.
— , — , Wirkungen, IV, 236.
Schenkung auf den Todesfall IV, 239.
— — — — , deren Form, IV, 250. 261.
— — — — , Rechtsmittel der Rückforderung, IV, 253.
— — — — , Grundverschiedenheit von letzten Willen, IV, 258.
— — — — , Gleichstellung mit d. Legaten, IV, 260. 267.

Schenkung auf den Todesfall, Insinuation, IV, 261. 277.
— — — —, Caution bei einem mortis causa geschenkten Niesbrauche, IV, 272.
— — — —, Bedingung eines Eides, IV, 273.
— — — —, der Soldaten über das peculium castrense, IV, 274.
— — — —, fideicommissarische, IV, 274.
— — — —, Einschränkungen, IV, 276.
— — — —, Widerruf wegen Undankbarkeit, IV, 278.
— — — — ohne Vertrag IV, 278.
Schenkung, Einfluß neuer Gesetze auf das Recht des Widerrufes, VIII, 442.
—, neuere Gesetzgebungen, IV, 288.
s. a. Acceptation, Bürgschaft, Commodat, condictio, Consumtion, Delegation, donatio, dos, Eigenthum, filius familias, Kinder, Legat, Tod, usucapio, Niesbrauch, Pfandrecht.
Schenkungsversprechen IV, 57. 118 ff. 205.
Schiedsrichterliches Urtheil III, 252.
Sclaven, deren Rechtsverhältnisse, II, 30.
Schulden einer Corporation II, 344.
— der Sclaven II, 35. 424.
— des filius familias II, 52. 54. 97.
— der filia familias II, 430.
—, Wirkungen der capitis deminutio II, 82. 149.
Schuldschein, Besitz Seitens des Schuldners, III, 246 ff. IV, 128.
—, Ausstellung eines neuen, V, 315. 391.
—, Zerstörung, V, 550.
—, Entwendung, V, 448.

Schwangerschaft IV, 425.
— , präsumtiver Zeitraum in Beziehung auf uneheliche Kinder, II, 414.
— , Rechtsvermuthung für die Zahl der geboren werdenden Kinder, II, 16.
Schweigen als Willenserklärung III, 248.
Selbsthülfe VII, 5.
Semestria D. Marci I, 140.
Senatusconsultum Juventianum VI, 90.
— — Libonianum III, 394.
— — Macedonianum I, 219. 221. II, 85. III, 366. IV, 5. 551. VIII, 149. 272. 444.
— — Orphitianum IV, 17.
— — Pegasianum IV, 268.
— — Silanianum III, 145. 393.
— — Tertullianum II, 407.
— — Trebellianum III, 16.
— — Turpillianum III, 392.
— — Vellejanum III, 367. 434. IV, 5. 550. 551. V, 372. 379. VIII, 148. 272. 418. 444.
Servitus I, 357.
Servituten IV, 490. 493. 499.
— juristischer Personen II, 289.
— , Entstehung durch Vertrag, II, 290. III, 312.
— , Wirkung der cap. deminutio, II, 79. 149.
— , continuae und discontinuae, IV, 498. 504.
— des Ehemannes an einer Sache seiner Ehefrau IV, 564.
— , Untergang durch Nichtgebrauch, IV, 565. VII, 186.
— , zeitliche Begrenzung, VIII, 420.
Simulation III, 261. IV, 100. 551.

Singularsuccession III, 12.
Sklavenstand I, 357. II, 30.
Sklaven juristischer Personen II, 286. 324.
— einer ruhenden Erbschaft II, 366.
—, deren Rechte, II, 106. V, 558.
—, Wirksamkeit der von einem Sklaven contrahirten Obligation, II, 418.
Societät, simulirte, II, 134. IV, 102.
—, daraus entstehende condictio, V, 319.
Societates II, 255.
Sodales — Sodalitia — Sodalitates — II, 255. 261.
Soldaten, Rechtsirrthum, III, 389. 407. 437.
Solidarverbindlichkeit bei Pönalklagen V, 46.
Solidus IV, 210.
Solutum non repetere V, 405.
Sonnambulismus III, 86.
Spielschulden III, 450. VIII, 277.
Spadonen, Pubertät, III, 75 ff.
—, Beendigung deren Tutel, III, 78.
Sponsalien Unmündiger III, 45.
Sponsio V, 29. 476.
Sponsio praejudicialis III, 260. V, 20. 59.
Sponsio poenalis V, 59.
— tertiae partis V, 114. 137 466. 537. 575. 611. 612.
Sponsor IV, 301. 441. 585.
Sprachgebrauch, örtlicher, VIII, 265 ff.
—, quellenmäßiger, I (Vorrede), XLIII.
Staat I, 22. 28.
—, dessen Aufsichtsrecht über juristische Personen, II, 325.
—, dessen Entstehung, I, 21 29.

Staatsgewalt, Folgen deren Auflösung auf das unter ihrem Einfluß geltende Recht, I, 4.
Staatsrecht I, 22.
Staatsverband, Aufnahme eines Ortes in einen andern 2c., dadurch bewirkte Veränderung der Rechtsregeln, VIII, 370.
Stadtrecht bricht Landrecht VIII, 22.
Städte II, 207. 240. 326.
— , Restitutionsanspruch, II, 281.
— , Klagverjährung, V, 355. 359.
— , Erbeinsetzung, II, 302.
Status I, 350. 397. 400. II, 25. 60. 443. 454. 460. 471.
— , Aufzählung der dazu gehörigen Verhältnisse, II, 458.
— , nach römischem Begriff, II, 460.
— familiae, civitatis, libertatis, II, 447. 448.
Statuten, neue, einer Corporation, III, 347. 359.
— , personalia, realia, mixta, VIII, 121. 122. 171. 296.
Stelle eines Beamten als juristische Persönlichkeit II, 379.
Stellvertreter, Handlungsfähigkeit durch 2c., III, 90 ff.
Steuerforderungen, Verjährung, V, 360. 411.
Stiftungen II, 242. 244. 262.
— , Klagverjährung, V, 355.
Stipulation III, 300. V, 532.
— durch Stellvertreter III, 95.
— , certa, incerta, V, 629.
— , prätorische, V, 454.
Strafe, deren Wesen, V, 1.
Strafklagen, s. Noralklagen, Pönalklagen.
Stricti juris judicium II, 93.
Stumme, Testirfähigkeit, VIII, 463.

Stunde IV, 332.
Subscriptio I, 129.
Substantia III, 278. 279.
Successio III, 4. 8.
— per universitatem I, 383.
— singularis III, 12.
— graduum VIII, 485.
Suffragium II, 46. 198. 202.
Summatim cognoscere VI, 438.
Summariissimum I, 94.
Syndikus II, 96. 338.
Syndikatserrichtung II, 337.
Systematische Interpretation I, 214. 274.

## T.

Tabula Heracleensis II, 45. 171. 206.
Tag IV, 325 ff.
Tausch, Irrthum bei dem rc., III, 298.
Tempus constitutum judicatis IV, 467.
— continuum IV, 422. 435.
— quo lis perit IV, 468.
— utile III, 410. IV, 421.
Tempus regit actum VIII, 408.
s. Zeit.
Territorialrechte I, 101. VIII, 18.
—, widerstreitende in demselben Staate, VIII, 19.
—, widerstreitende in verschiedenen Staaten, VIII, 23.
—, leitende Grundsätze über die Behandlung der Collision verschiedener Territorialrechte, VIII, 81.
—, Staatsverträge des preußischen Staates, VIII, 31.

Territorialrechte, Pflicht des Richters, dasjenige örtliche Rechtsgebiet aufzusuchen, welchem das streitige Rechtsverhältniß angehört, VIII, 28.
— , — , Ausnahmen von dieser Regel, VIII, 33.
Testament, — testamenti factio juristischer Personen, II, 300.
— der Sclaven II, 33.
— des prodigus II, 482.
— des furiosus II, 482. IV, 259.
— der Kinder II, 55.
— , Wirkung der capitis deminutio, II, 88. 167. 482.
— , Einwirkung des Irrthums auf das rc., III, 378.
— , dessen Widerruf, IV, 544.
— , Grundlage des alten Civiltestamentes, V, 541.
— der Soldaten III, 438.
— eines bürgerlich Todten, II, 167.
— , Testamentsmündigkeit, III, 55. 70.
— , — der Spadonen, III, 76.
— , Testamentsfähigkeit, IV, 381.
— , Beurtheilung dessen Gültigkeit bei Collision örtlicher und zeitlicher Rechte, VIII, 311. 447. 457. 463. 466 ff.
Testator, persönliche Fähigkeit in Beziehung auf dessen Rechtsverhältnisse, VIII, 311. 451. 461.
— , — — in Beziehung auf physische Eigenschaften, VIII, 312. 454. 462.
Thatsachen, juristische, III, 3.
— , — , Ungültigkeit, IV, 536 ff.
Theilungsklagen V, 36. 67. 89. 151. 409.
Thierkämpfe II, 184.
Titulus III, 371.

Tod II, 17.
— , bürgerlicher, II, 71. 151. VIII, 163.
— , Bestätigung einer Schenkung durch den ꝛc., IV, 180 ff.
— , Aufhebung des Klagrechtes durch den ꝛc., V, 197 ff.
— , an einem Tag erfolgter mehrerer Personen, II, 20.
Todte Hand, Erwerbfähigkeit, VIII, 161.
Tödtung eines Sclaven II, 34.
Tradition I, 20.
— , deren Natur eines Vertrages, III, 312. IV, 106. 135. 173. 246.
Translatio V, 176.
Transmission der Klage V, 199. VI, 63.
Trauerzeit I, 235. II, 180. 338. 525. 531. III, 394. IV, 411.
Tribus II, 202.
Trunkenheit, Einfluß auf die Handlungsfähigkeit, III, 86.
Tutel I, 361. II, 54. 77. IV, 418.
— , deren Ende, III, 56.
— , Geschlechtstutel, II, 5. 431. III, 24. V, 21.
— , daraus entspringende Condiktion, V, 519.
— , Grad der culpa, I, 219.

## U.

Unabhängige II, 49.
Undankbarkeit, s. Schenkung.
Unfreiheit II, 30 ff.
Ungültigkeit juristischer Thatsachen IV, 536.
Universalsuccession III, 13.
Universitas II, 261.
— juris I, 378.

Universitas ordinata, inordinata, II, 245. 334. 346.
Universitäten II, 245.
Unmündige III, 23. 39.
— , Stillstand der Verjährung rc, V, 408.
Unrecht I, 24. 332.
Untergang einer streitigen Sache nach der Litiscontestation, VI, 167.
— , zufälliger, einer Sache, VI, 170.
Unterschlagung II, 178.
Unterschrift III, 244.
Unvererblichkeit der Rechte II, 91.
Unvordenkliche Zeit, s. Zeit.
Unwissenheit im Recht III, 111. 326 ff.
Unzüchtiges Leben der Frauen II, 183. 554.
Urkunden, Beweismittel bei der unvordenklichen Verjährung, IV, 523.
Urrecht I, 335.
Urtheil, richterliches, I, 3. V, 325.
— , — , dessen Rechtskraft, VI, 257.
— , — , — — , Geschichte, VI, 265.
— , — , — — , Bedingungen, VI, 285.
— , — , — — , — zur Zeit des römischen Formularprocesses, VI, 286.
— , — , — — , Begriff, VI, 297.
— , — , — — , über die Ausdrücke: sententia u. res judicata, VI, 298.
— , — , — — , Arten, VI, 300.
— , — , — — , gemischte Urtheile, VI, 301.
— , — , — — , unbestimmte Urtheile, VI, 310.
— , — , — — , Verurtheil. d. Verklagten, VI, 313.

Urtheil, richterliches, dessen Rechtskraft, Freisprechung des Verklagten, VI, 321.
— , — , — — , Verurtheil. des Klägers, VI, 328.
— , — , Rechtskraft der Gründe eines Urtheils, VI, 346. 350.
— , — , objektive, subjektive Urtheilsgründe, VI, 361.
— , — , — , verschiedene Ansicht der Schriftsteller, VI, 385.
— , — , — , preußisches Recht, VI, 394.
— , — , Erkenntnißquellen, VI, 377.
— , — , Rechtskraft für den Zeitpunkt des Urtheilsspruches, VI, 378.
— , — , Rechtskraft rücksichtlich eines Rechnungsfehlers, VI, 379.
— , — , rechtskräftiges, dessen Wirkungen, VI, 409.
— , — , — , Execution, VI, 409.
— , — , — , actio judicati, VI, 411.
— , — , — , Urtheilszinsen, VI, 412.
— , — , — , exceptio rei judicatae, VI, 413.
— , — , — , — , deren Bedingungen, VI, 417.
— , — , — , — , Identität der Rechtsfrage, VI, 417.
— , — , — , — , bei ungleichartigen Klagen, VI, 424.
— , — , — , — , bei Verschiedenheit der Parteirolle, VI, 426.
— , — , — , — , Legitimationspunkt, VI, 429.
— , — , — , — , Verschiedenheit des äußeren u. juristischen Gegenstandes der Klage, VI, 443. 452.

Urtheil, rechtskräftiges, except. rei jud., Verschiedenheit des Erwerbsgrundes, VI, 453.
— , — , — , causa superveniens, VI, 463. 515.
— , — , — , causa adjecta (expressa), VI, 465. 514.
— , — , — , Identität der Personen beider Rechtsstreite, VI, 466.
— , — , — , natürliche Erweiterungen dieser Regel, VI, 469.
— , — , — , positive Erweiterungen dieser Regel, VI, 470.
— , — , — , — bei Klagen auf ein Verhältniß des Familienrechtes (status) VI, 471.
— , — , — , — bei Klagen aus dem Erbrecht, VI, 474.
— , — , — , — bei Klagen, deren Führung einem Mitbetheiligten überlassen wird, VI, 476.
— , — , — , — bei confessorischen und negatorischen Klagen für ein Grundstück, welches mehreren Miteigenthümern gehört, VI, 479.
— , Surrogate desselben, VII, 1. s. Geständniß, Eid.
— , rechtskräftiges, Anerkennung im Ausland, VIII, 260.
— , Einfluß neuer Gesetze auf ein noch nicht rechtskräftiges 2c., VIII, 510 ff.
Usucapio I, 275. 295. 296. III, 369. IV, 298. 307. 309. 364. 368. 565.
— , Seitens einer Erbschaft, II, 371.
— geschenkter Sachen IV, 101 ff. 197. 213.

Usucapio, bona fides, V, 329 sq.
— , accessio temporis, V, 363. VII, 186.
Usus IV, 96. 117.
— juristischer Personen II, 290.
— , Verlust durch capitis deminutio, II, 79.
— , bei der Ehe, II, 500.
— an einem Haus II, 111.
Ususfructus juristischer Personen II, 289.
— , legirter, II, 369. 371.
— , Verlust durch capitis deminutio, II, 79. 110.
— an einem Haus II, 111.
— , Resolutivbedingungen bei dem ꝛc., III, 225.
Utile tempus III, 410. IV, 421.
Utilitas I, 61.
— publica I, 56.

## V.

Vacatio II, 532.
Väterliche Gewalt I, 341. 348. 353. II, 52. 386.
— — , örtliche und zeitliche Grenzen des Rechtsverhältnisses, VIII, 338. 500.
Vagabunden VIII, 65. 296.
Vaterschaft, s. Paternität.
Venia aetatis VII, 157.
Veräußerung, Begriff, IV, 24.
— durch den Nichteigenthümer IV, 559.
— , Einwilligung in die Veräußerung eines Pfandes, III, 255.
Verborum obligatio V, 493.
Verbrechen juristischer Personen II, 310.

Verbrechen juristischer Personen nach canonischem Rechte und den Reichsgesetzen, II, 322.
Vergleich IV, 81. VII, 2.
— , Verjährung, V, 325.
— , Wirkung auf die Rechtsverhältnisse, VIII, 510.
Verjährung, erwerbende, erlöschende, IV, 299. 300.
— , Einfluß einer Gesetzveränderung, VIII, 426 ff.
s. a. praescriptio, usucapio, Klagverjährung.
Verkauf unter dem Werthe IV, 80.
— , Rücktritt des Verkäufers, VIII, 281.
Verletzung, s. Restitution.
Verlobung, Einwilligung durch Schweigen, III, 247. 249.
Vermögen, Begriff, I, 340. 467. II, 239. IV, 137.
— , Abtretung, IV, 137.
— , Bedrohung, III, 106 ff.
— , eigene Verwaltung desselben, III, 55.
Vermögensconfiskation II, 166.
Vermögensrecht I, 340. 367.
— , Erwerb, II, 282.
Vernunftlose III, 83.
Verpfändung durch Dritte III, 248.
Verschollene II, 17. 18 ff.
Verschwender, Fristversäumung bei der bon. poss., IV, 439.
— , gerichtlich erklärter, VIII, 419.
Verschwendung III, 87 ff.
Vertrag III, 7.
— , Begriff, III, 307.
— , Irrthum bei rc., III, 298. 307. 354.
— der Sklaven II, 36.
— zu Gunsten Dritter IV, 124. 281. 285.

Vertrag wegen Ausschließung der Verjährung V, 411.
— juristischer Personen II, 294.
— , dinglicher, III, 313.
— , Abschluß ohne persönliche Zusammenkunft beider Theile, VIII, 235. 256.
— , Auslegung, VIII, 264.
— , Gültigkeit, VIII, 269. 275.
— , Wirkung, VIII, 281
— , Bekräftigung durch einen Eid, VIII, 444.
— , Einfluß neuer Gesetze, VIII, 435.
Vertretung Handlungsunfähiger II, 283.
Verurtheilung, Umfang, VI, 377.
Verwandtschaft I, 351. 354.
— der Sklaven II, 31 ff.
Verwundung durch gefährliche Thiere, daraus entstehende Klage, II, 125.
Verzicht, einseitiger, IV, 129. 148. 544.
— auf Klagen IV, 235. 278.
— , Nothwendigkeit der Acceptation, IV, 544.
— , dessen Zurücknahme, IV, 546.
s. a. Acceptation.
Verzugszinsen IV, 40. VIII, 282.
— bei dem Schenkungsversprechen IV, 121.
— bei act. stricti juris V, 140. 465.
— , deren Bemessung bei verschiedenen Gesetzen, VIII, 282.
s. a. Proceßzinsen, Urtheil, condictio.
Vestalische Jungfrauen II, 253. 503.
Vesticeps III, 62.
Vici II, 250.
Vindicatio V, 16.

Vindicatio in libertatem, in servitutem, V, 21. 411. s. rei vindicatio.
Vindicta II, 121 sq. 287. V, 60.
— , manumissio per vind., V, 21.
Vis compulsiva III, 101.
Vitalität II, 11. 385 ff.
— in Beziehung auf das Verbrechen des Kindermordes II, 397.
— , Bestimmungen in neueren Partikularrechten, II, 413.
Vocatio in jus, Klage gegen den Freigelassenen, II, 127.
Volk I, 18. 30.
Volksabstammung VIII, 15.
Volksgericht I, 37.
Volksrecht I, 14. 52.
Volkssouveränetät II, 332.
Völkerrecht I, 32.
Volljährigkeit I, 24.
— , Collision verschiedener Gesetze über dieselbe, VIII, 34. 135 ff. 167.
Vormund, Pflicht einen solchen zu erbitten, III, 395.
— , Klage gegen denselben wegen Unterschlagung, V, 58.
— , Heirath mit dem Mündel, III, 395.
— , Gerichtsstand des rc., VIII, 347.
Vormundschaft, Excusationen, II, 523. IV, 301. 412. 413. 425. 435.
— , örtliche und zeitliche Grenzen des Rechtsverhältnisses, VIII, 340. 504.
Votum II, 54. IV, 120.
Vulgata I, 68.

## W.

Wahl bei Klagen V, 256.
Wahnsinnige, Klagenverjährung, IV, 438. 439.
f. a. Vernunftlose.
Wasserleitungen IV, 491.
Wechselfähigkeit VIII, 149. 263.
Wechselgeschäft V, 139.
Wechselrecht, Collision verschiedener Gesetze, VIII, 258.
Werth I, 376.
Widerklage VI, 330.
Wiederverkauf, Klagverjährung, V, 304.
Wiedereinsetzung in den vorigen Stand, f. Restitution.
Willenserklärungen III, 6. 98 ff.
— , stillschweigende, III, 242. 245. 363.
— , förmliche, III, 238.
— , ausdrückliche, III, 242.
— , durch Schweigen, III, 248.
, fingirte, III, 253.
— , ohne Willen, III, 257.
— , Einfluß des Irrthums, III, 363.
Woche IV, 333. 337.
Wohnort, Wahl desselben, III, 184. VIII, 61.
f. a. domicilium.
Wohnsitz, als regelmäßiger Bestimmungsgrund des territorialen Rechtes, welchem der Einzelne untergeordnet ist, VIII, 95.
— , mehrfacher einer Person, VIII, 101.
— , mangelnder, VIII, 102.
Wuchergesetze IV, 5. VIII, 276.

## Z.

Zahlung Seitens Dritter IV, 131. 149. V, 340.
— einer Nichtschuld, s. indebitum.
— , Einfluß auf die Klagverjährung, V, 315.
Zehentrechte II, 378.
Zeit IV, 297.
— , bewegliche Kalenderzeit, IV, 319.
— , regelmäßige Reduktion, IV, 535.
— , Dauer eines Monates, IV, 337. 341.
— , utile tempus, IV, 421.
— , — — , Begriff, IV, 422.
— , — — , Fälle der Anwendung, IV, 424.
— , — — , — des Ausschlusses, IV, 433.
— , — — , Wirkung, IV, 440.
— , — — , Verhältniß zur civilen Zeitrechnung, IV, 442.
— , — — , Critik der gewöhnlichen Ansicht der neueren Schriftsteller, IV. 446.
Zeit, unvordenkliche, IV, 480.
— , — , Anwendung im Staatsrecht, IV, 482.
— , — , Begriff, IV, 484.
— , — , bei den Servituten, IV, 496.
— , — , neueres Recht, IV, 505.
— , — , Fälle der Anwendung, IV, 513.
— , — bei rebus merae facultatis IV, 515.
— , — , Art der Anwendung, IV, 517.
— , — , Beweis derselben, IV, 519.
— , — , — durch Zeugen, IV, 519.
— , — , — durch Urkunden, IV, 523.
— , — , — durch den Eid, IV, 524.

Zeit, unvordenkliche, Gegenbeweis, IV, 525. 531.
— , — , deren Wirksamkeit, IV, 527.
Zeitberechnung, computatio civilis, naturalis, IV, 347. 352. 499.
— , momentum temporis, IV, 383.
— bei der Usucapion IV, 298. 364.
— bei der Manumissionsfähigkeit IV, 373.
— bei der Civität des anniculus IV, 376.
— bei der Testamentsfähigkeit IV, 381.
— bei der Klagverjährung IV, 299. 389.
— bei der Reclamation gegen städtische Wahlen IV, 392.
— bei der Anklage wegen Ehebruchs IV, 399.
— bei der bonorum possessio IV, 401.
— bei versäumten Fristen IV, 387. 404.
— bei der Minderjährigkeit als Restitutionsgrund IV, 405.
— bei den in den Rechtsquellen nicht besonders genannten Instituten IV, 409.
— bei der Fähigkeit zur Ehe IV, 411.
— bei Ablauf des Trauerjahrs IV, 411.
— bei Rückforderung der dos IV, 412.
— bei dem Recht zu postuliren IV, 412.
— bei Übertragung einer Vormundschaft IV, 412. 413.
— bei der Restitution IV, 413.
— bei der Proceßverjährung für die legitima judicia IV, 413.
— bei Errichtung des Inventars einer Erbschaft IV, 413.
— bei Proceßfristen IV, 413.
— bei der Minderjährigkeit als Grund einer Curatel IV, 416.
Zeitbestimmung III, 204. s. dies.
Zeugen bei der Schenkung IV, 202. 262.

Zeugen bei der unvordenklichen Verjährung IV, 519.
Zeugniß, Unfähigkeit zum ꝛc., II, 222. 228.
Zinsen VI, 122. 412. VIII, 276.
— , Sachwerth — Gebrauchswerth —, VI, 122.
— , Zurückforderung wucherlicher, III, 450.
— , Annahme noch nicht fälliger, III, 248.
— , deren Zahlung, Einfluß auf die Klagverjährung, V, 306. 315.
— , Verpflichtung zu ꝛc., bei bon. fid. judiciis, V, 140. 465.
Zorn, Einfluß auf die Handlungsfähigkeit, III, 87.
Zollgesetze, Übertretung, II, 393.
Züchtigung, körperliche, II, 185.
Zünfte II, 228.
Zufällige Umstände III, 5.
Zugabetage IV, 419.
Zwang III, 99. 268. VII, 191.

# Zweite Abtheilung.

## Quellen-Register. *)

**Aggenus Urbicus**, de controversiis agrorum.
(ap. Goes) pag. 56. 67. 72 . . II, 252.
pag. 84. 85 der Gromatici veteres
ed. Lachmann. Berol. 1848 . VIII, 51.

**Asconius**, in Cornelianam
(orat. Cic.) — ed. Orelli — pag. 75 II, 257.
— , in Pisonianam, init. . . II, 45.
— , — — , pag. 7 . . . II, 257.
— , in orat. Cic. in toga
candida (ed. Orelli) pag. 84 VI, 495.

**Auctor ad Herennium.**
I, 12 . . . . . . . . . . V, 176.
I, 13 . . . . . . . . . . II, 166.
II, 12 . . . . . . . . . V, 176.
II, 13 . . . . . . . . . I, 38. 108. VI, 491.
III, 2 . . . . . . . . . I, 408.

---

*) Diejenigen Stellen aus dem corp. jur. civilis, welche nicht blos als Allegate betrachtet werden können, sind durch größeren Druck ausgezeichnet.

**Augustinus**, de civitate dei.
II, 13 . . . . . . . . . . . II, 204.
**Authenticae.**
Auth. Quas actiones, Cod. de sacrosanctis ecclesiis, 1, 2 . V, 356. 358.
Auth. Item nulla, Cod. de episcopis, 1, 3 . . . . . II, 322.
Auth. Item quaecunque, Cod. de episcopis, 1, 3 . . . II, 322.
Auth. Item, Cod. de haeriticis, 1, 5 II, 232.
Auth. Friderici Credentes, Cod. de haereticis, 1, 5 . . . II, 232.
Auth. Friderici Sacramenta puberum, Cod. si adversus vendit., 2, 28 . . . . . VII, 52.
Auth. Decernit, Cod. de receptis, 2, 56 . . . . . . . . . VII, 52.
Auth. Offeratur, Cod. de lit. contest., 3, 9 . . . . . . VI, 22.
Auth. Libellum, Cod. de lit. contest., 3, 9 . . . . . . VI, 22.
Auth. Quod mater, Cod. de revocand. donat., 8, 56 . . IV, 236.
Auth. Bona damnatorum, Cod. de bonis proscript., 9, 49 . II, 166.
Auth. Friderici Habita . . . . . II, 174.
**Bibel.** Psalmen, 90, 10 . . . . II, 18.
Evangel. Matth., cap. 25, 27. VI, 134.
Evangel. Lucas, cap. 15, 7. VII, 280.
— — , cap. 19, 23 . VI, 134.

**Bundesakte**, art. 16 . . . . . . II, 234.
**Caesar**
de bello gallico, V, 52 . IV, 609.
de bello civili, III, 20 . . VI, 493.
Caperonner, rhetores ant., **Fortunatianus** und **Sulp. Victor**,
pag. 63. 284 . . . . . . . V, 176.
**Capitolinus.**
Marcus, cap. 4 . . . . . . III, 61.
— , cap 10 . . . . . . IV, 432.
Macrinus, cap 13 . . . . . I, 136. 139.
**Carolina.**
art. 104 . . . . . . . . . . I, 155.
art. 107 . . . . . . . . . . II, 227. VII, 67.
art. 122 . . . . . . . . . . II, 227.
art. 131 . . . . . . . . . . II, 397.
art. 218 . . . . . . . . . . I, 177.
**Cassiodorus**, variae epistolae,
lib. V, 37 . V, 272.
— , — — , lib. VI, 38 . I, 44.
**Cato**, de re rustica, 149 . . VIII, 204.
**Celsus**, de medicina, III, 3 . IV, 606.
— , — — , III, 13. 21. 23. IV, 12. IV, 610.
**Censorinus**, de die natali,
cap. 9 . . . . . . . . . . IV, 338.
cap. 11 . . . . . . . . . . II, 406.
cap. 14 . . . . . . . . . . III, 58. 68.
cap. 18 . . . . . . . . . . IV, 605.
cap. 20 . . . . . . . . . . IV, 322. 323. 453. 455.
cap. 23 . . . . . . . . . . IV, 326. 333.

**Cicero**

— de inventione.

I, 8 . . . . . . V, 176.
II, 19 . . . . . V, 176.
II, 20 . . . . . V, 161. 164. 176. 177.
II, 22 . . . . . I, 98. 108. 152.
II, 50 . . . . . II, 166.
II, 53 . . . . . I, 98. 108. 145. 408.
II, 54 . . . . . I, 108. 145.

— topica.

cap. 4 . . . . . I, 237. II, 63. 500.
cap. 5 . . . . . I, 108.
cap. 6 . . . . . II, 76.
cap. 9 . . . . . IV, 487.
cap. 17 . . . . . II, 94. V, 102. 484. 490. 491. 640. VI, 333.

— de partitione oratoria.

cap. 37 . . . . . I, 106. 108. 109. 115. 116.

— de finibus.

I, 4 . . . . . . III, 377.
V, 23 . . . . . I, 408.
V, 29 . . . . . VI, 526.

— de officiis.

I, cap. 12 . . . II, 38.
III, cap. 14 . . . V, 528.
III, cap. 15 . . . I, 414. II, 94. V, 102. 484. 486. 490. 491. 640.
III, cap. 16 . . . V, 103. 605. 606. 621. 640.
III, cap. 17 . . . V, 102. 481. 486 490. 640. VI, 333.
III, cap. 29 . . . VII, 48.

**Cicero**

— ad Atticum.

VI, 1 . . . . IV, 609. V, 473.

XIV, 12 . . . II, 45.

XVI, 15 . . . VI, 159.

— pro Balbo.

cap. 2 . . . . VIII, 49.

cap. 13. 18 . . . II, 67.

— pro Roscio Amerino.

cap. 38. 39 . . . II, 176.

— pro Roscio Comoedo.

cap. 2. 3 . . . V, 529.

cap. 4 . . . . V, 85. 536. 573.

cap. 5 . . . . V, 101. 481. 529. 536. 573.

cap. 6 . . . . II, 109. 176. 209.

cap. 9 . . . . V, 103.

cap. 11. 12 . . . VI, 13.

— pro Caecina.

cap. 2 in fine . . II, 176.

cap. 3 . . . . II, 177. 178.

cap. 26 . . . . V, 268.

cap. 33 . . . . II, 64.

— pro Quinctio.

cap. 7 . . . . VI, 494.

cap. 8. 9. 13 . . II, 209.

cap. 15 . . . . II, 179. 209.

cap. 20. 21 . . . VI, 494.

cap. 22 . . . . II, 209.

— pro Cluentio.

cap. 14 . . . . V, 529.

**Cicero**

— pro Cluentio.

cap. 16 . . . . . VIII, 54.
cap. 27 . . . . . VI, 495.
cap. 30 . . . . . V, 529.
cap. 42 . . . . . II, 197.
cap. 43 . . . . . II, 197. 205. V, 103.
cap. 44. 45. 46. 47 . II, 197.

— pro Plantio.

cap. 20 . . . . . II, 203.

— in Verrem.

I, 23. 36 . . . . V, 529.
I, 41 . . . . . . VIII, 470.
I, 42 . . . . . . VIII, 394. 470.
I, 45 . . . . . . V, 31. 478.
II, 1. cap. 46 . . VI, 493.
II, 2. cap. 13. 24.
25. 37 . . . VIII, 75. 89.
II, 12 . . . . . V, 30. 67. 68. 86. 124. 130. 478.
II, 13 . . . . . VI, 291.
II, 56 . . . . . IV, 605.
II, 100 . . . . . II, 237.
III, 79 . . . . . II, 254.

— pro domo.

47 . . . . . . . II, 237.

— ad Quintum fratrem.

II, 3 . . . . . . II, 254. 257.

— de senectute.

cap. 13 . . . . . II, 256.

**Cicero**

— divinatio in Caecilium.

cap. 17 . . . . . II, 263.

— de legibus.

I, 7 . . . . . . II, 451.

II, 2 . . . . . . VIII, 56.

II, 19 . . . . . II, 504.

III, 3 . . . . . VI, 485. 488.

— Tusculanae quaestiones.

III, 5 . . . . . . III, 83.

— pro Murena.

cap. 12 . . . . . IV, 604. V, 104.

— in Pisonem.

cap. 5 . . . . . IV, 609.

— academicae quaestiones.

II, 6 . . . . . . IV, 609.

II, 30 . . . . . VI, 489.

— de oratore.

II, 65. 70 . . . V, 103.

— de natura deorum.

III, 30 . . . . . V, 484.

— ad familiares.

VII, 12 . . . . . V, 486. 490.

XIII, 11 . . . . VIII, 54.

XIII, 27 . . . . VI, 526.

— pro Flacco.

cap. 11 . . . . . VI, 13.

cap. 21 . . . . . VI, 291.

— de re publica.

II, 31 . . . . . VI, 486.

**Cicero**

— pro Tullio.

cap. 7. 38. 39. 40 . . . . . VI, 494.

— in Vatinium.

cap. 14 . . . . . . . . . . VI, 495.

— ad Herennium, s. Auctor ad Herennium.

**Clementinae.**

Clem. unic. de restitutione in integrum, 1, 11 . . . . . III,426. VII,248.253.

Clem. 2. de appellationibus, 2,12. I, 98.

**Codex Bavariensis Maximiliani.**

P. 1, c. 2, § 17 . . . . . . VIII, 173.

**Codex Gregorianus.**

Int. II, 2, 1 . . . . . . . . I, 51.

II, 1 bis 4 . . . . . . VII, 90.

X, 2 . . . . . . . . . . VII, 6. 8.

**Codex Hermogenianus** (ed. Hänel).

VII, 1 (vormals VI, 1) . . IV, 135. 195.

VII, 2 (vormals VI, 2) . . IV, 135.

**Codex Justinianeus.**

Lib. I. Tit. 2.

De sacrosanctis ecclesiis. etc.

l. 1 . . . . . . II, 308.

l. 14 . . . . . . II, 359.

l. 19 . . . . . . II, 262. IV, 223.

*l. 23* . . . . . II, 262. *V, 355.* 356. *VIII, 431.*

l. 26 . . . . . . II, 265. 308.

Lib. I. Tit. 3.

De episc. et clericis. etc.

l. 24 . . . . . . II, 270. 308.

**Codex Justinianeus**

l. 35 . . . . . . II, 262.
*l. 46* . . . . II, 262. 270. **277**.
l. 49 . . . . . . II, 270. 308.

Lib. I. Tit. 4.

De episcopali audientia etc.

l. 30 . . . . . . III, 24.

Lib. I. Tit. 5.

De haereticis et manich. etc.

l. 4. 19 pr. 21. 22. II, 232.

Lib. I. Tit. 7.

De apostatis.

l. 2. 3. 4 . . . II, 233.

Lib. I. Tit. 9.

De Judaeis et coelic.

*l. 1* . . . . . . *II*, ***261***.
l. 6 . . . . . . II, 231.
l. 8 . . . . . . I, 60. II, 231.
l. 11 . . . . . . I, 60.
l. 15 . . . . . . II, 231.

Lib. I. Tit. 11.

De paganis et sacrif. etc.

l. 6 . . . . . . II, 231.

Lib. I. Tit. 14.

De legibus et const. etc.

Tit. . . . . . . I, 121.
*l. 1* . . . . . . *I*, ***229***. 300.
l. 2 . . . . . . I, 136.
*l. 3* . . . . . . *I*, ***124***. ***126***.
l. 3 in fine . . . I, 66.

**Codex Justinianeus**

*l. 5* . . . . . . *I, 239*. 324. *IV, 550*. 552.
l. 6 . . . . . . I, 234.
*l. 7* . . . . . . *VIII, 392*.
l. 8 . . . . . . I, 125.
l. 9 . . . . . . I, 125. 301.
l. 11 . . . . . . I, 141. 301.
*l. 12* pr. . . . . *I, 127. 137*.
*l. 12. § 1* . . . . *I, 137*. 296. 297. 301. 304. 306.

Lib. I. Tit. 15.

De mandatis principum.

Tit. . . . . . . I, 121.

Lib. I. Tit. 17.

De veteri jure enucl. etc.

l. 1. § 4 . . . . I, 280.
l. 1. § 5 . . . . I, 277.
l. 1. § 6 . . . . I, 277.
l. 1. § 7 . . . . I, 258.
l. 1. § 8 . . . . I, 280.
l. 1. § 9 . . . . I, 275.
l. 1. § 10 . . . . I, 151. 152. 279.
l. 1. § 12 . . . . I, 158.
l. 1. § 13 . . . . I, 252. 308.
l. 2 . . . . . . I, 312.
l. 2 pr. . . . . . I, 280.
l. 2. § 10 . . . . I, 258. 277.
l. 2. § 11 . . . . I, 271.
l. 2. § 12 . . . . I, 270.
l. 2. § 14 . . . . I, 288.
l. 2. § 15 . . . . I, 274. 280.

**Codex Justinianeus.**

l. 2. § 16 . . . . I, 288.
l. 2. § 18 . . . . I, 295.
l. 2. § 20 . . . . I, 277.
l. 2. § 21 . . . . I, 158. 304. 306.
l. 2. § 22 . . . . I, 252.
l. 2. § 23 . . . . VIII, 371.
l. 3 . . . . . . . I, 311.
l. 3. § 15 . . . . I, 274.
l. 3. § 21 . . . . I, 158.
l. 3. § 23 . . . . VIII, 371.

Lib. I. Tit. 18.

De juris et facti ignorantia.

Tit. . . . . . . III, 325.
l. 2 . . . . . . . III, 382.
l. 3 . . . . . . . III, 405. 435.
l. 5 . . . . . . . III, 442.
*l. 6* . . . . . . . *III, **454***. 462.
*l. 7* . . . . . . . *III, **455***.
*l. 8* . . . . . . . *III, **342***. 434. ***441***.
*l. 9* . . . . . . . *III, **342**. **441***.
l. 9 pr. . . . . . III, 430. 431. 433.
l. 9. § 5 . . . . III, 457. 458. 459.
*l. 10* . . . . . . III, ***454***. 459.
*l. 11* . . . . . . III, 333. ***344***. 353. 430. 434.
l. 12 . . . . . . . III, 333.
l. 13 . . . . . . . III, 433.

Lib. I. Tit. 19.

De precibus imperat. off.

Tit. . . . . . . . I, 121.

**Codex Justinianeus.**

l. 3 . . . . . . I, 136.
l. 7 . . . . . . I, 136.

Lib. I. Tit. 20.

Quando libellus etc.

l. 2 . . . . . . V, 321.

Lib. I. Tit. 22.

Si contra jus etc.

Tit. . . . . . . I, 121.
l. 2 . . . . . . I, 135.
l. 3 . . . . . . I, 135.
l. 4 . . . . . . I, 135.
l. 5 . . . . . . I, 135.
l. 6 . . . . . . I, 136.

Lib. I. Tit. 23.

De divers. rescript.

Tit. . . . . . . I, 121.
l. 1 . . . . . . I, 135.
l. 2 . . . . . . I, 135.
l. 3 . . . . . . I, 135.
l. 4 . . . . . . I, 135.
l. 6 . . . . . . I, 135.
l. 7 . . . . . . I, 129. 135.
l. 7 pr. . . . . . I, 132.

Lib. I. Tit. 26.

De officio praef. praet. Or.

l. 2 . . . . . . I, 144.

Lib. I. Tit. 39.

De officio praetorum.

l. 1 . . . . . . VII, 229.

## Codex Justinianeus.

Lib. I. Tit. 50.

De officio ejus, qui vicem etc.

l. 1 . . . . . . VII, 160.

Lib. I. Tit. 53.

De contractibus jud. etc.

l. un. § 1. 2 . . IV, 7.

Lib. II. Tit. 1.

De edendo.

l. 3 . . . . . . VI, 19.

Lib. II. Tit. 2.

De in jus vocando.

l. 2 . . . . . . III, 389. 394.

Lib. II. Tit. 3.

De pactis.

l. 3 . . . . . . III, 93.
*l. 5 . . . . . . III, 435.*
l. 7 . . . . . . V, 632.
l. 10 . . . . . . V, 517.
l. 14 . . . . . . V, 633.
l. 26 . . . . . . I, 384.
l. 27 . . . . . . V, 494. 595.
*l. 29 . . . . . IV, 545. VIII, 204.*
l. 30 . . . . . . IV, 141.

Lib. II. Tit. 4.

De transactionibus.

*l. 6 . . . . . . V, 97.* 632.
l. 11 . . . . . . VII, 138.
l. 13 . . . . . . III, 105.
l. 14 . . . . . . VIII, 525.

**Codex Justinianeus.**

l. 19 . . . . . . VII, 83.
l. 23 . . . . . . VIII, 513.
l. 29 . . . . . . VII, 83.
l. 30 . . . . . . I, 234.
l. 41 . . . . . . II, 174. VII, 52.

Lib. II. Tit. 5.

De errore calculi.

*l. un.* . . . . . . *VI, 381.*

Lib. II. Tit. 10.

De errore advocatorum etc.

l. 1. 2 . . . . . III, 444.
l. 3 . . . . . . III, 444. IV, 301.

Lib. II. Tit. 11.

Ut quae desunt. advoc. etc.

l. un. . . . . . . III, 444.

Lib. II. Tit. 12.

Ex quib. causs. infamia etc.

Tit. . . . . . . II, 171.
l. 6 . . . . . . II, 214. 456.
l. 11 . . . . . . II, 179.
*l. 15* . . . . . *II,* 181. 536. ***546.***
l. 20 . . . . . . II, 176.
l. 22 . . . . . . II, 178.

Lib. II. Tit. 13.

De procuratoribus.

l. 4 . . . . . . VII, 179.
l. 14 . . . . . . I, 234.
l. 21 . . . . . . III, 254.

**Codex Justinianeus.**

Lib. II. Tit. 14.

Ne liceat. potent. patrocin. etc.

l. 1 . . . . . . VII, 218.

Lib. II. Tit. 19.

De negotiis gestis.

l. 11 . . . . . . IV, 85.
l. 12 . . . . . . IV, 131.
l. 13 . . . . . . IV, 85.
l. 15 . . . . . . IV, 85.

Lib. II. Tit. 20.

De his, quae vi etc.

Tit. . . . . . . VII, 91. 133.
l. 3 . . . . . . V, 25. VII, 194.
l. 7 . . . . . . III, 105.
l. 10 . . . . . . III, 106.

Lib. II. Tit. 21.

De dolo malo.

Tit. . . . . . . VII, 91. 133.
l. 3 . . . . . . III, 425.
*l. 8* . . . . . . ***III*, *414*.** IV, 422. 436. 444. V, 353. VII, 257.

Lib. II. Tit. 22.

De in integr. restitutione.

Tit. . . . . . . VII, 91. 133.
l. 2 . . . . . . III, 406.
l. 5 pr. . . . . . VII, 124.
l. 5. § 1 . . . . VII, 245.
l. 8 . . . . . . III, 430. 433.

**Codex Justinianeus.**

Lib. II. Tit. 23.

De filiofam. minore.

Tit. . . . . . . VII, 91.
*l. 1 (al. 2) . . VII, 287.*
l. 2 . . . . . . . VII, 155. 277.

Lib. II. Tit. 24.

De fidejussoribus minorum.

Tit. . . . . . . VII, 91.
l. 1 . . . . . . VII, 218. 219.
l. 2 . . . . . . VII, 157. 219.

Lib. II. Tit. 25.

Si tutor vel curator etc.

Tit. . . . . . . VII, 91.
l. 2 . . . . . . VII, 148.
l. 3. 5 . . . . . VII, 144. 148.

Lib. II. Tit. 26.

Si in communi eademque causa etc.

Tit. . . . . . . VII, 91.
l. 5 . . . . . . III, 252.

Lib. II. Tit. 27.

Si adv. rem judicatam etc.

Tit. . . . . . . VII, 91. 128.
l. 2 . . . . . . VII, 225.
l. 3 . . . . . . VII, 215.

Lib. II. Tit. 28.

Si adv. venditionem.

Tit. . . . . . . VII, 91.
l. 1 . . . . . . VII, 51.

**Codex Justinianeus.**

Lib. II. Tit. 29.

Si adv. vendit. pignorum.

Tit. . . . . . . VII, 91.
l. 1 . . . . . . VII, 124. 272.
l. 2 . . . . . . VII, 152.
l. 4. 5 . . . . VII, 148.

Lib. II. Tit. 30.

Si adv. donationem.

Tit. . . . . . . VII, 91.
l. 2 . . . . . . VII, 226.

Lib. II. Tit. 31.

Si adversus libertatem.

Tit. . . . . . . VII, 91.
l. 1. 2 . . . . VII, 140.
*l. 3* . . . . . . VII, 140. ***141***.
l. 4 . . . . . . VII, 141.

Lib. II. Tit. 32.

Si adv. transactionem etc.

Tit. . . . . . . VII, 91.
l. 1 . . . . . . VII, 268.
l. 2 . . . . . . III, 459. VII, 268.

Lib. II. Tit. 33.

Si adv. solutionem etc.

Tit. . . . . . . VII, 91.
l. 1 . . . . . . VII, 151.
*l. 2* . . . . . . *III, 459*.

Lib. II. Tit. 34.

Si adv. dotem.

Tit. . . . . . . VII, 91.
l. 1 . . . . . . II, 118. VII, 231.

**Codex Justinianeus.**

Lib. II. Tit. 35.

Si adv. delictum.

Tit. . . . . . . VII, 91.
*l. 1* . . . . . . III, 431. *432. VII, 139.*
l. 2 . . . . . . III, 395. VII, 139.

Lib. II. Tit. 36.

Si adv. usucapionem.

Tit. . . . . . . VII, 91.

Lib. II. Tit. 37.

Si adv. fiscum.

Tit . . . . . . VII, 91.
l. 3 . . . . . . I, 123.

Lib. II. Tit. 38.

Si adv. creditorem.

Tit. . . . . . . VII, 91.

Lib. II. Tit. 39.

Si minor ab hereditate etc.

Tit. . . . . . . VII, 91.
l. 1 . . . . . . VII, 138.

Lib. II. Tit. 40.

Si ut omiss. heredit. etc.

Tit. . . . . . . VII, 91.
l. 2 . . . . . . IV, 439. VII, 229.
l. 12 . . . . . . VII, 123. 127.

Lib. II. Tit. 41.

In quib. causs. in integr. etc.

Tit. . . . . . . VII, 91. 143.
l. 3 . . . . . . I, 253. VII, 157.
l. 5 . . . . . . III, 421. VII, 157.

**Codex Justinianeus.**

Lib. II. Tit. 42.

Qui et adv. quos etc.

Tit. . . . . . . VII, 91.
l. 1 . . . . . . VII, 131.
l. 2 . . . . . . VII, 224. 225. 227.

Lib. II, Tit. 43.

Si minor se majorem etc.

Tit. . . . . . . VII, 91.
l. 1 . . . . . . VII, 159.
l. 2 . . . . . . VII, 158.
l. 3 . . . . . . I, 122. VII, 158. 159.
l. 4 . . . . . . VII, 159.

Lib. II. Tit. 44.

Si saepius in integr.

Tit. . . . . . . VII, 91.
l. 1 . . . . . . VI, 288. VII, 129.
l. 2. 3 . . . . . VII, 130.

Lib. II. Tit. 45.

De his, qui veniam aet. etc.

Tit. . . . . . . VII, 91.
l. 1 . . . . . . VII, 158.
l. 2 . . . . . . VII, 157.
l. 3 . . . . . . VII, 158.

Lib. II. Tit. 46.

Si major factus etc.

Tit. . . . . . . VII, 91.
l. 1. 2 . . . . . VII, 239.

**Codex Justinianeus.**

Lib. II. Tit. 47.

Ubi et apud quem cognitio etc.

Tit. . . . . . . VII, 91.
l. 2 . . . . . . VIII, 241.
l. 3 . . . . . . VII, 215.

Lib. II. Tit. 48.

De reputationibus quae fiunt etc.

Tit. . . . . . . VII, 91.
l. 1 pr. . . . . VII, 265.
l. 1. § 1 . . . VII, 267.
l. 1. § 2 . . . VII, 269.

Lib. II. Tit. 49.

Etiam per procurat.

Tit. . . . . . . VII, 91.
l. un. . . . . . . VII, 230.

Lib. II. Tit. 50.

In integr. restit. postulata etc.

Tit. . . . . . . VII, 91.

Lib. II. Tit. 51.

De restit. militum etc.

Tit. . . . . . . VII, 91. 133.
l. 1 . . . . . . III, 438.
l. 5 . . . . . . III, 424.
l. 8 . . . . . . III, 425.

Lib. II. Tit. 42.

De uxor. militum etc.

Tit. . . . . . . VII, 91.
l. 1. 2 . . . . . VII, 172.

**Codex Justinianeus.**

Lib. II. Tit. 53.

De temporibus in integr. rest. etc.

Tit. . . . . . . VII, 91.
l. 1 . . . . . . VII, 261. 264.
l. 2 . . . . . . VII, 264.
l. 3 . . . . . . VII, 261. 264.
l. 5 pr. . . . . VII, 245. 255.
l. 5. § 1 . . . VII, 264.
l. 6 pr. . . . . VII, 254.
l. 7 . . . . . . III, 415. IV, 426. 444.
l. 7 pr. . . . . IV, 422. VII, 245. 253. 254, 255.
l. 7. § 1 . . . VII, 246. 255.

Lib. II. Tit. 54.

Quib. ex caus. majores etc.

Tit. . . . . . . VII, 91.
l. 1 . . . . . . VII, 172. 178. 179.
l. 4 . . . . . . VII, 160.

Lib. II. Tit. 55.

De alienat. judicii mutandi causa.

Tit. . . . . . . VII, 91. 133.
*l. 1 . . . . . . VII, 104.*

Lib. II. Tit. 56.

De receptis arbitris.

Tit. . . . . . . VII, 52.
l. 3 . . . . . . V, 495.
l. 4 . . . . . . I, 131. VII, 52.
l. 5 pr. . . . . I, 131. III, 252.
l. 5. § 1 . . . V, 320.

**Codex Justinianeus.**

Lib. II. Tit. 58.

De formulis et impetrationibus etc.

Tit. . . . . . . V, 64.
l. 2 . . . . . . IV, 428.

Lib. II. Tit. 59.

De jurejur. propter calumn.

l. 2 . . . . . . I, 272. II, 251.

Lib. III. Tit. 1.

De judiciis.

*l. 1* . . . . . . VI, ***160.*** 161.
*l. 2* . . . . . . *VI*, ***447.***
l. 3 . . . . . . VI, 442.
*l. 8* . . . . . . *I*, ***228.***
l. 14. § 1 . . . VI, 21.
l. 16 . . . . . . I, 144.

Lib. III. Tit. 3.

De pedan. judicibus.

Tit. . . . . . . V, 64.

Lib. III. Tit. 6.

Qui legitimam personam etc.

l. 2 . . . . . . I, 234.

Lib. III. Tit. 8.

De ordine judic.

*l. 1* . . . . . . II, 467. VI, ***440. 441.***

Lib. III. Tit. 9.

De litis contestatione.

*l. un.* . . . . . . *VI*, 14. ***16.***

Lib. III. Tit. 11.

De dilationibus.

l. 3 . . . . . . IV, 426.

**Codex Justinianeus.**

Lib. III. Tit. 13.

De jurisdictione etc.

l. 1 . . . . . . VIII, 204.
*l. 2* . . . . . . VIII, 72. 220. ***242***.

Lib. III. Tit. 16.

Ubi de possessione etc.

l. un. . . . . . . VIII, 200.

Lib. III. Tit. 17.

Ubi fideicommissum etc.

l. un. . . . . . . VIII, 232.

Lib. III. Tit. 18.

Ubi conveniatur etc.

l. un. . . . . . . VIII, 242.

Lib. III. Tit. 19.

Ubi in rem actio etc.

l. 2 . . . . . . VI, 58. VIII, 244.
l. 3 . . . . . . VIII, 72. 170. 309. 310.

Lib. III. Tit. 20.

Ubi de hereditate etc.

*l. un.* . . . . . VIII, 73. ***309***.

Lib. III. Tit. 21.

Ubi de ratiociniis etc.

l. 1. 2 . . . . . VIII, 217.

Lib. III. Tit. 22.

Ubi causa status etc.

l. 3 . . . . . . VIII, 72.
l. 4 . . . . . . VIII, 72. 73.
l. 6 . . . . . . II, 468.

**Codex Justinianeus.**

Lib. III. Tit. 28.

De inoffic. testamento.

l. 27 . . . . . . II, 223.

Lib. III. Tit. 29.

De inoffic. donationibus.

Tit. . . . . . . IV, 226.

*l. 5* . . . . . . IV, **226**. 229.

Lib. III. Tit. 31.

De petitione hereditatis.

l. 1. § 1 . . . VI, 12. 115. 150.

l. 7 . . . . . . V, 37. 479.

l. 12 pr. . . . . VI, 475.

l. 12. § 1 . . . VI, 12. 115. 150. 475.

l. 12. § 1 in fine . V, 546.

l. 12. § 2 . . . VI, 475.

l. 12. § 3 . . . V, 479.

Lib. III. Tit. 32.

De rei vindicatione.

l. 2 in fine . . . IV, 131.

l. 5 . . . . . . VI, 115.

l. 18 . . . . . . III, 441.

l. 22 . . . . . . V, 337. VI, 107.

l. 24 . . . . . . VII, 233.

l. 26 . . . . . . V, 316. VI, 58.

Lib. III. Tit. 33.

De usufruct. et habit. etc.

l. 4 . . . . . . IV, 273.

l. 10 . . . . . . IV, 547.

l. 12 pr. . . . . III, 225.

**Codex Justinianeus.**

l. 13 . . . . . . II, 111.
l. 15 . . . . . . II, 80.
*l. 16. § 2 . . . II, 80.*
l. 17 . . . . . . II, 80.

Lib. III. Tit. 34.
De servit. et aqua.

l. 1 . . . . . . IV, 493. 494.
*l. 2 . . . . . . IV, 493.* 494. 495. 498.
*l. 7 . . . . . . IV, 502.*

Lib. III. Tit. 36.
Famil. ercisc.

l. 6 . . . . . . I, 384.

Lib. III. Tit. 39.
Fin. regundorum.

l. 5 . . . . . . I, 226.
l. 6 . . . . . . V, 277. 410.

Lib. III. Tit. 42.
Ad exhibendum.

*l. 8 . . . . . . IV, 285.*

Lib. IV. Tit. 1.
De reb. creditis etc.

Tit. . . . . . . VII, 47.
l. 1 . . . . . . VII, 67.
l. 3 . . . . . . VII, 82.
l. 4 . . . . . . VII, 57.
l. 6 . . . . . . VII, 60.
l. 7 . . . . . . VII, 57.
l. 8 . . . . . . VII, 62. 64. 65.
l. 9 . . . . . . VII, 79.

**Codex Justinianeus.**

l. 11 . . . . . . VII, 58.
l. 12 pr. . . . VII, 58. 82.
l. 12. § 5 . . . VII, 62.
l. 13 . . . . . . VII, 67.

Lib. IV. Tit. 2.
Si certum pet.

Tit. . . . . . . V, 623.
l. 8 . . . . . . IV, 595.

Lib. IV. Tit. 5.
De condict. indebiti.

*l. 1* . . . . . . *V, 141.* 465. 505. VI, 145.
l. 3 . . . . . . V, 423.
l. 4 . . . . . . VII, 35.
*l. 6. 7* . . . . . *III, 455.*
*l. 10* . . . . . *III, 463.*

Lib. IV. Tit 6.
De condict. ob caus. etc.

l. 2 . . . . . . IV, 138. 282. V, 505.
l. 3 . . . . . . IV, 282.
l. 6. 7 . . . . . IV, 225. 282.
l. 8 . . . . . . IV, 282.

Lib. IV. Tit. 7.
De condict. ob turp. causam.

l. 1. 6. 7 . . . . III, 178.

Lib. IV. Tit. 8.
De condict. furtiva.

Tit. . . . . . . V, 552.
*l. 1* . . . . . . V, 45. *563.*

**Codex Justinianeus.**

Lib. IV. Tit. 9.

De condict. ex lege etc.

l. 3 . . . . . . V, 515. 524.

Lib. IV. Tit. 10.

De obligat. et actionibus.

l. 8 . . . . . . IV, 152.

Lib. IV. Tit. 14.

An servus pro suo facto etc.

l. 1. 2 . . . . . II, 425.

*l. 3* . . . . . . ***II, 429.***

l. 4 . . . . . . II, 427.

l. 5 . . . . . . II, 428.

Lib. IV. Tit. 16.

De heredit. actionibus.

l. 7 . . . . . . I, 384.

Lib. IV. Tit. 17.

Ex delictis defunct. etc.

l. un. . . . . . . V, 47.

Lib. IV. Tit. 20.

De testibus.

l. 18 . . . . . . VIII, 395.

Lib. IV. Tit. 21.

De fide instrument.

l. 17 . . . . . . VIII, 235.

*l. 19* . . . . . . ***V, 306***. 310. 315.

Lib. IV. Tit. 22.

Plus valere quod. ag. etc.

Tit. . . . . . . . III, 262.

l. 1. 2. 3. 4 . . III, 262.

**Codex Justinianeus.**

Lib. IV. Tit. 24.

De pigner. actione.

l. 3 . . . . . . VI, 111. 115.
l. 10 . . . . . . V, 388.

Lib. IV. Tit. 26.

Quod cum eo etc.

l. 9 . . . . . . II, 85.

Lib. IV. Tit. 27.

Per quas personas etc.

*l. 1* . . . . . . III, 94. 95. ***97***.
l. 3 . . . . . . III, 93.

Lib. IV. Tit. 28.

Ad SC. Macedonianum.

l. 6 pr. . . . . . VII, 283.
l. 7 . . . . . . III, 151.
l. 7 pr. . . . . . IV, 558.

Lib. IV. Tit. 29.

Ad SC. Vellejanum.

l. 9 . . . . . . III, 434.
l. 11 . . . . . . IV, 56.
l. 16 . . . . . . VII, 234.

Lib. IV. Tit. 30.

De non numerata pecunia.

l. 8. 9. 14. § 4 . V, 417.

Lib. IV. Tit. 31.

De compensationibus.

l. 6 . . . . . . VI, 330.

## Codex Justinianeus.

### Lib. IV. Tit. 32.

De usuris.

l. 3. 4 . . . . . VI, 130.
l. 5 . . . . . . V, 171.
l. 7 . . . . . . VI, 130.
l. 12 . . . . . . VI, 131.
l. 13 . . . . . . IV, 300. VI, 305. 412.
l. 22 . . . . . . I, 62. VI, 130.
*l.* ***23*** . . . . V, 465. ***VI, 131.*** 137. 144.
*l.* ***26*** . . . . V, 311. ***VIII, 397.***
l. 26. § 1 . . . . I, 422.
*l.* ***27*** . . . . ***VIII, 397.*** 398.

### Lib. IV. Tit. 34.

Depositi vel contra.

*l.* ***4*** . . . . . . VI, 127. 305. ***452.***

### Lib. IV. Tit. 35.

Mandati vel contra.

l. 22 . . . . . . IV, 101. VIII, 278.
l. 23 . . . . . . IV, 101.

### Lib. IV. Tit. 38.

De contrah. emt. et vend.

l. 2 . . . . . . III, 85.
*l.* ***3*** . . . . . . III, 262. ***IV, 100.*** 281.
*l.* ***9*** . . . . . . ***IV, 100.***
l. 13 . . . . . . III, 131.

### Lib. IV. Tit. 39.

De hereditate vel act. vend.

l. 9 . . . . . . II, 217.

**Codex Justinianeus.**

Lib. IV. Tit. 44.

De rescind. vendit.

*l. 10 . . . . . VII, 106.*

l. 15 . . . . . . III, 298.

Lib. IV. Tit. 48.

De peric. et commodo.

l. 4. 6 . . . . VI, 173.

Lib. IV. Tit. 49.

De actionibus emti etc.

l. 4 . . . . . . V, 129.

l. 5 . . . . . . I, 253.

l. 8. 12 . . . . V, 129.

Lib. IV. Tit. 50.

Si quis alteri etc.

l. 5. 6 . . . . . III, 262.

Lib. IV. Tit. 51.

De rebus alienis etc.

l. 7 . . . . . . V, 338.

Lib. IV. Tit. 54.

De pactis inter emt. etc.

l. 2 . . . . . . III, 155. IV, 537.

l. 4 . . . . . . III, 154.

l. 5 . . . . . . VI, 127.

Lib. IV. Tit. 56.

Si mancip. ita ven. etc.

l. 1. 2 . . . . . III, 174.

Lib. IV. Tit. 58.

De aedil. actionibus.

l. 2 . . . . . . III, 414.

**Codex Justinianeus**

Lib. IV. Tit. 60.

De nund. et mercat.

l. un. . . . . . . VIII, 222.

Lib. IV. Tit. 63.

De commerc. et mercat.

l. 5 . . . . . . II, 261.

Lib. IV. Tit. 64.

De rerum permut.

l. 4 . . . . . . V, 595.
l. 6 . . . . . . V, 74. 98.
l. 8 . . . . . . IV, 281.

Lib. IV. Tit. 65.

De locato et cond.

l. 3 . . . . . . V, 310.
l. 19 . . . . . . VIII, 85.

Lib. IV. Tit. 66.

De jure emphyt.

l. 1 . . . . . . V, 486.
l. 2 . . . . . . IV, 302. V, 311.
l. 3 . . . . . . IV, 341.

Lib. V. Tit. 3.

De donat. ante nupt. etc.

l. 1 . . . . . . III, 262.
l. 15. 16 . . . IV, 170.

Lib. V. Tit. 4.

De nuptiis.

l. 5 . . . . . . III, 250.
l. 6 . . . . . . I, 142. II, 42.
l. 14 . . . . . . VIII, 525.

**Codex Justinianeus**

l. 24 . . . . . . IV, 411.
l. 25 . . . . . . III, 84. 85. 250.
l. 28 . . . . . . II, 530.
l. 29 . . . . . . I, 272. II, 530.

Lib. V. Tit. 5.

De incest. et inut. nupt.

l. 4 . . . . . . III, 391. 392. VII, 140.
l. 7 . . . . . . II, 526.

Lib. V. Tit. 6.

De interd. matrim.

l. 1 . . . . . . III, 395.
l. 7 . . . . . . II, 177.

Lib. V. Tit. 9.

De secundis nupt.

l. 1 . . . . . . II, 181. 182. 525.
l. 2 . . . . . . II, 181. 182. 389.

Lib. V. Tit. 12.

De jure dotium.

l. 6 . . . . . . V, 547.
l. 20 . . . . . . IV, 37.
*l. 30* . . . . . I, 226. II, 114. IV, ***314***. V, 27. 164. ***167***. 281. 283.
l. 31 pr. . . . . IV, 222.

Lib. V. Tit. 13.

De rei uxor. act. etc.

l. un. pr. . . . . V, 632.
l. un. § 1 . . . . VIII, 193.
l. un. § 2 . . . . V, 461. 497.
l. un. § 5 . . . . IV, 176. 178.

**Codex Justinianeus.**

l. un. § 9 . . . IV, 360.
l. un. § 11 . . . II, 117.
l. un. § 13 . . . IV, 124.
l. un. § 15 . . . IV, 56.
l. un. § 16 . . . VIII, 395. 422.
l. un. in fine . . VIII, 496.

Lib. V. Tit. 14.
De pactis convent. etc.

l. 1 . . . . . . V, 517.

Lib. V. Tit. 15.
De dote cauta etc.

*l. 2* . . . . . . *IV, 186.*

Lib. V. Tit. 16.
De donat. inter. vir. etc.

Tit. . . . . . . IV, 1.
*l. 2* . . . . . . *IV, 167.*
l. 6 . . . . . . IV, 123.
l. 8 . . . . . . IV, 37. 66.
l. 9 . . . . . . IV, 70.
l. 10 . . . . . . IV, 180.
*l. 15* . . . . . *IV, 100.*
l. 16 . . . . . . III, 262.
l. 17 . . . . . . IV, 66.
l. 18 . . . . . . IV, 183.
l. 20 . . . . . . III, 262.
l. 21 . . . . . . IV, 179.
l. 22 . . . . . . IV, 61.
l. 24 . . . . . . II, 72.

**Codex Justinianeus.**

l. 25 . . . . . . III, 151. IV, 183. 224. 228. 248 264.

l. 26 . . . . . . I, 117. IV, 179.

Lib. V. Tit. 17.

De repud. et jud. etc.

l. 1 . . . . . . II, 72.

l. 3 . . . . . . III, 262.

Lib. V. Tit. 19.

Si dos const. matrim. etc.

l. un. . . . . . . IV, 44.

Lib. V. Tit. 21.

Rerum amotarum.

l. 1 . . . . . . VI, 330.

Lib. V. Tit. 27.

De natural. liberis etc.

l. 1 . . . . . . II, 526.

l. 8 . . . . . . VIII, 473.

l. 10. 11 . . . II, 389.

Lib. V. Tit. 31.

Qui petunt tut. etc.

l. 8 . . . . . . III, 395.

Lib. V. Tit. 37.

De administ. tut. etc.

l. 10 . . . . . . VII, 142.

l. 25 . . . . . . VII, 151.

Lib. V. Tit. 43.

De suspect. tut. etc.

l. 9 . . . . . . II, 177.

**Codex Justinianeus.**

Lib. V. Tit. 60.
Quando tutores etc.
l. 3 . . . . . . III, 57. IV, 417.
Lib. V. Tit. 62.
De excusationibus tut. etc.
l. 6 . . . . . . III, 429. IV, 435.
Lib. V. Tit. 68.
Qui aetate se escus.
l. un. . . . . . . IV, 352.
Lib. V. Tit. 70.
De curat. fur. etc.
l. 6 . . . . . . III, 85.
Lib. V. Tit. 71.
De praed. et aliis reb. minor.
l. 2 . . . . . . VII, 152.
l. 11 . . . . . . VII, 157.
Lib. V. Tit. 74.
Si major factus etc.
l. 3 . . . . . . IV, 6.
Lib. VI. Tit. 2.
De furtis etc.
l. 1 . . . . . . V, 257.
l. 9 . . . . . . VI, 173.
l. 13 . . . . . . IV, 544. V, 570.
l. 20 . . . . . . V, 247. 258.
Lib. VI. Tit. 9.
Qui admitti ad bon. poss. etc.
l. 3 . . . . . . III, 48.
l. 8 . . . . . . III, 405. 435.
*l. 8 . . . . . . III, 406.*

**Codex Justinianeus.**

Lib. VI. Tit. 21.

De test. militis.

l. 5 . . . . . . II, 558.

Lib. VI. Tit. 22.

Qui test. fac. possunt.

l. 4 . . . . . . III, 70. 77.
l. 9 . . . . . . III, 85.
l. 10 . . . . . . VIII, 463.

Lib. VI. Tit. 23.

De testamentis etc.

l. 1 . . . . . . III, 368.
l. 4 . . . . . . III, 305.
l. 5 . . . . . . III, 380.
*l. 9 . . . . . . VIII, 360.*
l. 15 . . . . . . III, 134.
l. 21. § 3 . . . IV, 544.
l. 25 . . . . . . III, 153.
l. 29 . . . . . . VIII, 395. 472.
l. 30 . . . . . . VIII, 360.
l. 31 . . . . . . I, 272.

Lib. VI. Tit. 24.

De hered. instit. etc.

l. 4 . . . . . . III, 379.
l. 5 . . . . . . III, 306.
*l. 7 . . . . . . III, 379.*
l. 8 . . . . . . II, 302.
l. 9 . . . . . . III, 213.
l. 12 . . . . . . II, 302.

**Codex Justinianeus.**

Lib. VI. Tit. 25.

De instit. et substit.

Tit. . . . . . . . III, 121.
l. 2 . . . . . . . III, 182.
l. 4 . . . . . . . III, 130.
l. 5 . . . . . . . III, 173. 180.
l. 7 . . . . . . . III, 136.

Lib. VI. Tit. 26.

De impub. et al. substit.

l. 10 . . . . . . . III, 24.

Lib. VI. Tit. 27.

De necess. hered. instit.

l. 1 . . . . . . . III, 146.
l. 6 . . . . . . . III, 144.

Lib. VI. Tit. 29.

De posth. heredib. instit.

l. 2. 3 . . . . . II, 8. 9. 393. 408. 411.

Lib. VI. Tit. 30.

De jure delib. etc.

l. 5 . . . . . . . II, 301.
l. 18 . . . . . . . IV, 439.
l. 18 pr. . . . . . III, 35. 49.
l. 18. § 2 . . . . III, 49.
l. 18. § 4 . . . . III, 35. 49.
l. 19 . . . . . . . III, 406. IV, 424. 436.
l. 22 . . . . . . . IV, 425. 436.
l. 22 pr. . . . . . III, 438.
l. 22. § 2 . . . . III, 407. IV, 301. 338.
l. 22. § 3 . . . . IV, 301.

**Codex Justinianeus.**

l. 22. § 10 . . . VII, 88.
l. 22. § 11 . . . IV, 338. V, 409.
l. 22. § 15 . . . III, 407. 439.
l. 28 . . . . . . IV, 439.

Lib. VI. Tit. 31.

De repud. vel abst. hereditate.

l. 4 . . . . . . VII, 7. 8.

Lib. VI. Tit. 32.

Quemadm. testam. aper.

*l. 2 . . . . . . VIII, 361.*

Lib. VI. Tit. 33.

De edicto Divi Hadr.

l. 3 . . . . . . I, 123.

Lib. VI. Tit. 35.

De his quib. ut indign. etc.

l. 8 . . . . . . VII, 4.

Lib. VI. Tit. 36.

De codicillis.

l. 8. § 3 . . . IV, 264.
l. ult. . . . . . V, 257.

Lib. VI. Tit. 37.

De legatis.

l. 1 . . . . . . III, 146.
l. 7. § 1 . . . III, 305.
l. 21 . . . . . . IV, 265.
l. 25 . . . . . . III, 234.
*l. 26 . . . . . . III, 220.* 222.

Lib. VI. Tit. 41.

De his quae poenae nomine etc.

l. un. . . . . . . III, 132. 176.

**Codex Justinianeus.**

Lib. VI. Tit. 42.

De fideicommissis.

l. 2 . . . . . . III, 459.
l. 9 . . . . . . III, 229. IV, 274.
l. 15 . . . . . . III, 234.

Lib. VI. Tit. 43.

Communia de legat. etc.

l. 1 . . . . . . IV, 265. VII, 44.
l. 2 . . . . . . IV, 265.
l. 3 § 3 . . . III, 153.

Lib. VI. Tit. 44.

De falsa causa.

l. 1 bis 5 . . . III, 381.

Lib. VI. Tit. 45.

De his, quae sub modo etc.

Tit. . . . . . . III, 121. 226.
*l. 1* . . . . . . III, 138. 139. ***231***. 235.
*l. 2* . . . . . . *III*, ***237***.

Lib. VI. Tit. 46.

De condit. insert. etc.

Tit. . . . . . . III, 121.
l. 4 . . . . . . III, 140.
l. 7 . . . . . . III, 143.

Lib. VI. Tit. 47.

De usur. et fruct.

l. 1. 2 . . . . . VI, 154.
l. 4 . . . . . . VI, 154. 155. 156.

**Codex Justinianeus.**

Lib. VI. Tit. 49.
Ad SC. Trebell.
l. 7 pr. . . . . . III, 48.

Lib. VI. Tit. 50.
Ad leg. Falcid.
l. 5 . . . . . . IV, 270.
l. 9 . . . . . . III, 457.
l. 12 . . . . . . IV, 270.

Lib. VI. Tit. 51.
De caduc. toll.
l. un. . . . . . . I, 272.
l. un. pr. . . . I, 152.
l. un. § 1 . . . III, 123.
l. un. § 7 . . . III, 130. 136.
l. un. § 8 . . . III, 123. IV, 274.
l. un. § 14 . . . IV, 269.
l. un. § 15 . . . VIII, 474.

Lib. VI. Tit. 53.
Quando dies leg. etc.
l. 5 . . . . . . II, 470. III, 209.

Lib. VI. Tit. 54.
Ut in poss. legat. etc.
l. 2 . . . . . . III, 461.
l. 7 . . . . . . IV, 274.

Lib. VI. Tit. 55.
De suis. et legit. etc.
*l. 12 . . . . . . VIII, 491.*
l. 12 in fine . . VIII, 393.

**Codex Justinianeus.**

Lib. VI. Tit. 56.

Ad SC. Tertull.

l. 1 . . . . . . . III, 29. 46.
l. 4 . . . . . . . II, 181.

Lib. VI. Tit. 58.

De legit hered.

l. 11 . . . . . . II, 68.
l. 13. § 1 . . . . II, 68. 76.
l. 15 . . . . . . I, 272.

Lib. VI. Tit. 60.

De bonis matern. etc.

l. 1 in fine . . . . IV, 314.

Lib. VI. Tit. 61.

De bonis quae lib. etc.

l. 6 . . . . . . . VIII, 502.
l. 6. § 3 . . . . IV, 52. 83. VIII, 503.
*l. 8 pr.* . . . . *II, 97.*
l. 8. § 1 . . . . III, 41. VII, 226.
l. 8. § 3 . . . . III, 24.
l. 8. § 4 . . . . IV, 137.
l. 8. § 6 . . . . VII, 129.

Lib. VI. Tit. 62.

De heredit. Decur.

l. un. . . . . . . VIII, 71.

Lib. VII. Tit. 1.

De vindicta etc.

l. 3 . . . . . . . II, 287.

**Codex Justinianeus.**

Lib. VII. Tit. 2.

De testament. manumiss.

l. 8 . . . . . . III, 208.

Lib. VII. Tit. 4.

De fideicommiss. libert. etc.

l. 10 . . . . . . III, 144.

l. 17 . . . . . . VI, 316.

Lib. VII. Tit. 5.

De dedititia libertate.

Tit. . . . . . . VIII, 57.

Lib. VII. Tit. 6.

De lat. libert. toll. etc.

Tit. . . . . . . VIII, 57.

l. un. . . . . . . I, 272.

l. un. § 3 . . . . I, 123. 360.

l. un. § 13 . . . VIII, 395. 505.

Lib. VII. Tit. 9.

De serv. reipubl. etc.

l. 1. 2 . . . . . II, 287.

l. 3 . . . . . . II, 286. 287.

Lib. VII. Tit. 15.

Communia de manumiss.

l. 1 . . . . . . I, 359.

Lib. VII. Tit. 16.

De lib. causa.

l. 24 . . . . . . VII, 15.

l. 28 . . . . . . II, 61.

l. 39 . . . . . . VII, 15.

## Codex Justinianeus.

Lib. VII. Tit. 21.

Ne de statu def. etc.

Tit. . . . . . . II, 468.
*l.* **2** . . . . . . IV, ***314***.
l. 5. 6 . . . . . II, 468.
*l.* **7** . . . . . . II, 468. 314. *V*, ***321***. VI, 442.

Lib. VII. Tit. 22.

De longi temp. praescr.

l. 2 . . . . . . IV, 298. 314.
l. 3 . . . . . . V, 411.

Lib. VII. Tit. 25.

De nudo jure Quir. etc.

l. un. . . . . . . . I, 254. 308. VIII, 530.

Lib. VII. Tit. 27.

De usucap. pro don. etc.

Tit. . . . . . . IV, 111.
l. 2 . . . . . . IV, 110.

Lib. VII. Tit. 31.

De usucap. transform. etc.

l. un. . . . . . . V, 364. VIII, 530.

Lib. VII. Tit. 32.

De acquir. et ret. poss.

l. 1 . . . . . . I, 65. 424. III, 94.
l. 10 . . . . . . VI, 89.
l. 12 . . . . . . III, 93.

Lib. VII. Tit. 33.

De praescriptione longi temp. etc.

l. 1 . . . . . . IV, 492. VI, 58

**Codex Justinianeus.**

l. 1 in fine . . . IV, 439.
l. 2 . . . . . . VI, 58.
l. 10 . . . . . . V, 316. VI, 58.
l. 11 . . . . . . IV, 492.
l. 12 . . . . . . III, 409. IV, 492. 495.

Lib. VII. Tit. 35.
Quib. non objic. etc.

l. 1. 2. 4. 6 . . III, 425.
l. 7 . . . . . . III, 425. IV, 492.
l. 8 . . . . . . III, 425.

Lib. VII. Tit. 36.
Si adv. credit. etc.

Tit. . . . . . . V, 265.

Lib. VII. Tit. 37.
De quadr. praescript.

Tit. . . . . . . V, 265.
l. 1 . . . . . . V, 360.
l. 3 . . . . . . II, 274.

Lib. VII. Tit. 38.
Ne rei dom. vel templ. etc.

Tit. . . . . . . V, 265.

Lib. VII. Tit. 39.
De praescr. XXX. ann.

Tit. . . . . . . V, 265.
*l. 2* . . . . . . *V, 285.*
*l. 3* . . . . . . III, *409*. 420. *422*. 433. IV, 427. 442. 531. V, *274*. 275. 281. 317. 321. 322. VIII, 430.

**Codex Justinianeus.**

*l. 4* . . . . . . IV, 427. *V, 276.* 277. 409.
l. 5 . . . . . . V, 278. 411.
l. 6 . . . . . . V, 278. 360. 411.
*l. 7 pr.* . . . *V, 277.* 317.
l. 7. § 1 . . . V, 365.
l. 7. § 4 . . . V, 281. 283. 307.
l. 7. § 5 . . . V, 303. ***314.*** 315. 317. 391.
*l. 7. § 6* . . . V, ***285. 310. 311.*** 312.
l. 8 . . . . . . V, 366.
l. 8 pr. . . . . . VI, 58.
*l. 8. § 1* . . . III, 371. 403. V, 327. ***365.*** 367. 368. VI, 58.
*l. 8. § 4* . . . V, ***307.*** 315.
*l. 9* . . . . . . *V, 323.*

Lib. VII. Tit. 40.

De ann. except. etc.

Tit. . . . . . . V, 265.
l. 1 pr. . . . . . IV, 426.
*l. 1. § 1* . . . V, 36. 275. 278. 279. 281. ***317.*** 323. 410.
l. 1. § 2 . . . III, 420.
*l. 2* . . . . . . V, 270. 319. *VI, 59.* VII, 184.
*l. 3* . . . . . . V, 270. ***317.*** 320. 391.

Lib. VII. Tit. 45.

De sentent. et interl. etc.

l. 3 . . . . . . VI, 301.
*l. 13* . . . . . I, ***136.*** 149.
*l. 14* . . . . . VI, 316. ***341.*** 343.

**Codex Justinianeus.**

Lib. VII. Tit. 50.

Sentent. rescindi etc.

l. 2 . . . . . . V, 187.

Lib. VII. Tit. 51.

De fruct. et lit. expens.

*l. 2* . . . . . . VI, *84*. 89. 109. 115.
l. 3 . . . . . . VI, 305.
l. 5 . . . . . . VI, 330.

Lib. VII. Tit. 52.

De re judicata.

*l. 2* . . . . . . *VI, 382*.

Lib. VII. Tit. 53.

De execut. rei judicatae.

l. 9 . . . . . . VII, 8.

Lib. VII. Tit. 54.

De usur. rei judicatae.

l. 1 . . . . . . VI, 412.
l. 2 . . . . . . IV, 300. 341. VI, 412.
l. 3 . . . . . . IV, 341. VI, 412.
l. 3 pr. . . . . . IV, 300. V, 325. VI, 24.

Lib. VII. Tit. 56.

Quib. res jud. etc.

l. 2 . . . . . . VI, 467. 468.

Lib. VII. Tit. 59.

De confessis.

Tit. . . . . . . VII, 6.
l. un. . . . . . . . VII, 7. 8.

**Codex Justinianeus.**

Lib. VII. Tit. 60.

Inter alios act. etc.

l. 1 . . . . . . VI, 466.

Lib. VII. Tit. 62.

De appellationibus etc.

l. 32. § 6 . . . I, 293.

Lit. VII. Tit. 63.

De temp. et repar. etc.

l. 1 . . . . . . IV, 394. 395.

l. 2 . . . . . . IV, 339. 426.

l. 5 pr . . . . IV, 339.

Lit. VII. Tit. 64.

Quando prov. etc.

l. 2 . . . . . . VI, 377.

Lib. VII. Tit. 64.

Quor. appell. etc.

l. 5 . . . . . . I, 51.

Lib. VII. Tit. 71.

Qui bon. ced. poss.

l. 4 . . . . . . V, 174.

l. 8 . . . . . . II, 179.

l. 8 in fine . . . V, 409.

Lib. VII. Tit. 75.

De revocandis his, quae in fraudem etc.

l. 5 . . . . . . IV, 25.

Lib. VIII. Tit. 4.

Unde vi.

l. 4 . . . . . . VI, 111. 115.

l. 7 . . . . . . V, 434.

l. 9 . . . . . . V, 129.

**Codex Justinianeus.**

Lib. VIII. Tit. 10.

De aedif. priv.

l. 2 . . . . . . I, 123.

l. 4 . . . . . . IV, 302.

l. 12 . . . . . . I, 73.

Lib. VIII. Tit. 14.

De pignor. et hyp.

l. 27 in fine . . VIII, 422.

Lib. VIII. Tit. 16.

Si aliena res pignori etc.

l. 6 . . . . . . V, 81.

Lib. VIII. Tit. 18.

Qui pot. in pignore etc.

l. 12. § 3 . . . VIII, 422.

Lib. VIII. Tit. 26.

De remiss. pign.

l. 7 . . . . . . III, 247.

Lib. VIII. Tit. 28.

De distract. pign.

l. 10 . . . . . . II, 424.

Lib. VIII. Tit. 31.

De luit. pign.

*l. 2 . . . . . . V, 395.*

Lib. VIII Tit. 33.

Si pign. convent. etc.

l. 1 . . . . . . V, 79. 388.

Lib. VIII. Tit. 34.

De jure dom. etc.

l. 1 . . . . . . V, 81.

**Codex Justinianeus.**

Lib. VIII. Tit. 35.

De pact. pign.

l. 3 . . . . . . VIII, 423.

Lib. VIII. Tit. 36.

De exceptionibus seu praescr.

Tit. . . . . . . V, 163.
l. 2 . . . . . . V, 168. VI, 466. 469.
*l. 5* . . . . . . V, 175. 381. ***432***.
*l. 6* . . . . . . V, 381. ***434***.
l. 8 . . . . . . V, 163. 187.
l. 12 . . . . . . V, 163.

Lib. VIII. Tit. 38.

De contrah. et committ. stipulat.

l. 3 . . . . . . III, 95.
l. 4. 11 . . . . . III, 217.
l. 15 . . . . . . III, 216.

Lib. VIII. Tit. 39.

De inutil. stipul.

l. 1 . . . . . . III, 40.
l. 2 . . . . . . III, 175. 181. VIII, 525.

Lib. VIII. Tit. 40.

De duob. reis etc.

l. 5 . . . . . . V, 315. 320.

Lib. VIII. Tit. 41.

De fidejussor. et mandat.

l. 23 . . . . . . V, 255.
l. 27 . . . . . . I, 144. IV, 393.
l. 28 . . . . . . V, 255. VI, 159. 279.

**Codex Justinianeus.**

Lib. VIII. Tit. 43.

De solut. et liberat.

l. 6. 13 . . . . . IV, 129.
l. 14 . . . . . . III, 247.
l. 15 . . . . . . III, 246.

Lib. VIII. Tit. 44.

De acceptilat.

l. 2 . . . . . . IV, 127.

Lib. VIII. Tit. 45.

De evictionibus.

l. 1 . . . . . . V, 396.
l. 21 . . . . . . V, 395.
l. 27 . . . . . . III, 358.
*l. 30 . . . . . . III, 372.*

Lib. VIII. Tit. 48.

De adoptionibus.

l. 10 . . . . . . VIII, 500.

Lib. VIII. Tit. 49.

De emancip. liber.

*l. 1 . . . . . . VIII, 362.*
l. 5 in fine . . . III, 250.
l. 6 . . . . . . I, 423. II, 67.

Lib. VIII. Tit. 51.

De postlim. revers. etc.

l. 18 . . . . . . VII, 233.

Lib. VIII. Tit. 53.

Quae sit longa consuetudo.

Tit. . . . . . . I, 144.
l. 1 . . . . . . I, 147. 154.

**Codex Justinianeus.**

*l. 2* . . . . . . I, ***153***. 154. ***165***. 169. ***420***. 424. 426.

l. 3 . . . . . . I, 117.

Lib. VIII. Tit. 54.

De donationibus.

Tit. . . . . . . IV, 1.

l. 2. 3 . . . . . IV, 125.

l. 6 . . . . . . IV, 107. 151.

l. 7. 8 . . . . . IV, 151.

l. 9 . . . . . . IV, 281. V, 74. 98.

l. 10 . . . . . . III, 273. IV, 151.

l. 11 . . . . . . IV, 125. 135.

l. 13 . . . . . . IV, 151.

l. 14 . . . . . . IV, 110.

l. 15 . . . . . . IV, 138.

l. 21 . . . . . . IV, 110.

l. 22 . . . . . . IV, 138. 281.

l. 24 . . . . . . IV, 110.

***l. 25*** . . . . . ***IV, 199.***

l. 26 . . . . . . III, 50.

l. 27 . . . . . . IV, 217.

l. 28 . . . . . . IV, 107.

***l. 29*** . . . . . ***IV, 201.***

l. 30 . . . . . . IV, 217.

l. 31 . . . . . . IV, 202.

l. 32 . . . . . . IV, 217.

l. 33 . . . . . . IV, 125.

l. 34 pr. . . . . IV, 210. 218. 221. 222. 223.

l. 34. § 1 . . . . IV, 223.

**Codex Justinianeus.**

l. 34. § 2 . . . . IV, 219.
l. 34. § 3 . . . . IV, 216.
*l. 34. § 4* . . *IV, **213**.*
l. 35 . . . . . . III, 299. IV, 125.
l. 35. § 1 . . . . IV, 36.
l. 35. § 4 . . . . IV, 136.
l. 35. § 5 . . . . IV, 107. 120. IV, 203. 204. V, 547.
*l. 36 pr.* . . . . *IV, **222**.*
l. 36. § 1 . . . . IV, 222.
*l. 36. § 2* . . . . IV, ***221***.
l. 36. § 3 . . . . IV, 210.
*l. 37* . . . . . *IV, **199**.*

Lib. VIII. Tit. 55.

De donat. quae sub modo etc.

Tit. . . . . . . III, 121. 226. IV, 1.
l. 1 . . . . . . IV, 284. V, 593.
l. 2 . . . . . . III, 223. IV, 281.
l. 3 . . . . . . IV, 285. 286. V, 505.
l. 4 . . . . . . IV, 165.

Lib. VIII. Tit. 56.

De revocand. donat.

Tit. . . . . . . IV, 1. 226.
l. 1 . . . . . . IV, 230.
l. 3. 4 . . . . . IV, 225.
*l. 7* . . . . . . IV, ***76***. 230. 232. 233. 236. ***238***.
*l. 8* . . . . . . *IV, **228**.*
l. 9 . . . . . . IV, 230.
*l. 10* . . . . . . I, 237. *IV, **230**. **232**. **233**.*

**Codex Justinianeus.**

Lib. VIII. Tit. 57.

De donationibus causa mortis.

Tit. . . . . . . IV, 240.
l. 1 . . . . . . IV, 274.
l. 2 . . . . . . IV, 270.
*l. 4* . . . . . . *IV.* ***261***. 266.

Lib. VIII. Tit. 58.

De infirmandis poenis coelibatus.

Tit. . . . . . . II, 530.

Lib. IX. Tit. 2.

De accusationibus et inscr.

*l. 9* . . . . . . V, ***206***. 247.

Lib. IX. Tit. 8.

Ad leg. Juliam majestatis.

l. 5. § 1 . . . . II, 185.

Lib. IX. Tit. 9.

Ad leg. Jul. de adult. etc.

l. 18 . . . . . . II, 182.
l. 28 . . . . . . III, 416.
l. 31 . . . . . . II, 183.

Lib. IX. Tit. 14.

De emendatione servorum.

l. un. . . . . . . II, 34.

Lib. IX. Tit. 19.

De sepulc. viol.

l. 6 . . . . . . V, 201.

**Codex Justinianeus.**

Lib. IX. Tit. 23.

De his qui sibi adscr. etc.

l. 5 . . . . . . III, 394.

Lib. IX. Tit. 24.

De falsa moneta.

l. 1 . . . . . . III, 44.

Lib. IX. Tit. 31.

Quando civ. actio etc.

*l. un.* . . . . . *V, 218.*

Lib. IX. Tit. 35.

De injuriis.

l. 5 . . . . . . IV, 428. V, 353.

Lib. IX. Tit. 49.

De bonis proscript. etc.

l. 2 . . . . . . II, 156.

l. 10 . . . . . . II, 166.

Lib. IX. Tit. 51.

De sententiam pass. et rest.

l. 1 . . . . . . VII, 102.

l. 4 . . . . . . II, 88.

Lib. X. Tit. 1.

De jure fisci.

Tit. . . . . . . II. 360.

Lib. X. Tit. 31.

De decurionibus etc.

l. 2. 3 . . . . . II, 328.

l. 8 . . . . . . II, 201.

l. 35 . . . . . . VIII, 45.

l. 46 . . . . . . II, 327.

**Codex Justinianeus.**

l. 53 . . . . . . VIII, 45.
l. 65 . . . . . . VIII, 388. 395.

Lib. X. Tit. 33.
De praediis decur. etc.

l. 2. 3 . . . . . II, 250.

Lib. X. Tit. 35.
De imp. lucrat. descriptione.

*l. un.* . . . . . ***IV*, 12.**

Lib. X. Tit. 38.
De municipibus etc.

Tit. . . . . . . VIII, 44.
l. 1 . . . . . . VIII, 71.
l. 2 . . . . . . VIII, 48. 52.
l. 3 . . . . . . VIII, 47.
l. 4. 5 . . . . . VIII, 49.
l. 9 . . . . . . VIII, 62.
l. 22 pr. . . . . VIII, 48.

Lib. X. Tit. 39.
De incolis et ubi quis dom. etc.

Tit. . . . . . . VIII, 44.
l. 1 . . . . . . VIII, 63.
l. 2 . . . . . . VIII, 60.
l. 3 . . . . . . VIII, 59. 60.
l. 4 . . . . . . VIII, 61. 71.
l. 5 . . . . . . VIII, 59. 60.
l. 6 . . . . . . VIII, 59. 71.
*l.* **7** . . . . . . VIII, 46. ***48***. 54. 58. 60.

**Codex Justinianeus.**

Lib. X. Tit. 44.

De his, qui a principe etc.

Tit. . . . . . . VIII, 72.

Lib. X. Tit. 45.

De vacat. publ.

Tit. . . . . . . VIII, 72.

Lib. X. Tit. 46.

De decretis decur.

Tit. . . . . . . VIII, 72.

Lib. X. Tit. 47.

De excus. muner.

Tit. . . . . . . VIII, 72.

Lib. X. Tit. 48.

De quib. munerib.

Tit. . . . . . . VIII, 72.

Lib. X. Tit. 49.

Qui aetate etc.

Tit. . . . . . . VIII, 72.

l. 3 . . . . . . IV, 352.

Lib. X. Tit. 50.

Qui morbo etc.

Tit. . . . . . . VIII, 72.

Lib. X. Tit. 51.

De his, qui numero.

Tit. . . . . . . VIII, 72.

Lib. X. Tit. 52.

De professoribus.

Tit. . . . . . . VIII, 72.

**Codex Justinianeus.**

Lib. X. Tit. 53.
De athletis.
Tit. . . . . . . VIII, 72.
Lib. X. Tit. 54.
De his, qui non impletis etc.
Tit. . . . . . . VIII, 72.
Lib. X. Tit. 55.
Quibus muneribus etc.
Tit. . . . . . . VIII, 72.
Lib. X. Tit. 56.
De libertinis.
Tit. . . . . . . VIII, 72.
Lib. X. Tit. 57.
De infamibus.
Tit. . . . . . . VIII, 72.
l. un. . . . . . . . II, 201.
Lib. X. Tit. 58.
De reis postulat.
Tit. . . . . . . VIII, 72.
Lib. X. Tit. 59.
De his, qui in exilium etc.
Tit. . . . . . . VIII, 72.
Lib. X. Tit. 60.
De filiis fam. etc.
Tit. . . . . . . VIII, 72.
l. 1 . . . . . . . III, 250.
Lib. X. Tit. 61.
De periculo successorum.
Tit. . . . . . . VIII, 72.

**Codex Justinianeus.**

Lib. X. Tit. 62.

De mulieribus etc.

Tit. . . . . . . VIII, 72.
l. 1 . . . . . . VIII, 49. 71.

Lib. X. Tit. 63.

De legationibus.

Tit. . . . . . . VIII, 72.
l. 5 . . . . . . II, 331.

Lib. X. Tit. 64.

De excusationibus artif.

Tit. . . . . . . VIII, 72.

Lib. X. Tit. 72.

De auri publi persecut.

l. un. . . . . . . V, 39.

Lib. XI. Tit. 13.

De decurialibus urbis.

Tit. . . . . . . II, 254.

Lib. XI. Tit. 14.

De privil. corporat. etc.

l. un. . . . . . . II, 261.

Lib. XI. Tit. 29.

De jure reipubl.

Tit. . . . . . . II, 249.
l. 3 . . . . . . VII, 160.
l. 4 . . . . . . II, 249.

Lib. XI. Tit. 30.

De administ. rerumpubl.

Tit. . . . . . . II, 249.
l. 1. 3 . . . . . II, 249.

**Codex Justinianeus.**

Lib. XI. Tit. 31.

De vendend. rebus etc.

Tit. . . . . . . II, 249.

l. 3 . . . . . . II, 331. 358.

Lib. XI. Tit. 32.

De debitor. civit.

Tit. . . . . . . II, 249.

l. 1 . . . . . . II, 249.

l. 2 . . . . . . II, 250.

Lib. XI. Tit. 42.

De aquaeductu.

l. 2. 3 . . . . . IV, 500.

*l. 4* . . . . . . ***IV, 502.***

l. 5. 6. 7. 9. 11 . IV, 500.

Lib. XI. Tit. 47.

De agricol.. et censit. etc.

l. 23 pr. . . . . V, 411.

Lib. XI. Tit. 61.

De fund. patrimon. etc.

l. 1 . . . . . . IV, 118.

*l. 14* . . . . . IV, 489. V, 310. ***360. 365.***

Lib. XI. Tit. 65.

De fund. rei priv. etc.

l. 6 . . . . . . V, 361.

l. 7 . . . . . . IV, 489.

Lib. XI. Tit. 75.

De grege dom.

l. un. . . . . . . . I, 132.

**Codex Justinianeus.**

Lib. XII. Tit. 1.

De dignit.

l. 2 . . . . . . II, 202. 457.

l. 13 . . . . . . VIII, 62.

Lib. XII. Tit. 36.

De re militari.

l. 3 . . . . . . II, 201. 210.

Lib. XII. Tit. 37.

De castrensi pecul.

*l. 5 . . . . . . I, 282.*

**Codex Theodosianus.**

Lib. I. Tit. 1.

De constitutionibus principum.

Tit. . . . . . . I, 121.

l. 3 . . . . . . VIII, 388.

l. 5. 6 . . . . . I, 131.

Lib. I. Tit. 2.

De diversis rescriptis.

Tit. . . . . . . I, 121.

l. 1. 2 (vormals 1). I, 135.

l. 3 . . . . . . I, 300.

l. 4 (vormals 2) . I, 135.

l. 11 (vormals 9) . I, 136.

l. 12 (vormals 10). I, 135.

Lib. I. Tit. 3.

De mandatis principum.

Tit. . . . . . . I, 121.

**Codex Theodosianus.**

Lib. I. Tit. 4.

De responsis prudentum.

l. 1. 2 . . . . . I, 157.
int. l. 3 (vormals un.). I, 51.
l. 3 . . . . . . I, 157. IV, 191.

Lib. I. Tit. 7.

De officio rectoris prov.

l. 8 . . . . . . V, 64.

Lib. II. Tit. 3.

De omissa actionis impetratione.

Tit. . . . . . . V, 64.

Lib. II. Tit. 8.

De feriis.

l. 19 *) . . . . IV, 432.

Lib. II. Tit. 12.

De cognitoribus etc.

l. 7 . . . . . . V, 274.

Lib. II. Tit. 15.

De dolo malo.

Tit. . . . . . . VII, 91.
l. 1 . . . . . . III, 414. IV, 436. 444.

Lib. II. Tit. 16.

De integri restitutione.

Tit. . . . . . . VII, 91.
l. 3 . . . . . . III, 430. 433.

---

*) in früheren Ausgaben l. 2.

**Codex Theodosianus.**

Lib. II. Tit. 17.

De his, qui veniam aetatis etc.

Tit. . . . . . . VII, 91.
l. un. § 1 . . . III, 65.
l. un. § 3 . . . III, 80.

Lib. II. Tit. 20.

De inofficiosis donationibus.

Tit. . . . . . . IV, 226.
l. 1. 3 . . . . II, 223.

Lib. II. Tit. 26.

Finium regundorum.

l. 5 . . . . . . V, 277.

Lib. III. Tit. 2.

De commissoria rescindenda.

l. un. . . . . . . VIII, 423.

Lib. III. Tit. 5.

De sponsalibus.

l. 1 . . . . . . IV, 209.
l. 3 . . . . . . III, 352. 430. IV, 209.
l. 5. 6 . . . . IV, 209.
l. 8 . . . . . . IV, 202. 209. 210.

Lib. III. Tit. 13.

De dotibus.

Int. leg. 2 . . . . I, 51.
l. 3 . . . . . . IV, 44.

Lib. IV. Tit. 4.

De testamentis.

l. 3 . . . . . . VIII, 360.

**Codex Theodosianus.**

Lib. IV. Tit. 9.

Ad Senatusconsultum Claud.

l. 5 . . . . . . II, 473.

Lib. IV. Tit. 13.

De longi tempor. praescriptione.

l. 2 . . . . . . IV, 489.

Lib. IV. Tit. 14.

De act. certo temp finiendis.

Tit. . . . . . . V, 265.

l. un. . . . . . . V, 274.

l. un. § 1 . . . V, 322.

l. un. § 5 . . . V, 270. VIII, 430.

Lib. IV. Tit. 18.

De fructibus.

l. 1 . . . . . . IV, 84 109. 117.

Lib. IV. Tit. 19.

De usuris rei judicatae.

l. un. . . . . . . IV, 300.

l. un. pr. . . . VI, 109.

Lib. V. Tit. 1.

De leg. hereditatibus.

l. 4 . . . . . . VIII, 491.

Lib. V. Tit. 12.

De longa consuetudine.

Tit. . . . . . . I, 144.

l. 1 . . . . . . I, 421.

Lib. VIII. Tit. 12

De donationibus.

Tit. . . . . . . IV, 1.

**Codex Theodosianus.**

l. 1 . . . . . . IV, 199. 230.
l. 2 . . . . . . III, 80.
l. 3 . . . . . . IV, 209. 217.
l. 5. 6 . . . . . IV, 209. 230.
l. 8 . . . . . . . IV, 209. 217.

Lib. VIII. Tit. 13.
De revoc. donationibus.

Tit. . . . . . . IV, 1. 226.
l. 2 . . . . . . IV, 230.
l. 3 . . . . . . IV, 228.
l. 4 . . . . . . IV, 230.

Lib. VIII. Tit. 14.
De ingratis liberis.

Tit. . . . . . . IV, 1.

Lib. VIII. Tit. 15.
De iis, quae administrantibus etc.

Tit. . . . . . . IV, 1.

Lib. VIII. Tit. 16.
De infirmandis poenis coelibatus etc.

Tit. . . . . . . II, 530.

Lib. VIII. Tit. 18.
De maternis bonis.

l. 8 . . . . . . III, 34. 49.

Lib. X. Tit. 1.
De jure fisci.

Tit. . . . . . . II, 360.

Lib. XI. Tit. 30.
De appellationibus.

l. 10. 19 . . . IV, 394.

**Codex Theodosianus.**

Lib. XII. Tit. 1.

De decurionibus.

l. 2 . . . . . . IV, 343. 394.

l. 142 . . . . . II, 327.

Lib. XII. Tit. 8.

De auri publici prosecutor.

l. un. . . . . . . V, 39.

Lib. XII. Tit. 12.

De legatis et decretis legat.

Tit. . . . . . . II, 251.

Lib. XIV. Tit. 1.

De decuriis urbis Romae.

Tit. . . . . . . II, 254.

Lib. XIV. Tit. 2.

De privil. corporatorum.

l. 4 . . . . . . II, 281.

Lib. XIV. Tit. 3.

De pistoribus etc.

Tit. . . . . . . II, 281.

Lib. XV. Tit. 3.

De itinere muniendo.

l. 4 . . . . . . I, 66.

Lib. XVI. Tit. 5.

De haereticis.

l. 7. 17. 18. 25. 40. 49. 58 . . . . II, 232.

Lib. XVI. Tit. 7.

De apostatis.

l. 1. 2. 4. 7 . . . II, 233.

**Collatio legum Mosaic. et Romanarum.**

I, § 12 . . . . . . . . . . III, 389.

III, § 2. 3. 4 . . . . . . . II, 34.

IV, § 3. 12 . . . . . . . . II, 173.

**Columella,** de re rustica.

V, 8 . . . . . . . . . . . IV, 610.

XII, praef. § 7. 8 . . . . . I, 351.

**Constitutiones.**

Const. Deo auctore, § 1.2.9.11. I, 51.

Const. Haec, quae necessario etc., § 2 . . . . . I, 152. 258. 260. 279.

Const. Summa etc., § 3 . . I, 143. 258. 260. 270. 280. VIII, 371.

— — § 4 . . I, 66. 129. 143.

Const. Cordi etc. pr., § 1 . I, 51.

— — , § 3 . . . . I, 258.

— — , § 5 . . . . I, 252.

Const. Tanta etc., § 23 . . VIII, 393.

Const. Omnem etc. . . . . . I, 159.

— — , § 7 . . I, 270.

— — , § 8 . . I, 252.

Const. 8 . . . . . . . . . . V, 357.

Const. 104 . . . . . . . . . V, 357.

**Decretales. (Liber Extra Decretum.)**

Lib. I. Tit. 2.

De constitutionibus.

cap. 2, 13 . . . VIII, 392.

Lib. I. Tit. 4.

De consuetudine.

cap. 11 . . . . . I, 154. 155. 427.

**Decretales. (Liber Extra Decretum.)**

Lib. I. Tit. 6.

De electione etc.

cap. 50 . . . . . I, 154.
cap. 54, § 3 . . VI, 38.

Lib. I. Tit. 41.

De in integrum restitutione.

cap. 1. 3 . . . . III, 426. VII, 160.
cap. 6 . . . . . VII, 160.
cap. 9 . . . . . VII, 215.

Lib. II. Tit. 1.

De judiciis.

cap. 6 . . . . . V, 149.

Lib. II. Tit. 2.

De foro competenti.

cap. 17 . . . . . VIII, 211. 242.
cap. 20 . . . . . VIII, 239.

Lib. II. Tit. 5.

De litis contestatione.

cap. unic. . . . . VI, 38.

Lib. II. Tit. 10.

De ordine cognitionum.

cap. 2 . . . . . VI, 344.

Lib. II. Tit. 18.

De confessis.

cap. 3 . . . . . VII, 31.

Lib. II. Tit. 19.

De probationibus.

cap. 2 . . . . . VII, 88. 89.

**Decretales. (Liber Extra Decretum.)**

Lib. II. Tit. 24.

De jurejurando.

cap. 28 . . . . VII, 52.

Lib. II. Tit. 26.

De praescriptionibus.

cap. 5 . . . . III, 399. V, 328.
cap. 6 . . . . V, 332.
cap. 13. 14. 17 . V, 358.
cap. 20 . . . . III, 399. V, 328.

Lib. II. Tit. 27.

De sententia etc.

cap. 13. 15 . . VI, 299.

Lib. III. Tit. 13.

De rebus ecclessiae alienandis etc.

cap. 11 . . . . VII, 160.

Lib. III. Tit. 26.

De testamentis.

cap. 13 . . . . III, 133.

Lib. III. Tit. 28.

De sepulturis.

cap. 14 . . . . V, 52.

Lib. IV. Tit. 1.

De sponsalibus etc.

cap. 1 . . . . VIII, 362.
cap. 15 . . . . III, 105.
cap. 26 . . . . III, 259.
cap. 28 . . . . III, 105.

**Decretales. (Liber Extra Decretum.)**

Lib. IV. Tit. 2.

De desponsatione impuberum.

cap. 3 . . . . . III, 65. 82.
cap.6.8.9.10.11.14. III, 82.

Lib. IV. Tit. 7.

De eo, qui duxit in matrimonium.

cap. 2 . . . . . III, 105.

Lib. IV. Tit. 9.

De conjugio serv.

cap. 2. 4 . . . III, 362.

Lib. IV. Tit. 13.

De eo, cognovit etc.

cap. 5 . . . . . VII, 15.

Lib. IV. Tit. 21.

De secundis nuptiis.

1. 4. 5 . . . . . II, 182.

Lib. V. Tit. 17.

De raptoribus.

cap. 5 . . . . . V, 52.

Lib. V. Tit. 19.

De usuris.

cap. 9 . . . . . V, 52.

Lib. V. Tit. 39.

De sententia excommunicationis.

cap. 28 . . . . . V, 52.

Lib. V. Tit. 40.

De verborum significatione.

cap. 14 . . . . . IV, 458. 463.
cap. 26 . . . . . IV, 506.

**Decretum Gratiani.**

c. 4. D. XI . . I, 154. 427.
c. 6. 7. D. XII . I, 154.
c. 1. C. 3. Q. 7 . II, 216.
c. 1. C. 16. Q. 3 . V, 357.
c. 2. C. 16. Q. 4 . V, 357.
c. 3. C. 16. Q. 6 . V, 52.
c. 4. C. 29. Q. 2 . III, 362.
c. 15. C. 16. Q. 3. V, 327.
c. 16. C. 16. Q. 3. V, 356.
c. 17. C. 16. Q. 3. V, 358.

**Digesta.**

Lib. I. Tit. 1.

De justitia et jure.

l. 1 . . . . . . I, 22.
l. 1. § 2 . . . I, 28. 415.
l. 1. § 3 . . . I, 342. 415.
l. 1. § 4 . . . I, 110. 415.
l. 4 . . . . . . II, 31.
l. 5 . . . . . . I, 415.
l. 6 pr. . . . . I, 116. 415.
l. 6. § 1 . . . . I, 106.
l. 7 . . . . . . I, 108. 116.
l. 7 pr. . . . . I, 116.
l. 9 . . . . . . I, 110. 116. 413.
l. 10 pr. . . . . I, 408.
l. 10. § 1 . . . I, 407.
l. 10. § 2 . . . I, 2.
l. 11 . . . . . . I, 110. 414.

**Digesta.**

Lib. I. Tit. 2.

De origine juris.

l. 2. § 5 . . . I, 49. 106. 116. 148. 155. 298.
l. 2. § 6 . . . I, 49. 116. 148. V. 61.
l. 2. § 8 . . . I, 116. 148.
l. 2. § 10 . . . I, 116.
l. 2. § 12 . . . I, 106. 108. 116. 148.
l. 2. § 16 . . . VI, 486.
l. 2. § 24 . . . I, 98.
l. 2. § 34 . . . I, 491.
l. 2. § 46 . . . I, 22.
l. 2. § 47 . . . I, 156.

Lib. I. Tit 3.

De legibus.

Tit. . . . . . . I, 121. 144.
l. 3. 4. 5. 6 . . I, 121. 306.
l. 7 . . . . . . I, 58. 306.
l. 8 . . . . . . I, 121. 306.
l. 10 . . . . . . I, 121.
l. 11 . . . . . . I, 121. 298.
l. 12 . . . . . . I, 121. 295.
l. 13 . . . . . . I, 298.
l. 14 . . . . . . I, 61. 295.
l. 15. 16 . . . I, 61.
l. 17 . . . . . . I, 231.
l. 18 . . . . . . I, 230.
l. 19 . . . . . . I, 229.
l. 20 . . . . . . I, 322.
l. 21 . . . . . . I, 322. 324.

**Digesta.**

*l. 22* . . . . . . *I, 237.*
l. 23 . . . . . . I, 296.
l. 24 . . . . . . I, 223.
l. 25 . . . . . . I, 234.
l. 26 . . . . . . I, 223.
l. 27 . . . . . . I, 223. 295.
l. 28 . . . . . . I, 224.
l. 29 . . . . . . I, 324.
l. 32 . . . . . . I, 146. 426.
l. 32 pr. . . . . I, 150. 153. 295.
l. 32. § 1 . . . . I, 117. 147. 151.
l. 33 . . . . . . I, 117. 146. 150. 153.
l. 34 . . . . . . I, 146. 148. 192.
l. 35 . . . . . . I, 107. 146.
l. 36 . . . . . . I, 107. 146. 147. 182.
l. 37 . . . . . . I, 146. 296.
l. 38 . . . . . . I, 117. 146. 148. 150. 296.
*l. 39* . . . . I, 146. 147. 149. 175. ***178***. 424.
l. 40 . . . . . . I, 146.
l. 41 . . . . . . III, 2.

Lib. I. Tit. 4.

De constitutionibus principum.

Tit. . . . . . . I, 121.
l. 1 . . . . . . I, 122.
l. 1 pr. . . . . . I, 117.
l. 1. § 1 . . . . I, 125.
l. 1. § 2 . . . . I, 66. 130.
l. 2 . . . . . . I, 306.
l. 3 . . . . . . I, 229.

**Digesta.**

Lib. I. Tit. 5.

De statu hominum.

l. 1 . . . . . . II, 61.
l. 2 . . . . . . II, 2.
l. 7 . . . . . . II, 13. 77.
l. 11 . . . . . . IV, 556. 557.
*l. 12* . . . . II, 388. ***411.*** IV, 340.
*l. 14* . . . . II, ***9.***
l. 18 . . . . . . II, 14. 15.
*l. 20* . . . . ***II, 455.*** 482.
*l. 25* . . . . VI, ***274.*** 473.
l. 26 . . . . . . II, 12. 15.

Lib. I. Tit. 6.

De his qui sui vel alieni juris sunt.

l. 1. § 1 . . . I, 364. II, 31.
l. 1. § 2 . . . II, 34.
l. 2 . . . . . . II, 34.
l. 8 pr. . . . . III, 84.
l. 9 . . . . . . II, 53.
*l. 10* . . . . VI, ***437.***

Lib. I. Tit. 7.

De adoptionibus et emancipationibus.

l. 1. § 1 . . . I, 227.
l. 3 . . . . . . II, 53.
l. 4 . . . . . . I, 423.
l. 5 . . . . . . III, 250.
l. 17. § 1 . . . . I, 418.
l. 32. 33 . . . II, 147.
l. 40. § 1 . . . III, 75.
l. 45 . . . . . . II, 115.

**Digesta.**

Lib. I. Tit. 8.

De divisione rerum et qualitate.

l. 2. 3. 4 . . . . I, 414.
l. 5 pr. . . . . . I, 60.
l. 6. § 1 . . . . II, 249. 285.

Lib. I. Tit. 9.

De Senatoribus.

l. 3 . . . . . . II, 210.
l. 7. § 1 . . . . II, 15.

Lib. I. Tit. 12.

De officio Praefecti urbi.

l. 1. § 8 . . . . II, 34.

Lib. I. Tit. 14.

De officio Praetorum.

l. 3 . . . . . . I, 66. 126.

Lib. I. Tit. 17.

De off. Praef. august.

Tit. . . . . . . VIII, 51.

Lib. I. Tit. 18.

De officio praesidis.

l. 6. § 1 . . . . III, 444.
l. 14 . . . . . . III, 83. 84. 85.

Lib. I. Tit. 21.

De officio ejus, cui mandata est jurisdictio.

Tit. . . . . . . VI, 293.
l. 1 pr. . . . . . I, 238.

Lib. II. Tit. 1.

De jurisdictione.

l. 7 pr. . . . . . III, 392. V, 79.

**Digesta.**

l. 7. § 4 . . . . III, 393.
*l. 11. § 1* . . . VI, ***331***.
l. 15 . . . . . . III, 247. 342. 365. VIII, 204.
*l. 18* . . . . . VIII, ***204***.
l. 20 . . . . . . VII, 45.

Lib. II. Tit. 2.

Quod quisque juris in alterum statuerit etc.

l. 3. § 7 . . . V, 378.

Lib. II. Tit. 3.

Si quis jus dicendi non obtemperaverit.

l. 1. § 4 . . . V, 456.

Lib. II. Tit. 4.

De in jus vocando.

*l. 5* . . . . . . II, ***389***.
l. 8. § 1 . . . VI, 473.
l. 10. § 4 . . . II, 286. 287.
l. 12 . . . . . . II, 127. V, 79. 93.
l. 24 . . . . . . II, 127. V, 79.
l. 25 . . . . . . V, 79.

Lib. II. Tit. 5.

Si quis in jus vocatus non ierit etc.

l. 2. § 1 . . . III, 394. V, 79.

Lib. II. Tit. 7.

Ne quis eum, qui in jus vocabitur etc.

*l. 5. § 1* . . . V, 79. ***456***.
l. 5. § 3 . . . V, 45. 93.
l. 5. § 4 . . . V, 46.

**Digesta.**

Lib. II. Tit. 8.

Qui satisdare cogantur etc.

*l. 8. § 2* . . . III, ***386.***

Lib. II. Tit. 10.

De eo, per quem factum erit etc.

l. 1. § 4 . . . V, 46.
l. 1. § 6 . . . V, 47.
*l. 3 pr.* . . . V, 93. VII, ***207.***
l. 3. § 1 . . . VII, 107. 207. 233.

Lib. II. Tit. 11.

Si quis cautionibus in judicio etc.

*l. 1* . . . . . . IV, ***414.***
l. 2. § 1 . . . III, 247.
l. 10. § 2 . . . V, 47. VI, 418.
l. 13 . . . . . . VI, 418.

Lib. II. Tit. 12.

De feriis et dilationibus etc.

l. 8 . . . . . . IV, 326.

Lib. II. Tit. 13.

De edendo.

l. 1. § 2. 3 . . III, 428.
l. 1. § 4 . . . III, 428. VI, 376.
l. 1. § 5 . . . III, 428.
l. 4. § 5 . . . VIII, 217. 242.
l. 9. § 1 . . . III, 20.
l. 10. § 3 . . . V, 448.

Lib. II. Tit. 14.

De pactis.

*l. 1. §. 2.* 3. 4 . III, ***315.***

**Digesta.**

l. 2. § 1 . . . . III, 247. IV, 128.
l. 5 . . . . . . III, 310.
l. 7 pr. . . . . . VI, 262.
***l. 7. § 2*** . . . . II, 425. V, 74. 98. ***100.***
***l. 7. § 3*** . . . . III, ***177.***
l. 7. § 4 . . . . II, 425. V, 383. 510. VI, 262.
l. 7. § 5 . . . . V, 467.
l. 7. § 7 . . . . I, 234.
l. 7. § 8 . . . . V, 24.
l. 7. § 9. 10 . . III, 118.
l. 7. § 12 . . . . V, 494.
l. 7. § 14. 16 . I, 58.
***l. 7. § 18*** . . . . II, 36. ***419.***
l. 9. § 3 . . . . VII, 139.
l. 10. § 1 . . . . VII, 10.
l. 17 pr. . . . . IV, 102.
l. 17. § 1 . . . . IV, 128. 544. VII, 139.
l. 17. § 5 . . . . III, 18.
l. 21. § 5 . . . . V, 178.
l. 22 bis 25 . . V, 178.
***l. 25. § 2*** . . . III, ***77.***
***l. 26*** . . . . . III, ***77.*** V, 178.
***l. 27. § 2*** . . . IV, 128. 544. V, ***157.***
l. 27. § 4 . . . . I, 58. IV, 235.
l. 27. § 6 . . . . VII, 6.
l. 27. § 8 . . . . VI, 426. 446. VII, 6.
l. 28 pr. . . . . III, 40. 44.
l. 28. § 2 . . . . IV, 128.
l. 29. § 3. 4 . . . II, 122.

**Digesta.**

l. 30 . . . . . . II, 122. 123.
l. 32 . . . . . . IV, 132. V, 178.
l. 37. § 1 . . . VII, 139.
l. 38 . . . . . . I, 58. V, 411.
l. 39 . . . . . . VIII, 268.
l. 40 . . . . . . IV, 129.
l. 40 § 1 . . . VII, 10.
l. 42 . . . . . . I, 58.
l. 46 . . . . . . III, 461.
l. 51 pr. . . . III, 361. 450.
l. 51. § 1 . . . III, 361.
l. 57 . . . . . . III, 248.
l. 57. § 1 . . . V, 24.
l. 61 . . . . . . V, 411.

Lib. II. Tit. 15.

De transactionibus.

*l. 1. 2 . . . . . IV, 128.*
l. 6 . . . . . . I, 256. VI, 461.
l. 7 pr. . . . . VI, 298.
l. 8. § 2 . . . IV, 274.
l. 8. § 5 . . . III, 236.
l. 8. § 6 . . . I, 234.
l. 8. § 17 . . . IV, 130.
l. 11 . . . . . . VI, 298.

Lib. III. Tit. 1.

De postulando.

l. 1. § 1 . . . II, 191.
l. 1. § 3 . . . II, 191. III, 74. IV, 391. 412.
l. 1. § 5 . . . II, 103. 191.

**Digesta.**

l. 1. § 6 . . . . II, 173. 183. 184. 191. 193.
l. 1. § 7 . . . . II, 191.
l. 1. § 8 . . . . II, 192.
l. 1. § 9 . . . . II, 173. 191. 192. 198. VII, 102.
l. 1. § 10 . . . . II, 192. 198. VII, 102.
l. 1. § 11 . . . . II, 192.
l. 2 . . . . . . III, 85

Lib. III. Tit. 2.

De his, qui notantur infamia.

Tit. . . . . . . II, 171.
*l. 1* . . . . . . I, 236. II, 171. 183. 192. 193. 539. *548*. III, 329. 394.
l. 1 pr. . . . . . II, 174.
l. 1. § 8 . . . . VI, 494.
l. 2. § 1 . . . . II, 179.
l. 2. § 4 . . . . II, 210.
l. 4 pr § 1. 2. 3. II, 184.
l. 6. § 1 . . . . II, 520.
l. 6. § 2. 3 . . . II, 175.
l. 6. § 5 . . . . II, 177. 178.
l. 6. § 6 . . . . II, 178.
l. 6. § 7 . . . . II, 177. 178.
l. 8 . . . . . . II, 549. 550. IV, 436.
l. 9 pr. . . . . . II, 536.
l. 11 pr. . . . . II, 534.
l. 11. § 1 . . . . I, 236. II, 181. 389. 534.
l. 11. § 2 . . . . I, 236. II, 181. 534.
l. 11. § 3 . . . . I, 236. II, 180. 181. 534.

**Digesta.**

l. 11. § 4 . . . III, 332. 394.
l. 13. § 3. 4 . . II, 182. 183.
l. 13. § 8 . . . II, 176.
l. 22 . . . . . II, 185.
*l.* ***23*** . . . . II, 181. 539. ***546.***
l. 24 . . . . . II, 555.
l. 25 pr. . . . II, 536.
l. 42 . . . . . II, 132.
l. 43. § 2 . . . II, 132.

Lib. III. Tit. 3.

De procuratoribus et defensoribus.

l. 8 pr. . . . . II, 97. 100. 103. 117. 123. 136. 441.
l. 17. § 1 . . . III, 18.
l. 35 . . . . . II, 136.
l. 35 pr. . . . II, 97. 101. 136. III, 254.
***l. 35. § 2*** . . V, ***9.***
***l. 39 pr.*** . . . V, ***9.*** VII, 28.
l. 39. § 3. 4 . . I, 122.
l. 39. § 6 . . . VII, 91. 229. 232.
l. 40 . . . . . VI, 273.
l. 40. § 2 . . . VI, 314. 316. 427.
l. 40. § 4 . . . III, 256.
l. 41 . . . . . II, 103. 191.
l. 42 pr. . . . II, 131. 132.
l. 42. § 1 . . . II, 123.
l. 43. § 2 . . . II, 132.
l. 45. § 1 . . . II, 131. 132.
l. 46. § 3 . . . VII, 233.
l. 48 . . . . . V, 191.

**Digesta.**

l. 51 pr. . . . VII, 219.
l. 54. § 1 . . . VIII, 217.
l. 70 . . . . . . V, 506.

Lib. III. Tit. 4.

Quod cujuscunque universitatis nomine etc.

Tit. . . . . . . II, 235. 261.
*l. 1 pr.* . . . II, 254. 255. ***257***. 259. 261. ***277***.
l. 1. § 1 . . . II, 249. 255. 259. 261. 285. 296.
l. 1. § 3 . . . II, 261. 296.
l. 2 . . . . . . II, 249. 261. 296.
*l. 3* . . . . . II, 249. 250. 296. ***328***.
l. 4 . . . . . . II, 328.
l. 6. § 1. 3 . . II, 296.
l. 7 pr. . . . . II, 249. 296.
l. 7. § 1 . . . II, 295.
*l. 7. § 2* . . . II, ***244***. 250. 261. ***276***. 296. 297.
l. 8 . . . . . . II, 249. 297.
*l. 9* . . . . . II, 249. ***294***.
l. 10 . . . . . II, 296.

Lib. III. Tit. 5.

De negotiis gestis.

l. 3 pr. § 6 . . II, 369.
l. 4 . . . . . . IV, 132. 133.
l. 7 . . . . . . V, 463.
l. 8. § 2 . . . VI, 358. 428.
*l. 17* . . . . . II, ***137***. 427.
l. 19 pr. . . . V, 381.
l. 19. § 4 . . . VI, 136.

**Digesta.**

l. 21. § 1 . . . . II, 369.
l. 27. § 1 . . . . IV, 85.
*l. 34* . . . . . IV, ***85***.
l. 38 . . . . . . VI, 135.
l. 43 . . . . . . VII, 218.
*l. 47. § 1* . . . V, 64. ***72***.

Lib. III. Tit. 6.

De calumniatoribus.

l. 2 . . . . . . IV, 48.
l. 4 . . . . . . V, 200.
*l. 5 pr.* . . . V, ***46***. 47.
l. 5. § 1 . . . . V, 46. 258.
*l. 6* . . . . . . III, ***413***.

Lib. IV. Tit. 1.

De in integrum restitutionibus.

Tit. . . . . . . VII, 91.
*l. 1* . . . . . . VII, 120. ***132***. 162.
l. 2 . . . . . . II, 61. 83. III, 331. VII, 132. 211.
*l. 3* . . . . . . VII, 51. ***130***.
l. 4 . . . . . . VII, 132.
l. 6 . . . . . . VII, 127. 217.
l. 7 pr. . . . . VII, 197.
*l. 7. § 1* . . . VII, ***203***.
*l. 8* . . . . . . VII, 128. ***179***.

Lib. IV. Tit. 2.

Quod metus causa gestum erit.

Tit. . . . . . . VII, 91. 133.

**Digesta.**

l. 1 . . . . . . III, 101. 104. VII, 137. 193.
l. 1. § 2 . . . . III, 118.
l. 3. § 1 . . . . III, 104. 105.
l. 4 . . . . . . III, 105.
l. 5 . . . . . . III, 453.
l. 6 . . . . . . III, 107. 453. VII, 134.
*l. 7 pr.* . . . III, ***106***. 107.
l. 7. § 1 . . . . III, 105.
l. 8 pr. § 1. 2 . III, 105.
l. 8. § 3 . . . . III, 106.
*l. 9 pr.* . . . . III, ***101***. 107.
l. 9. § 1 . . . . II, 262. 320. III, 107. V, 24.
l. 9. § 2 . . . . II, 262.
*l. 9. § 3* . . . . II, ***320***. V, 422. VII, 105. 193.
l. 9. § 4. 6 . . V, 25. VII, 193. 194. 201.
l. 9. § 8 . . . . II, 320. III, 107. V, 25. VII, 192.
l. 13 . . . . . . I, 126.
l. 14. § 1 . . . . VII, 192. 256.
l. 14. § 2 . . . . IV, 428. VII, 256.
*l. 14. § 3* . . . III, ***107***.
l. 14. § 4 . . . . V, 130.
*l. 14. § 11* . . . V, 125. 130. VI, ***176***. 186. ***194***.
l. 14. § 13 . . . V, 174. 219. 262.
l. 14. § 15 . . . V, 46.
l. 15 . . . . . . V, 46.
l. 16. § 2 . . . . V, 47.
l. 17. 18 . . . . IV, 71.
l. 19 . . . . . . V, 47. VII, 134.
l. 20 . . . . . . IV, 126.

**Digesta.**

*l. 21 pr.* . . . . III, ***105***. 107.
*l. 21. § 5* . . . III, ***102***. 104. VII, 195. 201. 269.
l. 21. § 6 . . . VII, 127. 195. 201. 268.
l. 22 . . . . . . III, 105.
l. 23. § 1. 2 . . III, 105.

Lib. IV. Tit. 3.

De dolo malo.

Tit. . . . . . . VII, 91. 133.
l. 1. § 1 . . . III, 329. VII, 137.
l. 1. § 2. 3 . . III, 119.
*l. 1. § 4* . . . III, 357. V, 219. ***381***. 382. 430. 616.. VII, 199.
l. 1. § 5 . . . III, 357.
*l. 1. § 6* . . . III, 357. V, 342. 381. 382. VII, ***203***.
l. 1. § 7. 8 . . III, 357.
l. 2. 3. 4 . . . III, 357.
l. 5 . . . . . . III, 357. VII, 208.
l. 6 . . . . . . III, 357. VII, 134. 208.
l. 7 . . . . . . III, 357.
l. 7 pr. . . . . VII, 140.
*l. 7. § 3* . . . V, ***615***.
l. 7. § 7 . . . I, 285.
l. 7. § 8 . . . II, 427. 429.
l. 8 . . . . . . VII, 134.
l. 9. § 1 . . . VII, 202.
l. 9. § 4 . . . V, 45.
*l. 11. § 1* . . . V, ***473***. VII, 224.
l. 12 . . . . . . VII, 224.

**Digesta.**

l. 13. § 1 . . . . III, 43. 55.
l. 14 . . . . . . III, 43.
l. 15. § 1 . . . . II, 249. 250. 319.
l. 17 pr. . . . . V, 146. 453.
l. 17. § 1 . . . . V, 46.
l. 18 pr. . . . . V, 124. 129. 130. 453.
l. 18. § 1 . . . . V, 130. 453.
*l. 18. § 3* . . . III, ***357***. VII, 208.
l. 18. § 4 . . . . V, 453.
*l. 18. § 5* . . . . *V, 615.*
l. 19 . . . . . . V, 615.
l. 21 . . . . . . VII, 65. 67.
l. 22 . . . . . . VII, 67.
l. 23 . . . . . . VII, 134.
l. 24 . . . . . . VI, 474.
l. 26 . . . . . . V, 46. VII, 134.
l. 28 . . . . . . V, 431. VII, 134. 257.
l. 29 . . . . . . V, 431.
*l. 38* . . . . . III, 357. VII, ***205***.
l. 39 . . . . . . III, 118. V, 40.
l. 40 . . . . . . III, 118. V, 40. 430. VII, 202.

Lib. IV. Tit. 4.

De minoribus etc.

Tit. . . . . . . VII, 91. 133.
l. 1 pr. . . . . . VII, 147.
l. 1. § 1 . . . . II, 86. VII, 111. 120. 137.
*l. 3. § 1* . . . . VII, 239. ***241***.
l. 3. § 2 . . . . VII, 241.
*l. 3. § 3* . . . . IV, 355. ***405***. 453. 456. 463. 474.

12

**Digesta.**

*l. 3. § 4* . . . . II, 85. 98. VII, 153. ***155***. 219. ***277***. 278. 280.
*l. 3. § 5* . . . . II, 114. VII, ***154***.
l. 3. § 6 . . . . VII, 127. 225.
l. 3. § 7 . . . . VII, 153.
l. 3. § 8 . . . . VII, 127. 153.
*l. 3. § 9* . . . . VII, ***154***. 229.
l. 3. § 10 . . . . III, 218. VII, 154.
l. 3. § 11 . . . . VII, 156.
l. 4 . . . . . . . VII, 156.
l. 4. § 26 . . . . III, 55.
l. 5 . . . . . . . VII, 156.
l. 6 . . . . . . . VII, 121.
l. 7 pr. . . . . . VII, 120.
l. 7. § 2 . . . . VII, 151. 159.
l. 7. § 3 . . . . V, 414. VII, 124.
l. 7. § 4 . . . . VII, 127.
l. 7. § 5 . . . . VII, 127. 269.
l. 7. § 6 . . . . VII, 121.
l. 7. § 8 . . . . VII, 132.
l. 7. § 9 . . . . VII, 129.
l. 7. § 10 . . . . VII, 127. 268.
l. 7. § 11. 12 . VII, 128.
l. 8 . . . . . . . VII, 128.
l. 9 pr. . . . . . VII, 272.
*l. 9. § 1* . . . . II, ***118***.
*l. 9. § 2* . . . . III, 431. V, 570. VII, 139. ***140***.
l. 9. § 3 . . . . III, 431. VII, 140.
l. 9. § 4 . . . . II, 61. III, 431. VII, 127. 140.

**Digesta.**

l. 9. § 5 . . . . III, 394. VII, 139.
l. 9. § 6 . . . . VII, 140.
*l. 10* . . . . . *VII, 140.*
l. 11 pr. § 1 . . VII, 141.
l. 11. § 3 . . . VII, 130.
l. 11. § 4 . . . VII, 121. 131.
l. 11. § 5 . . . VII, 131.
l. 11. § 6 . . . VII, 227.
l. 11. § 7 . . . III, 367. VII, 228.
l. 12 . . . . . . VII, 134. 228.
*l. 13 pr.* . . . VII, 218. ***220***. 221. 231.
*l. 13. § 1* . . . VII, ***234***. 270. 272.
l. 14 . . . . . . VII, 272.
l. 15 . . . . . . VII, 134. 272.
l. 16 pr. . . . VII, 115. 143.
*l. 16. § 1* . . . IV, ***102***. VII, 143.
*l. 16. § 2* . . . III, ***463***. VII, 144.
l. 16. § 3 . . . VII, 143.
l. 16. § 4 . . . VII, 121.
l. 16. § 5 . . . VII, 128. 215.
l. 17. 18 . . . VII, 128. 215.
l. 18. § 5 . . . VII, 217.
l. 19 . . . . . . III, 415. VII, 254. 264.
*l. 20 pr.* . . . VII, 177. 258. ***259***. 261.
l. 20. § 1 . . . VII, 239.
l. 22 . . . . . . VII, 127. 268. 269.
l. 22 pr. . . . VII, 155.
l. 23 . . . . . . VII, 153.
*l. 24 pr.* . . . II, 216. VII, 217. ***222***.

**Digesta.**

l. 24. § 1 . . . VII, 51. 120. 132.
l. 24. § 2 . . . VII, 127. 268.
l. 24. § 3 . . . VII, 273.
l. 24. § 4 . . . VII, 126. 232. 265. 266.
*l. 24. § 5* . . . VII, 51. 130. ***229***.
l. 25 . . . . . . VII, 134.
l. 25 pr. . . . VII, 126.
l. 25. § 1 . . . VII, 230.
l. 26 . . . . . . VII, 230.
l. 26. § 1 . . . VII, 231.
l. 27 . . . . . . VII, 134.
l. 27 pr. . . . VII, 230.
l. 27. § 1 . . . VII, 126. 229. 266. 267.
l. 27. § 2. 3 . . VII, 126. 267.
l. 27. § 4 . . . VII, 224.
l. 28 . . . . . . VII, 268.
l. 29 pr. . . . VII, 148. 278.
l. 29. § 1 . . . VII, 128. 148. 268.
l. 29. § 2 . . . VII, 127. 229. 231.
l. 30 . . . . . . VII, 127. 240.
l. 31 . . . . . . VII, 127. 269.
l. 33 . . . . . . VII, 141. 269.
l. 34 pr. . . . VII, 227.
l. 34. § 1 . . . VII, 126. 228.
l. 35 . . . . . . VII, 124.
l. 36 . . . . . . VII, 128.
l. 37 pr. . . . VII, 122.
*l. 37. § 1* . . . III, 431. ***432***. VII, 140.
l. 38 pr. . . . VI, 294. VII, 129. 148.

**Digesta.**

l. 38. § 1 . . . . VII, 153.
l. 39 pr. . . . VII, 233. 253.
*l. 39. § 1* . . . VII, ***144***. 266.
l. 40 pr. . . . VII, 121. 126.
l. 40. § 1 . . . VII, 127. 266.
l. 41 . . . . . . V, 171. VII, 129.
l. 42 . . . . . . VII, 128. 215.
l. 44 . . . . . . VII, 120. 121. 124. 130.
l. 45 pr. . . . VII, 125.
l. 45. § 1 . . . VII, 144.
l. 47 pr. . . . VII, 148.
l. 47. § 1 . . . VII, 126. 229. 266.
l. 48. § 1 . . . VII, 141.
l. 49 . . . . . . VII, 272.
*l. 50* . . . . . V, ***396***. VII, 126. 267.

Lib. IV. Tit. 5.

De capite minutis.

Tit. . . . . . . VII, 91. 133.
l. 1 . . . . . . II, 61. VII, 134.
l. 2 pr. . . . . . II, 73. 86. 469.
l. 2. § 1 . . . II, 83. 86. VII, 211.
*l. 2. § 2* . . . II, 65. ***83***. 430.
l. 2. § 3 . . . II, 85.
l. 2. § 5 . . . II, 86. VII, 211.
*l. 3 pr.* . . . II, ***479***. ***490***.
*l. 3. § 1* . . . II,65.465.***486***.***490***.***509***.512.513.
*l. 4* . . . . . . II, 465. ***486***.
*l. 5. § 2* . . . I, 60. II, ***51***. 75. 454. 465.
l. 6 . . . . . . . I, 60. II, 51. 75. 454.

**Digesta.**

*l. 7 pr.* . . . . II, 67. **77**. 88. **479**.
l. 7. § 2. 3 . . II, 75. 83. 87. VII, 211.
l. 7. § 5 . . . VII, 211.
*l. 8* . . . . . . II, 95. **105**. 116. **124**. VII, 134.
l. 9 . . . . . . II, 96. 117.
*l. 10* . . . . . II, **91**. **109**. 110.
*l. 11* . . . . . II, 63. 474. **478**. **510**.

Lib. IV. Tit. 6.

Ex quibus causis majores etc.

Tit. . . . . . . VII, 91. 133.
*l. 1 pr.* . . . . VII, **162**.
*l. 1. § 1* . . . IV, 441. VII, 92. 112. 125. **164**. 169. 170. 171. 180. 181. 182. 186. 246. 254.
l. **2** *pr.* . . . . VII, **235**.
l. 2. § 1 . . . VII, 169.
l. 3 . . . . . . III, 105. VII, 169.
l. 4. 5 pr. . . . VII, 170.
l. 5. § 1 . . . VII, 170.
l. 6. 7 . . . . VII, 170.
l. 7. § 1 . . . VII, 246.
l. 8 . . . . . . VII, 172.
l. 9 bis 14 . . . VII, 171.
l. 15 pr. . . . VII, 171. 178.
l. 15. § 1 . . . VII, 171.
l. 15. § 2 . . . VII, 128. 186.
l. 15. § 3 . . . VII, 131. 186. 187.
l. 16 . . . . . VII, 131. 187.
l. 17 pr. . . . VII, 123. 271.

**Digesta.**

l. 17. § 1 . . . VII, 123.
l. 18 . . . . . . VII, 122. 123.
l. 20 . . . . . . VII, 123.
l. 21 pr. . . . VII, 162. 165.
l. 21. § 1 . . . VII, 181.
l. 21. § 2. 3 . . VII, 184.
l. 22 pr. . . . VII, 184.
*l. 22. § 2* . . . VII, *185*.
l. 23 pr. . . . VII, 181.
l. 23. § 1 . . . VII, 185.
l. 23. § 2 . . . VII, 186.
l. 23. § 3 . . . VII, 185.
l. 23. § 4 . . . VII, 181.
l. 24 . . . . . . VII, 181.
l. 25 . . . . . . VII, 134. 181.
l. 26 pr. . . . VII, 182.
l. 26. § 1 . . . VII, 166. 173. 177. 178. 302.
l. 26. § 2 . . . VII, 182.
l. 26. § 3 . . . VII, 183.
l. 26. § 4 . . . VII, 166. 182.
l. 26. § 5. 6 . . VII, 182.
l. 26. § 7 . . . VII, 182. 187.
l. 26. § 8 . . . VII, 187.
l. 26. § 9 . . . VII, 166. 170. 172. 174. 178.
l. 27 . . . . . . VII, 123.
l. 28 pr. . . . VII, 172. 174. 177.
l. 28. § 1 . . . VII, 172.
*l. 28. § 3* . . . VII, ***252***. 254.
l. 28. § 4 . . . VII, 254. VIII, 56.

**Digesta.**

l. 28. § 5 . . . V, 414. VII, 191. 233.
l. 28. § 6 . . . VII, 233. 268.
l. 29 . . . . . . VII, 265. 268.
l. 30 pr. . . . II, 371. V, 363. VII, 181.
l. 30. § 1 . . . VII, 270.
*l. 31* . . . . . VII, ***244***.
l. 32 . . . . . . VII, 171.
l. 33 pr. . . . VII, 166. 170.
l. 33. § 1. 2 . . VII, 170.
l. 34 pr. . . . VII, 171.
l. 34. § 1 . . . VII, 170.
l. 35 pr. . . . VII, 170.
l. 35. § 1 . . . VII, 172.
l. 35. § 2. 3. 4. 5. 6. VII, 170.
l. 35. § 7. 8. 9 . VII, 171.
l. 36 . . . . . . VII, 170.
l. 37 . . . . . . VII, 171.
l. 38 pr. . . . VII, 170.
l. 38. § 1 . . . VII, 171.
*l. 39* . . . . . VII, 176. ***177***.
l. 40 pr. . . . VII, 187.
l. 40. § 1 . . . VII, 173.
l. 41 . . . . . . VII, 123. 268.
l. 42 . . . . . . VII, 172.
l. 43 . . . . . . VII, 186.
l. 44 . . . . . . III, 105. VII, 131.
l. 45 . . . . . . VII, 170.
l. 45 pr. . . . VII, 173.
l. 46 . . . . . . VII, 227.

**Digesta.**

Lib. IV. Tit. 7.

De alienatione judicii mutandi causa facta.

Tit. . . . . . . VII, 91. 133.
l. 1 . . . . . . VII, 103. 134.
l. 1 pr. . . . . VII, 103.
l. 2 . . . . . . VII, 135.
l. 3 . . . . . . VII, 134.
*l. 3. § 4* . . . VII, *104*.
l. 3. § 5 . . . VII, 105.
l. 4 . . . . . . VII, 135.
l. 4. § 5 . . . VII, 103.
l. 4. § 6 . . . V, 43.
l. 6 . . . . . . VII, 135.
l. 7 . . . . . . V, 43. VII, 134.
l. 8 . . . . . . VII, 103.
l. 10 . . . . . . VII, 135.

Lib. IV. Tit. 8.

De receptis etc.

*l. 13. § 4* . . . VI, *312*.
l. 21. § 12 . . V, 633.
l. 31 . . . . . . V, 495.

Lib. IV. Tit. 9.

Nautae, caupones etc.

l. 1. § 1 . . . V, 259.
l. 3. § 1 . . . V, 259.
l. 3. § 4 . . . V, 353.
l. 3. § 5 . . . V, 258.
l. 6. § 4 . . . V, 258.

**Digesta.**

Lib. V. Tit. 1.

De judiciis.

l. 1 . . . . . . III, 247. 365. VIII, 204.
*l.* ***2*** *pr.* . . . III, 247. ***342***. 365. VIII, 204.
l. 2. § 1 . . . VIII, 204.
l. 2. § 3. 4. 5. 6. VIII, 56.
l. 4 . . . . . II, 55.
l. 10. § 1 . . . V, 478.
l. 11 . . . . . . II, 55. 70.
l. 13. 14 . . . V, 152.
*l.* ***18***. § ***1*** . . . *II*, 98. ***100***. ***101***. ***138***.
l. 19 pr. . . . VIII, 220. 244.
*l.* ***19***. § ***1*** . . . VIII, ***217***. 244.
*l.* ***19***. § ***2*** . . . VIII, 203. 209. ***221***. 249.
l. 19. § 3 . . . VIII, 222.
*l.* ***19***. § ***4*** . . . VIII, 73. 74. 211. ***241***.
l. 20 . . . . . . V, 513. VIII, 45. 238.
l. 20. § 6 . . . V, 479.
l. 21 . . . . . . VII, 10.
l. 22 . . . . . . VI, 331.
*l.* ***23*** . . . . . VIII, ***65***.
l. 24 . . . . . . VIII, 56.
*l.* ***24***. § ***2*** . . VIII, ***170***.
l. 25 bis 28 . . VIII, 56.
l. 28. § 2 . . . VII, 72.
*l.* ***28***. § ***4*** . . VI, ***15***.
l. 32 . . . . . . VI, 312.
*l.* ***35*** . . . . . VI, ***66***.
l. 36. § 1 . . . VIII, 217.

**Digesta.**

*l. 38* . . . . . VIII, 229. ***231.*** 232.
*l. 38 in fine* . . VIII, ***231.***
*l. 39 pr.* . . . . VI, ***14.***
l. 41 . . . . . . V, 464.
*l. 45* . . . . . VIII, ***220.***
*l. 45 pr.* . . . . VIII, 217. ***242.***
l. 46 . . . . . . VI, 312.
*l. 50* . . . . . VIII, ***232.***
l. 57 . . . . . . II, 54.
l. 58 . . . . . V, 478. VI, 488.
l. 60 . . . . . . VI, 312.
*l. 65* . . . . . VIII, 62. ***226.***
*l. 76* . . . . . II, 238. ***244.***
l. 77. 78 . . . . II, 53.
l. 80 . . . . . . III, 305.
l. 81 . . . . . . VI, 287.

Lib. V. Tit. 2.

De inofficioso testamento.

l. 2 . . . . . . . II, 128. III, 84.
l. 4. 5 . . . . . II, 128.
l. 6 pr. . . . . . II, 7.
l. 6. § 1 . . . . VI, 476.
l. 6. § 2 . . . . II, 129.
l. 7 . . . . . . . II, 129.
l. 8 pr. . . . . . II, 128. 129.
l. 8. § 9 . . . . VIII, 455.
*l. 8. § 13* . . . V, 423. ***432.***
l. 8. § 14 . . . VII, 4.

**Digesta.**

l. 8. § 16 . . . VI, 476.
l. 15. § 1 . . . II, 129.
l. 17. § 1 . . . VI, 476.
l. 22 pr. § 1 . . II, 128. 129.
l. 25 pr. . . . IV, 240.
l. 28 . . . . . III, 379.
l. 29. § 4 . . . VIII, 73. 74.

Lib. V. Tit. 3.

De hereditatis petitione.

l. 4 . . . . . . VI, 76.
l. 7. § 1 . . . VI, 12. 435.
l. 9. 10 . . . . V, 26.
l. 10. § 1 . . . V, 131. 478.
l. 11 . . . . . . V, 26.
l. 13. § 2 . . . VI, 108.
l. 13. § 14 . . V, 55.
l. 16 pr. . . . III, 205. VI, 76.
l. 18. § 1 . . . VI, 76.
l. 20 . . . . . . II, 274. VI, 141.
*l. 20. § 6* . . I, 233. II, 274. V, 479. VI, *21*. 92. 93. 96. 107. 108. 150.
l. 20. § 7 . . . VI, 21. 108.
l. 20. § 9 . . . VI, 21.
*l. 20. § 11* . . VI, 21. *85*. 93. 96. 150.
l. 20. § 12 . . VI, 151.
*l. 20. § 14* . . *VI, 152*.
l. 20. § 15 . . VI, 150.
l. 20. § 16 . . VI, 151.
l. 23 . . . . . . I, 233.

**Digesta.**

l. 25. § 2 . . . . III, 397. VI, 89. 92. 108.
l. 25. § 3 . . . . VI, 92.
l. 25. § 4 . . . . III, 397. VI, 108. 115.
l. 25. § 5 . . . . VI, 92.
*l. 25. § 6* . . . . III, 336. ***397***. 401. VI, 92.
*l. 25. § 7* . . . . VI, ***85***. 88. 89. 90. 93. 108.
l. 25. § 9 . . . . VI, 107. 108.
*l. 25. § 11* . . III, 397. IV, ***92***.
l. 25. § 15 . . III, 397.
*l. 25. § 16* . . IV, ***34***.
l. 25. § 18 . . V, 18.
l. 27 pr. . . . . VI, 105. 107.
l. 29 . . . . . . VI, 107.
*l. 31. § 3* . . . VI, 84. ***88***. 116.
l. 36 . . . . . . VI, 76.
l. 36. § 1 . . . . II, 144.
*l. 36. § 2* . . . . V, 227. ***263***.
l. 36. § 3 . . . . VI, 151.
l. 36. § 4 . . . . VI, 76.
*l. 40 pr.* . . . . I, 239. VI, ***53***. 87. 179. ***180***. ***187***. 202.
l. 41 pr. . . . . VI, 76.
l. 45 . . . . . . V, 501.
l. 49 . . . . . . V, 18.
l. 50. § 1 . . . . III, 233.
l. 51. § 1 . . . . VI, 141.
l. 54 . . . . . . VI, 76.
l. 57 . . . . . . V, 131.
l. 58 . . . . . . V, 478.

**Digesta.**

Lib. V. Tit. 4.

Si pars hereditatis petatur.

l. 3 . . . . . . II, 15. 16.
l. 4 . . . . . . II, 15.
l. 18. § 1 . . . II, 98.

Lib. V. Tit. 6.

De fideicommissoria hereditatis petitione.

Tit. . . . . . . V, 65.

Lib. VI. Tit. 1.

De rei vindicatione.

Tit. . . . . . . V, 30.
l. 1 pr. . . . . VI, 432.
l. 1. § 1 . . . V, 30. VI, 432.
l. 1. § 2 . . . V, 21. VI, 528.
*l. 9* . . . . . . V, 284. 337. ***477.*** VI, 77. 346. ***376.***
l. ***10.*** 11. 12 . . VIII, ***231.***
l. ***13*** . . . . . . V, 227. ***263.***
*l. 15. § 3* . . . VI, ***177.*** 179. ***188.***
l. 16 pr. . . . VI, 179.
l. 17. § 1 . . . VI, 107. 167. 169. 179.
l. 17. § 1 in fine. VI, 56.
*l. 18* . . . . . IV, ***573.*** VI, 56.
l. 20 . . . . . . VI, 35. 50. 56. 107.
l. 21 . . . . . . V, 55. VI, 56. 167.
l. 23 pr. . . . V, 30.
l. 23. § 5 . . . V, 212 VI, 507.
*l. 27. § 1* . . . VI, ***75.***
l. 27. § 3 . . . V, 18. VI, 109. VII, 105.
l. 33 . . . . . . VI, 167.

**Digesta.**

l. 35. § 1 . . . . V, 90. 130. VI, 50. 107. 316
l. 36 pr. . . . . VII, 105.
l. 36. § 1 . . . . VI, 167. 169.
l. 41 pr. . . . . III, 154.
l. 41. § 1 . . . . III, 95.
l. 42 . . . . . . V, 203. VI, 75.
*l. 45* . . . . . VI, 84. 88. ***167***.
l. 46 . . . . . . IV, 576. V, 55.
l. 47 . . . . . . V, 55.
l. 51 . . . . . . VI, 167.
l. 52 . . . . . . V, 55. 203.
l. 53 . . . . . . VI, 167.
l. 54 . . . . . . III, 441.
l. 55 . . . . . . V, 203.
l. 58 . . . . . . VI, 316.
l. 62 pr. . . . . VI, 103. 117. 124. 152.
l. 62. § 1 . . . . VI, 115.
l. 63 . . . . . . V, 55. VI, 167.
l. 66 . . . . . . III, 153.
*l. 68* . . . . . V, ***9***. 15. 86. ***121***. ***123***. ***124***. ***126***. 130. 454. 478.
*l. 69. 70* . . . . V, 55. ***122***.
l. 71 . . . . . . V, 454.
l. 73 pr. . . . . VII, 22.
l. 76. § 1 . . . . V, 635.
*l. 78* . . . . . VI, ***119***.

Lib. VI. Tit. 2.

De Publiciana in rem actione.

l. 1 pr. . . . . . VII, 188. 305.

**Digesta.**

l. 1. § 1 . . . . VII, 305.
*l. 1. § 2* . . . . IV, ***245***.
*l. 2* . . . . . . IV, ***245***.
l. 7. § 3 . . . . IV, 11.
l. 7. § 7 . . . . VI, 325. VII, 64. 69.
l. 9. § 4 . . . . VII, 308.
*l. 11 pr.* . . . . ***I, 259***.
l. 11. § 1 . . . . IV, 96. 496.
*l. 12. § 5* . . . . ***IV, 381***.
l. 16 . . . . . . VII, 188.
l. 17 . . . . . . V, 154. 173. VII, 188.

Lib. VI. Tit. 3.

Si ager vectigalis etc.

l. 1. § 1 . . . . V, 81. 91.
l. 3 . . . . . . V, 81.

Lib. VII. Tit. 1.

De usufructu etc.

l. 3 pr. . . . . V, 516.
l. 6. § 1 . . . . IV, 212.
l. 6. § 2 . . . . II, 32.
l. 12. § 2 . . . . IV, 117.
l. 12. § 5 . . . . III, 153.
l. 15. § 4 . . . . VI, 123.
l. 32 . . . . . . II, 113.
l. 38. 40 . . . . IV, 117.
l. 51 . . . . . . III, 216.
l. 56 . . . . . . II, 289. 290.
l. 60. § 1 . . . . V, 35.

**Digesta.**

*l. 63* . . . . . I, *259.*
l. 64. 66 . . . IV, 547.
l. 68 pr. . . . III, 377.

Lib. VII. Tit. 2.

De usufructu accrescendo.

l. 10 . . . . . . VI, 61.

Lib. VII. Tit. 3.

Quando dies ususfr. etc.

l. 1. § 2 . . . II, 371.

Lib. VII. Tit. 4.

Quibus modis ususfr.

l. 1 pr. . . . . . II, 80. IV, 496.
l. 1. § 3 . . . II, 110.
l. 2. § 1 . . . II, 110.
l. 3 pr. § 1 . . II, 110.
l. 5. § 1 . . . II, 80.
l. 18 . . . . . . II, 80.
l. 21 . . . . . . II, 280. 289.

Lib. VII. Tit. 6.

Si ususfructus petatur.

l. 1 pr. . . . . . V, 35.
l. 3 . . . . . . II, 289.
l. 5 pr. . . . . . V, 35.
l. 5. § 4 . . . VI, 109.
l. 5. § 5 . . . VI, 61.

Lib. VII. Tit. 7.

De operis servorum.

l. 2 . . . . . . II, 112.
l. 5 . . . . . . II, 113.

**Digesta.**

Lib. VII. Tit. 8.

De usu et habitatione.

l. 8. § 1 . . . III, 180.
l. 10 pr. . . . III, 110. 111. IV, 117.
l. 11 . . . . . . IV, 117.
l. 12. § 6 . . . IV, 117.

Lib. VII. Tit. 9.

Usufructuarius quemadmodum caveat.

l. 1. § 2 . . . IV, 272. 273.
l. 5 pr. . . . . V, 500.

Lib. VIII. Tit. 1.

De servitutibus.

l. 4 pr. . . . . III, 225.
l. 11 . . . . . . II, 70.
l. 12 . . . . . . II, 290.
l. 16 . . . . . . VI, 482.

Lib. VIII. Tit. 2.

De servitutibus praediorum urbanorum.

l. 3. § 3 . . . I, 259.
l. 20. § 1 . . . I, 259.
l. 23 . . . . . . I, 227.
l. 32. § 1 . . . IV, 574.
*l. 39* . . . . . I, ***295***.

Lib. VIII. Tit. 3.

De servitutibus praediorum rusticorum.

l. 1. § 2 . . . IV, 96. 496.
*l. 3. § 3* . . . I, ***259***.
l. 10. 11. 14 . . I, 259.
l. 19 . . . . . . V, 516.

**Digesta.**

l. 34. § 1 . . . . VII, 173.
l. 35 . . . . . . VII, 173.

Lib. VIII. Tit. 4.

Communia praediorum.

l. 2 . . . . . . IV, 496.
l. 15 . . . . . I, 259.
l. 17 . . . . . IV, 117.
l. 18 . . . . . I, 259.

Lib. VIII. Tit. 5.

Si servitus vindicetur.

l. 4. § 3 . . . VI, 479.
l. 4. § 4 . . . VI, 481.
l. 6. § 4 . . . VI, 479. 481.
l. 7 . . . . . . V, 131. 478.
l. 8. § 4 . . . V, 90. VI, 56. 61. 316.
l. 10 . . . . . . IV, 493. 498. 503.
l. 10 pr. . . . IV, 494. 495.
l. 10. § 1 . . . V, 35.
l. 19 . . . . . . VI, 480.

Lib. VIII. Tit. 6.

Quemadmodum servitutes amittuntur.

l. 11. § 1 . . . III, 153.
l. 14 pr. . . . VII, 173.

Lib. IX. Tit. 1.

Si quadrupes pauperiem fecisse dicatur.

l. 1. § 12 . . . V, 26.

Lib. IX. Tit. 2.

Ad legem Aquiliam.

l. 1 pr. . . . . V, 251.

**Digesta.**

l. 1. § 2 . . . IV, 336.
l. 2 pr. . . . . V, 443. 571. VI, 205.
l. 5. § 2 . . . III, 43. 84.
l. 9. § 3 . . . V, 96.
*l. 11. § 2* . . . V, ***234.***
l. 11. § 10 . . V, 95.
l. 16 . . . . . . II, 70. IV, 553.
l. 17. § 1 . . . III, 151.
l. 18 . . . . . . V, 227.
l. 19 . . . . . . IV, 75.
l. 20 . . . . . . I, 285. IV, 75.
l. 21 pr. . . . V, 444.
l. 21. § 1 . . . VI, 214.
l. 21. § 2 . . . V, 444.
l. 23. § 2 . . . III, 140. 166.
l. 23. § 6 . . . V, 444.
l. 23. § 8 . . . V, 42. 50. 57. 550.
*l. 23. § 11* . . III, 387. VII, ***18. 19.***
l. 24 . . . . . . III, 387. VII, 18. 37.
l. 25 pr. . . . III, 387. VII, 18.
*l. 25. § 1* . . . VII, ***19.***
l. 25. § 2 . . . V, 630. VII, 10. 18.
l. 26 . . . . . VII, 10. 18.
l. 27 pr. . . . V, 236.
l. 27. § 4 . . . I, 152. 421.
l. 27. § 5 . . . V, 443. 571. VI, 205.
l. 27. § 11 . . V, 227.
l. 27. § 19. 20. 21. I, 285.
*l. 27. § 34* . . V, ***96.***

**Digesta.**

l. 29. § 7 . . . . VI, 205.
*l. 30. § 1* . . . V, ***396.***
l. 32. § 1 . . . V, 207. 235. 236.
l. 33 . . . . . . V, 466.
l. 35 . . . . . . III, 151.
l. 40. 41. 42 . . V, 550.
l. 48 . . . . . . V, 207. 235. 236.
l. 50 . . . . . . I, 418.
l. 51 pr. . . . V, 236.
l. 51 in fine . . V, 45.
*l. 51. § 1* . . . V, ***234.***
l. 51. § 2 . . . I, 55. III, 43. 84. IV, 336. V, 236.
l. 53 . . . . . . V, 96.

Lib. IX. Tit. 3.

De his, qui effuderint. etc.

l. 1 pr. . . . . . II, 95. 125.
l. 1. § 10 . . . V, 46.
l. 3 . . . . . . V, 46.
l. 4 . . . . . . V, 46 254.
l. 5. § 5 . . . II, 95. 125. V, 46.
l. 13 . . . . . . V, 46.

Lib. IX. Tit. 4.

De noxalibus actionibus.

l. 4. § 3 . . . VI, 425.
l. 5 pr. . . . . . IV, 45.
l. 8 . . . . . . VI, 20.
l. 20 . . . . . . II, 428.
l. 26. § 5 . . . VII, 28. 33.
l. 37 . . . . . . II, 428. VI, 62.

**Digesta.**

l. 38 pr. . . . VI, 62.
l. 38. § 1 . . . I, 359. II. 428.
l. 42. § 2 . . . II, 428.
l. 43 . . . . . . II, 428.

Lib. X. Tit. 1.

Finium regundorum.

l. 1 . . . . . . V, 36.
l. 4. § 2 . . . V, 524. VI, 109.
l. 4. § 3 . . . V, 123. 131.
l. 10 . . . . . . V, 151.

Lib. X. Tit. 2.

Familiae herciscundae.

l. 1. § 1 . . . V, 36. 212.
l. 2. § 3 . . . V, 151.
l. 12. § 2 . . . III, 153.
l. 16. § 1 . . . IV, 212.
l. 16. § 2 . . . III, 225.
l. 20 pr. . . . III, 442. 465.
l. 20. § 2 . . . II, 115.
*l. 22. § 4* . . V, *89*.
l. 25. § 8 . . . VI, 435. 470.
l. 25. § 9. 13 . I, 384.
l. 44. § 4 . . . V, 151.
l. 46. 51 . . . II, 115.
l. 51 pr. . . . V, 465. VI, 154. 155.

Lib. X. Tit. 3.

Communi dividundo.

l. 2. § 1 . . . V, 151. 152.
l. 4. § 2 . . . V, 484.

**Digesta.**

l. 6. § 9 . . . . V, 154.
l. 6. § 10 . . . IV, 212.
l. 8. § 1 . . . . V, 635.
l. 10 pr. . . . V, 57.
l. 14. § 1 . . . V, 484.
l. 20 . . . . . . VI, 480.
l. 23 . . . . . . V, 74. 98.
l. 24 pr. . . . V, 484.

Lib. X. Tit. 4.

Ad exhibendum.

l. 2 . . . . . . V, 127.
l. 3. § 2 . . . . V, 130.
l. 3. § 3 . . . . V, 16. 25.
l. 3. § 15 . . . I, 419. V, 25.
l. 6 . . . . . . VI, 507.
l. 7. § 3 . . . . II, 291.
l. 7. § 4 . . . . VI, 76.
l. 7. § 7 . . . . VI, 63. 67.
l. 8 . . . . . . VI, 76.
l. 8 in fine . . . VI, 75.
l. 9. § 1 . . . . IV, 606.
l. 9. § 5. 6. 7. . VI, 50. 109.
*l. 9. § 8* . . . . V, 442. ***455***. VI, 50. 109. 235.
l. 11. § 1 . . . . VIII, 231.
l. 12. § 4 . . . . VI, 182. 192.
*l. 14* . . . . . IV, ***67***.
l. 15 . . . . . . V, 25.
*l. 19* . . . . . I, 231. ***236***.

**Digesta.**

## Lib. XI. Tit. 1.

### De interrogationibus etc.

| | |
|---|---|
| Tit. . . . . . . | VII, 6. |
| *l. 1 pr.* . . . . | V, ***634***. VII, 21. 22. 23. |
| *l. 1. § 1* . . . | I, 152. VII, 23. ***24***. 26. |
| l. 2 . . . . . . | VII, 22. 28. |
| l. 2. § 2 . . . | VII, 22. |
| l. 3 . . . . . . | VII, 22. 28. |
| l. 4 pr. . . . . | VII, 21. 22. 27. 28. |
| l. 4. § 1 . . . | VII, 21. |
| l. 5 . . . . . . | VII, 22. 28. |
| l. 6. § 1 . . . | VII, 28. |
| l. 7. 8 . . . . | VII, 22. |
| l. 9 . . . . . . | VII, 28. |
| l. 9 pr. § 1 . . | VII, 27. |
| l. 9. § 7. 8 . . | VII, 22. |
| l. 10. 11 pr. . . | VII, 22. |
| l. 11. § 1. 2 . . | VII, 28. |
| l. 11. § 3 . . . | VII, 28. 32. |
| l. 11. § 4. 5 . . | VII, 28. 207. |
| l. 11. § 8 . . . | III, 386. VII, 31. |
| l. 11. § 9 . . . | VII, 28. |
| l. 11. § 10 . . | III, 335. 386. VII, 32. |
| l. 11. § 11 . . | III, 333. 386. 387. VII, 31. 32. |
| l. 11. § 12 . . | VII, 33. |
| l. 13 . . . . . | VII, 33. |
| l. 13 pr. . . . | III, 386. |
| l. 14 . . . . . | VII, 33. |
| l. 15 pr. . . . | II, 365. 370. |

**Digesta.**

l. 16 . . . . . . VII, 33.
l. 17 . . . . . . VII, 28.
*l. 18* . . . . . III, ***386***. VII, 128. 208.
l. 20. § 1 . . . . VII, 22.
l. 21 . . . . . . VII, 26.
l. 22 . . . . . . VII, 23.

Lib. XI. Tit. 3.

De servo corrupto.

*l. 11. § 2* . . . . V, 241. ***245***.
l. 14. § 9 . . . . V, 129.

Lib. XI. Tit. 4.

De fugitivis.

l. 1. § 2 . . . . I, 131.

Lib. XI. Tit. 7.

De religiosis etc.

*l. 7. § 1* . . . . V, ***95***.
*l. 9* . . . . . . V, ***201***.
l. 12. § 2 . . . . II, 96.
l. 14. § 6 . . . . II, 95.
l. 14. § 7. 8 . . . III, 247.
l. 14. § 13 . . . V, 484.
l. 20 pr. . . . . I, 58.
l. 44 pr. . . . . II, 10.

Lib. XI. Tit. 8.

De mortuo inferendo etc.

l. 2 . . . . . . . II, 7. 14.

Lib. XII. Tit. 1.

De rebus creditis.

Tit. . . . . . . . V, 511. 623.

**Digesta.**

*l. 1* . . . . . . V, ***513***. 519. 533. 567.
l. 2 . . . . . . V, 533.
l. 2 pr. . . . . . V, 567.
l. 2. § 1 . . . VI, 123.
l. 2. § 2 . . . V, 514.
*l. 2. § 4* . . . IV, ***123***.
*l. 2. § 5* . . . V, ***533***. 539.
*l. 4* . . . . . . V, ***519***.
*l. 4. § 1* . . . V, ***519***. 524. ***566***.
l. 4. § 2 . . . V, 524.
l. 5 . . . . . . VI, 172. 175.
l. 6 . . . . . . III, 243.
l. 7 . . . . . . VI, 129.
l. 8 . . . . . . V, 515.
*l. 9* . . . . . . V, 512. ***578***. ***586***.
*l. 9 pr.* . . . . V, 623. ***624***. 631.
*l. 9. § 1* . . . V, 504. 540. ***549***. ***586***. 625.
*l. 9. § 3* . . . V, ***481***. 532. ***584***.
l. 9. § 4 . . . IV, 281.
l. 9. § 6 . . . III, 161.
l. 9. § 7 . . . III, 88.
*l. 9. § 8* . . . IV, ***123***.
l. 9. § 9 . . . V, 515.
l. 11 pr. . . . IV, 595.
*l. 11. § 1* . . . IV, ***102***. VI, 130.
l. 11. § 2 . . . V, 515.
*l. 13 pr. § 1* . . V, ***294***. 515.
*l. 15* . . . . . I, 61. ***65***. ***281***. IV, ***595***.
l. 17 . . . . . . II, 98. 103.

**Digesta.**

*l. 18 pr.* . . . . IV, ***158***.
l. 19 pr. . . . . IV, 244.
l. 19. § 1 . . . . IV, 592.
l. 22 . . . . . . VI, 20. 207. 223. 229. VIII, 229.
*l. 23* . . . . . V, ***523***.
*l. 24* . . . . . V, 505. 512. 532. 623. ***633***.
l. 27 . . . . . . II, 294.
l. 31 . . . . . . VI, 35. 52.
l. 31 pr. . . . . V, 465. VI, 169.
*l. 32* . . . . . III, ***271***.
l. 37. 38. 39 . . III, 126.
l. 40 . . . . . . VI, 127. 142.

Lib. XII. Tit. 2.

De jurejurando etc.

Tit. . . . . . . VII, 47.
l. 1 . . . . . . V, 123. VII, 82.
l. 2 . . . . . . VI, 326. VII, 64. 65. 66.
l. 2. § 1 . . . . V, 123.
l. 3 pr. . . . . . VII, 53. 60. 68.
l. 3. § 1 . . . . VII, 60.
l. 3. § 2 . . . . VI, 472. VII, 60.
l. 3. § 3 . . . . VI, 472. VII, 61. 64.
l. 3. § 4 . . . . VII, 62.
l. 4 . . . . . . VII, 62.
l. 5 pr. . . . . . VII, 48. 62.
l. 5. § 1 . . . . VII, 48.
l. 5. § 2 . . . . VII, 64.
l. 5. § 3 . . . . VII, 48.

**Digesta.**

l. 5. § 4 . . . . VII, 71.
l. 6 . . . . . . VII, 62.
l. 7 . . . . . . III, 18. VI, 446. VII, 65. 68. 78.
l. 7 pr. . . . . . VII, 60.
l. 8 . . . . . . III, 18. 21. VII, 65.
*l. 9 pr.* . . . . V, ***163***. VII, 60. 63. 68. 78.
l. 9. § 1 . . . . VII, 62. 63. 68.
l. 9. § 2 . . . . VII, 65.
l. 9. § 3 . . . . V, 316. VII, 66.
*l. 9. § 4* . . . . V, ***415***. 432. VII, 57. 120. 124. 128. 230. 235. 243.
l. 9. § 5 . . . . VII, 57.
l. 9. § 6 . . . . VII, 58. 68.
l. 9. § 7 . . . VII, 60. 64. 65. 68.
l. 10 . . . . . . VII, 64.
l. 11 pr. . . . . VI, 326. VII, 60. 69.
*l. 11. § 1* . . . . VI, ***326***. VII, 60. 64. 68. 69.
l. 11. § 2 . . . . VII, 68. 69.
l. 11. § 3 . . . . VI, 316. 325. VII, 64. 66. 68. 69. 70. 77.
l. 11. § 7 . . . . VII, 70.
l. 12 . . . . . . VI, 466. 474. VII, 64. 66.
l. 13 pr. . . . . VII, 60.
*l. 13. § 1* . . . . IV, 493. VII, ***68***.
l. 13. § 2 . . . . V, 506. 568. VI, 453. VII, 61. 70.
l. 13. § 3 . . . . VII, 61. 70.
l. 13. § 4 . . . . VII, 61.
l. 13. § 5 . . . . VII, 61. 70.
l. 13. § 6 . . . . VII, 52.

**Digesta.**

l. 14 . . . . . . VII, 73.
l. 15 . . . . . . VII, 62.
l. 16 . . . . . . VII, 73.
l. 17 pr. . . . VII, 72.
l. 17. § 1 . . . VII, 56.
l. 17. § 2. 3 . . VII, 57.
l. 18. 19. 20 . . VII, 57.
l. 21 . . . . . . VII, 57. 64.
l. 22 . . . . . . VII, 57.
l. 23. 24. 25 . . VII, 58.
l. 26 pr. . . . VII, 57.
l. 26. § 1 . . . VII, 58. 61.
l. 26. § 2 . . . VII, 64. 65.
l. 27 . . . . . . VII, 64.
l. 28. § 1 . . . VII, 64. 65.
l. 28. § 2. 3 . . VII, 65.
*l. 28.* § *4* . . V, 519. ***625***. VI, ***426***. VII, 70.
l. 28. § 5 . . . VII, 61.
l. 28. § 6. 7. 8. 9. VII, 70.
l. 28. § 10 . . VII, 64. 68.
l. 29 . . . . . . VII, 61. 64.
l. 30 pr. . . . VII, 64.
l. 30. § 1 . . . VII, 69.
l. 30. § 2 . . . VII, 65. 69.
l. 30. § 3 . . . VII, 65.
l. 30. § 4 . . . VII, 60. 70.
l. 30. § 5 . . . VII, 69.
l. 31 . . . . . . VII, 82. 83.
l. 31 in fine . . VII, 67.

**Digesta.**

l. 32 . . . . . . VII, 63.
l. 33 . . . . . . VII, 62.
l. 34 pr. . . . VII, 60. 75.
*l. 34.* § 1. **2** . . VII, ***57***.
l. 34. § 3 . . . VII, 58.
l. 34. § 4 . . . VII, 74.
l. 34. § 5 . . . VII, 62.
*l. 34.* § *6* . . . VII, 72. 76. ***79***. 80.
l. 34. § 7 . . . VII, 73. 74. 78. 79.
l. 34. § 8 . . . VII, 62. 73. 79. 80.
l. 34. § 9 . . . VII, 73. 79. 80. 83.
l. 35 pr. . . . VII, 57. 88.
l. 35. § 1 . . . VII, 57. 64. 65.
l. 35. § 2 . . . VII, 65.
l. 36 . . . . . . VII, 69.
l. 37 . . . . . . VII, 74.
l. 38 . . . . . . VII, 71. 81.
l. 39 . . . . . . VII, 52.
l. 40 . . . . . . V, 387. VII, 64. 66.
l. 41 . . . . . . VII, 63.
l. 42 pr. . . . VII, 57. 65. 66. 69.
l. 42. § 1 . . . VII, 65. 69.
l. 42. § 2 . . . VII, 58. 65.
l. 42. § 3 . . . VII, 65.
l. 43 . . . . . . VII, 66.

Lib. XII. Tit. 3.

De in litem jurando.

l. 1 . . . . . . VI, 178.

**Digesta.**

l. 2. § 1 . . . . II, 179. VI, 178.
l. 3 . . . . . . . V, 129.
*l. 5 pr.* . . . . V, ***471***.
*l. 5. § 4* . . . V, ***124***. 462. 471. VI, 172.
l. 6 . . . . . . . V, 124. 540.
*l. 9* . . . . . . . V, ***124. 446***. VI, 215.

Lib. XII. Tit. 4.

De condictione causa data causa non secuta.

l. 3. § 2 . . . . IV, 283.
l. 3. § 3 . . . . IV, 283. V, 594.
*l. 3. § 4* . . . . V, ***594***.
*l. 3. § 7* . . . . IV, ***90***.
l. 3. § 9 . . . . III, 140. 142.
l. 4 . . . . . . . V, 523.
l. 5 pr. . . . . . IV, 283. 594.
*l. 5. § 1* . . . . IV, ***283***.
l. 5. § 2 . . . . IV, 283. 594.
l. 5. § 3. 4 . . . V, 594.
l. 6 . . . . . . . III, 271.
l. 7 . . . . . . . V, 505.
l. 7. § 1 . . . . III, 271.
l. 8 . . . . . . . III, 271.
l. 9 pr. . . . . . IV, 12. 54.
l. 9 § 1 . . . . IV, 54.
l. 10 . . . . . . V, 523.
*l. 12* . . . . . IV, ***255***. 257.
l. 14 . . . . . . V, 568.
l. 15 . . . . . . V, 515.

**Digesta.**

## Lib. XII. Tit. 5.

### De condictione ob turpem vel injustam causam.

l. 2 pr. . . . . . III, 107. 178.
l. 2. § 1. 2 . . III, 178.
l. 3 . . . . . . III, 178.
l. 4. § 2 . . . III, 107. 178.
l. 6 . . . . . . V, 524.
l. 7 . . . . . . V, 377.
l. 8 . . . . . . V, 377. 468.
l. 9 pr. § 1. 2 . III, 178.

## Lib. XII. Tit. 6.

### De condictione indebiti.

l. 1. § 1 . . . III, 361.
l. 3. § 1 . . . V, 83.
l. 7 . . . . . . III, 361.
l. 7. § 1 . . . V, 228.
l. 8. 9 . . . . . V, 378.
*l. 10* . . . . . III, 214. IV, ***38***.
l. 13 pr. . . . II, 36. 425.
l. 14 . . . . . . III, 451.
l. 15 pr. . . . VI, 111.
*l. 16 pr.* . . . III, ***214***. ***215***.
*l. 16 § 1* . . . III, ***215***.
*l. 17* . . . . . III, 160. ***215***. IV, 38.
l. 18 . . . . . . III, 160.
*l. 19 pr.* . . . V, ***375***.
l. 19. § 1 . . . V, 547.
l. 22 pr. . . . III, 334.

**Digesta.**

l. 23 pr. § 1. 2 . IV, 589.
*l. 26. § 12* . . IV, ***36***. 63. 163. V, 523.
l. 28 . . . . . . V, 376.
l. 29 . . . . . . III, 88. V, 515.
l. 31 . . . . . . III, 361. V, 423.
l. 32. § 1 . . . III, 334. V, 379.
l. 32. § 2 . . . IV, 54.
l. 32. § 3 . . . III, 334.
*l. 38* . . . . . I, 8. II, 422. III, ***339***. ***464***.
*l. 38 pr.* § 1. 2. II, ***54***.
*l. 40 pr.* . . . V, ***375***.
l. 40. § 2 . . . V, 379.
l. 41 . . . . . . III, 40. IV, 589.
l. 43 . . . . . . V, 379. VII, 66.
l. 47 . . . . . . I, 419.
l. 48. § 1 . . . V, 129.
*l. 55* . . . . . V, ***527***.
l. 55 in fine . . V, 524.
*l. 56* . . . . . III, 205. 208. 214. IV, ***38***. ***39***.
V, 162.
l. 60 . . . . . . V, 376.
l. 64 . . . . . . I, 415. II, 36. 423. IV, 53.
l. 65 . . . . . . VI, 110.
l. 65 pr. . . . . VI, 111.
l. 65. § 1 . . . V, 377. VIII, 513.
*l. 65. § 2* . . . III, 357. ***IV, 90***.
l. 65. § 4 . . . II, 92.
l. 65. § 5 . . . VI, 111.
l. 65. § 6 . . . IV, 64. 72. 163.

**Digesta.**

*l. 65. § 7* . . IV, ***34***. VI, 111.
l. 65. § 8 . . . IV, 63. 72. 163.
l. 66 . . . . . . II, 92.

Lib. XII. Tit. 7.

De condictione sine causa.

l. 1 pr. . . . . . V, 423. 523.
l. 1. § 1. 2 . . V, 523.
*l. 1. § 3* . . . V, ***524***.
l. 3 . . . . . . IV, 128. V, 423. 618.

Lib. XIII. Tit. 1.

De condictione furtiva.

Tit. . . . . . . V, 552.
l. 1 pr. . . . . . V, 623. 633.
l. 2 . . . . . . V, 552.
l. 3 . . . . . . V, 443. 552. 614.
*l. 4* . . . . . . V, ***559***. ***562***.
*l. 5* . . . . . . V, 552. ***560***. 561.
*l. 6* . . . . . . V, ***558***.
l. 7 pr. . . . . . V, 570.
l. 7. § 1 . . . V, 233. 568.
*l. 7. § 2* . . . III, 18. V, 44. ***561***.
l. 8 pr. . . . . . V, 552.
*l. 8. § 1* . . . V, 552. VI, 173. ***211***. 212.
l. 9 . . . . . . V, 552.
l. 12. § 2 . . . V, 443.
*l. 15* . . . . . II, 428. V, ***560***.
l. 16. 17 . . . V, 552.
l. 18 . . . . . . III, 449. V, 552.
l. 20 . . . . . . V, 552. VI, 173.

**Digesta.**

## Lib. XIII. Tit. 2.

De condictione ex lege.

*l. 1* . . . . . . V, ***542***.

## Lib. XIII. Tit. 3.

De condictione triticaria.

*l. 1 pr.* . . . . V, ***623***. ***626***. VI, 217.
l. 1. § 1 . . . V, 553. 555.
l. 2 . . . . . . V, 555. 627.
*l. 3* . . . . . . VI, 211. ***216***. 217. 221. 235.
l. 4 . . . . . . VI, 207. 229. VIII, 229.

## Lib. XIII. Tit. 4.

De eo, quod certo loco dari oportet.

l. *1* . . . . . . V, 132. 542. VIII, ***211***. ***243***. 244.
l. 2 pr. . . . . V, 130.
l. 2. § 8 . . . V, 132.
l. 3. 4 . . . . . V, 130.
l. 4. § 1 . . . V, 132.
l. 7 . . . . . . VIII, 243.
*l. 7 pr.* . . . V, ***131***.
l. 8 . . . . . . VI, 126.

## Lib. XIII. Tit. 5.

De pecunia constituta.

l. 1. § 1 . . . IV, 120.
l. 1. § 6 . . . V, 581.
l. 1. § 7 . . . I, 419. IV, 120. V, 401.
l. 3. § 1 . . . IV, 120. V, 172.
l. 5. § 7. 9 . . II, 294.
l. 18 . . . . . . V, 402.

**Digesta.**

*l. 18. § 1* . . V, 315. ***401.*** 402.
*l. 18. § 3* . . V, ***209.*** 254.
l. 23 . . . . . . VI, 172.
l. 25. § 1 . . . VII, 64. 73.

Lib. XIII. Tit. 6.

Commodati vel contra.

l. 1. § 1 . . . IV, 33.
l. 2. § 2 . . . V, 462.
*l. 3. § 2* . . . V, 129. ***462.*** VI, 200. 220.
l. 3. § 3 . . . V, 86.
*l. 3. § 4* . . . II, 103. ***438.***
l. 5. § 2 . . . I, 219. IV, 10. 121. V, 468.
l. 5. § 6 . . . I, 285.
l. 5. § 15 . . . V, 222.
*l. 7. § 1* . . . V, ***228. 262.***
l. 10. § 1 . . . V, 485.
l. 12 pr. . . . V, 485.
l. 15. 16 . . . II, 142.
*l. 17. § 3* . . . IV, ***10.***
l. 18. § 1 . . . V, 227. 586. VI, 425.
*l. 18. § 4* . . V, 467. VI, ***333.***

Lib. XIII. Tit. 7.

De pigneratitia actione etc.

l. 1. § 1. 2 . . III, 301.
l. 9 pr. . . . . . III, 302.
*l. 9. § 3* . . . V, ***301.*** VI, 77.
l. 9. § 5 . . . VI, 77.
l. 11 pr. § 1 . . VI, 159.
l. 11. § 2 . . . V, 387.

**Digesta.**

l. 11. § 6 . . . III, 53. 94.
l. 13. § 1 . . . I, 219.
l. 13. § 4 . . . V, 253.
l. 16. § 1 . . . III, 302.
l. 22. § 2 . . . V, 443. 515. 524.
l. 32 . . . . . III, 302.
l. 36. § 1 . . . III, 302.

Lib. XIV. Tit. 3.

De institoria actione.

*l. 13 pr.* . . . VI, **457**.

Lib. XIV. Tit. 4.

De tributoria actione.

l. 1. § 3 . . . III, 251.
l. 3. § 2 . . . III, 44.

Lib. XIV. Tit. 5.

Quod cum eo, qui in aliena potestate etc.

l. 1 . . . . . . VII, 155.
l. 2 pr. . . . . II, 85.
l. 4. § 1 . . . II, 85.
l. 4. § 5 . . . VI, 425.
l. 5 pr. . . . . II, 85.
l. 7 . . . . . . II, 85.

Lib. XIV. Tit. 6.

De Senatusconsulto Macedoniano.

*l. 1 pr.* . . . . I, 221. II, 434. III, 330. 366. V, **372**. 534.
l. 1. § 2 . . . II, 85.
l. 3 pr. . . . . III, 330. 333. 367. VII, 286.
l. 3. § 2 . . . VII, 228.

**Digesta.**

| | | |
|---|---|---|
| *l. 3. § 3* | . . . | IV, 595. V, 528. ***534***. |
| *l. 3. § 4* | . . . | II, ***506***. |
| *l. 4* | . . . . . . | V, ***534***. |
| l. 7. § 10 | . . . | VII, 283. |
| l. 9. § 1 | . . . | IV, 131. |
| *l. 9. § 2* | . . . | II, ***434***. 437. |
| l. 9. § 3 | . . . | IV, 132. VII, 283. |
| *l. 9. § 4* | . . . | V, ***375***. |
| l. 12. 16 | . . . | III, 251. |
| l. 18 | . . . . . . | II, 55. |
| l. 19 | . . . . . . | VII, 286. |

Lib. XV. Tit. 1.

De peculio.

| | | |
|---|---|---|
| *l. 3. § 11* | . . | ***VI, 32***. |
| *l. 3. § 12* | . . | IV, 6. V, ***559***. |
| l. 5. § 4 | . . . | II, 422. |
| l. 9. § 2 | . . . | II, 422. |
| l. 21 | . . . . . . | V, 432. |
| l. 30 pr. | . . . | VI, 75. 76. 77. |
| *l. 30. § 5* | . . | IV, 299. V, ***354***. |
| *l. 30. § 6* | . . | V, ***432***. |
| l. 32 pr. | . . . | V, 254. |
| l. 32. § 1 | . . . | II, 451. |
| l. 36 | . . . . . . | V, 491. |
| l. 42 | . . . . . . | II, 84. |
| l. 43 | . . . . . . | VI, 76. |
| l. 44. 45 | . . . | II, 54. |
| *l. 49. § 2* | . . | II, ***423***. |

**Digesta.**

### Lib. XV. Tit. 2.

Quando de peculio actio annalis est.

l. 1. § 8 . . . V, 174.

### Lib. XV. Tit. 3.

De in rem verso.

l. 3. § 5 . . . II, 216.

### Lib. XVI. Tit. 1.

Ad Senatusconsultum Vellejanum.

l. 1. § 2 . . . V, 393.
l. 2 pr. . . . . . I, 123. 124.
*l. 2. § 1* . . . I, 239. V, ***372***. 379.
l. 2. § 3 . . . I, 239.
l. 6 . . . . . . III, 333. 367.
l. 7 . . . . . . III, 333.
l. 8 pr. . . . . V, 173.
l. 8. § 9 . . . VII, 107. 234.
l. 8. § 11 . . V, 393.
l. 8. § 12 . . . V, 393. VII, 107. 234.
l. 8. § 13 . . . V, 393. VII, 234.
l. 11. 12. 13 . . V, 393.
*l. 13. § 1* . . . V, 81. ***393***.
*l. 17 pr.* . . . I, ***275***. IV, ***100***.
l. 19. § 5 . . . V, 171.
l. 27. § 1 . . . III, 93.
l. 29 . . . . . . V, 173.
l. 32. § 2 . . . V, 191.

**Digesta.**

Lib. XVI. Tit. 2.

De compensationibus.

l. 6 . . . . . . I, 419. V, 404.
l. 7. § 1 . . . VI, 358. 428.
*l. 10. § 2* . . . V, 476. ***557***.
*l. 14* . . . . . V, ***404***.
l. 16 . . . . . . I, 419.
l. 16. § 1 . . . IV, 467.
l. 18 pr. . . . VI, 330.

Lib. XVI. Tit. 3.

Depositi vel contra.

l. 1. § 4 . . . V, 55.
l. 1. § 7 . . . IV, 235.
l. 1. § 15 . . . III, 44. 55.
l. 1. § 16 . . . V, 83.
l. 1. § 18 . . . II, 36. 142. 425. 427. V, 55. 558.
l. 1. § 21 . . . V, 86 VI, 76.
*l. 1. § 22* . . V, ***298***.
l. 1. § 29 . . . II, 369.
l. 1. § 30 . . . II, 141.
l. 1. § 39 . . . II, 139.
l. 1. § 40 . . . V, 83.
l. 1. § 43 . . . V, 222. 255.
l. 5 . . . . . . V, 130.
l. 7. § 1 . . . . V, 55.
l. 9 . . . . . . V, 222.
l. 12. § 1 . . . VIII, 225. 231.
l. 12. § 3 . . . VI, 174. 175.
l. 12. § 4 . . . VI, 193.

**Digesta.**

*l. 13. § 1 . . V, 518.*
l. 14. § 1 . . . VI, 175.
l. 16 . . . . . . II, 139.
*l. 19 . . . . II, 138.*
l. 21 pr. . . . II, 85. 141.
*l. 21. § 1 . . II, 141.* 427.
l. 22 . . . . . . V, 86. 222.
l. 22 in fine . . V, 86.
l. 24 . . . . . . V, 465. VI, 127.
l. 26. § 1 . . . VI, 127.
l. 31 pr. . . . I, 415.
l. 31. § 1 . . . I, 408. II, 139.
*l. 33 . . . . V, 519.*

Lib. XVII. Tit. 1.

Mandati vel contra.

*l. 1. § 4 . . IV, 10.*
*l. 2. § 6 . . I, 286.*
l. 6. § 2 . . . III, 251. IV, 132. 133. VII, 218.
l. 8. § 10 . . . V, 129.
l. 10. § 3 . . . VIII, 83.
l. 10. § 4 . . . VI, 130.
*l. 10. § 13 . . IV, 91.*
*l. 12 . . . . . IV, 91.*
l. 12. § 9 . . . VI, 136.
*l. 17 . . . . VI, 68.*
l. 18 . . . . . VII, 218.
l. 18 pr. . . . VI, 330.
l. 24 pr. in fine . VI, 127.

**Digesta.**

*l. 27. § 1* . . . IV, ***283***.
l. 28 . . . . . . V, 222.
*l. 29. § 1* . . . III, 332. ***334***.
*l. 29. § 6* . . . V, ***400***.
*l. 34 pr.* . . . . I, 61. ***281***. IV, ***595***.
l. 37 . . . . . . VI, 207. 208. 211.
l. 49. § 1 . . . III, 355.
l. 52 . . . . . . IV, 351.
l. 54 pr. . . . . V, 466.
*l. 57* . . . . . VII, 175. 177. 188. 189. 284. ***292***.
l. 61 . . . . . . II, 136.

Lib. XVII. Tit. 2.

Pro socio.

*l. 4. § 1* . . . II, ***134***.
l. 5. § 2 . . . IV, 102.
l. 17. § 1 . . . IV, 541.
l. 18 . . . . . . II, 135.
l. 28. § 1 . . . V, 218.
l. 31. § 1 . . . II, 250.
l. 38 pr. . . . . V, 464.
l. 38. § 1 . . . V, 219. VI, 425.
l. 42 . . . . . . V, 633.
l. 43 . . . . . . V, 225.
l. 45 . . . . . . V, 218. 233. 520.
l. 46 . . . . . . V, 233. 520.
l. 47 pr. . . . . V, 218. 225. 233. 520.
l. 50 . . . . . . V, 42.
l. 50 pr. . . . . V, 227.
l. 52. § 10 . . IV, 302. 341.

**Digesta.**

l. 56 . . . . . . II, 173.
l. 58. § 2 . . . II, 85. 134. 135.
l. 58. § 3 . . . II, 135. 136.
l. 59 pr. . . . II, 255.
l. 63. § 2 . . . II, 135.
l 63. § 7 . . . IV, 237.
l. 63. § 10 . . II, 72. 134.
l. 65. § 8 . . . IV, 541.
l. 65. § 11 . . II, 134.
l. 68. § 1 . . . IV, 28. 237.
l. 71 . . . . . . V, 606.
l. *71 pr.* . . . V, ***494***.
l. 83 . . . . . . VI, 103.
l. 84 . . . . . . II, 135.

Lib. XVIII. Tit. 1.

De contrahenda emtione etc.

l. 2 pr. . . . . . IV, 7.
l. 3 . . . . . . . III, 154.
l. 6 pr. . . . . . I, 60 III, 303.
l. 6. § 1 . . . . VII, 201.
l. 7 pr . . . . . III, 131.
l. 8 . . . . . . . III, 303.
l. 9 . . . . . . . III, 287. 295. 300.
l. 9 pr. . . . . . III, 266. 269. 273.
l. 9. § 1 . . . . III, 266. 305.
*l. 9. § 2* . . . . III, 266. **278**. 279. 291. 293. 294. 295.
l. 10 . . . . . . III, 278. 279. 300.
l. 11 . . . . . . III, 287. 295.

**Digesta.**

l. 11 pr. . . . III, 279. 281. 292. 293.
l. 11. § 1 . . . III, 278. 285. 293.
l. 11. § 5 . . . III, 285.
***l. 14*** . . . . III, 278. **279**. 287. 288. 293. 294. 295.
l. 15 pr. . . . III, 303.
l. 15. § 1 . . . III, 333.
l. 16 pr. . . . II, 424.
l. 21 . . . . . . VIII, 268.
l. 26 . . . . . . III, 88. 374.
l. 33 . . . . . . VIII, 268.
l. 34. § 1 . . . III, 167. 303.
l. 34. § 2 . . . III, 303.
l. 34. § 5 . . . III, 131.
l. 35. § 4 . . . I, 285.
l. 35. § 8 . . . III, 119.
***l. 36*** . . . . III, 262. IV, ***100***.
***l. 38*** . . . . I, **275**. III, 262. IV, ***100***.
l. 41 pr. . . . III, 227.
***l. 41. § 1*** . . . III, **278**. 281. 293. 295. 296.
l. 43. § 2 . . . III, 118. 119.
***l. 45*** . . . . III, **285**. 289. **295**.
l. 50 . . . . . . III, 140.
l. 55 . . . . . . III, 262.
l. 57 . . . . . . III, 284.
l. 57. § 2 . . . III, 298.
l. 58 . . . . . . III, 284. 298.
l. 72. § 1 . . . I, 60.
l. 76. § 1 . . . IV, 493. V, 363. 366.

**Digesta**

## Lib. XVIII. Tit. 2.

### De in diem addictione.

l. 2 . . . . . . III, 154. 155.
l. 4. § 3 . . . III, 154.
l. 4. § 5 . . . III, 262.
l. 14 pr. . . . III, 262.
l. 14. § 1 . . . VII, 106.
*l. 14. § 3* . . . II, ***424***. IV, 7.

## Lib. XVIII. Tit. 3.

### De lege commissoria.

l. 1 . . . . . . III, 154. 155.
l. 4 pr. . . . . . VII, 201.
l. 7 . . . . . . V, 257.

## Lib. XVIII. Tit. 4.

### De hereditate etc.

l. 2 . . . . . . V, 8.
l. 2. § 1. 3. 8. 9. V, 9.

## Lib. XVIII. Tit. 5.

### De rescindenda venditione etc.

l. 3 . . . . . . V, 467.

## Lib. XVIII. Tit. 6.

### De periculo et commodo rei venditae.

l. 3 . . . . . . I, 285,
l. 4. § 1 . . . I, 285.
l. 8 pr. . . . . . III, 151.
l. 19 . . . . . . V, 129.

## Lib. XIX. Tit. 1.

### De actionibus emti et venditi.

*l. 3. § 3* . . . VI. ***209***. 221. 229.

**Digesta.**

l. 3. § 4 . . . . VI, 208.
l. 5. § 1 . . . . III, 361. 450. V, 423. 523.
*l. 11. § 2* . . III, 358. IV, 102. V, 567. *618.* VIII, 213.
l. 11. § 5 . . . III, 119. VII, 201.
l. 11. § 6 . . . V, 504. VII, 201.
l. 13. § 3 . . . III, 289.
l. 13. § 5 . . . IV, 11. VII, 106.
*l. 13. § 8* . . . V, *290.*
l. 13. § 18 . . V, 129.
l. 13. § 27. 28 . VII, 265.
l. 13. § 29 . . III, 40. IV, 541.
l. 17 . . . . . VIII, 180.
*l. 21. § 2* . . . III, *286.*
*l. 21. § 3* . . . V, 451. VI, *210.* 229.
l. 24. § 2 . . . II, 426.
l. 28 . . . . . V, 225. 262. 633.
*l. 30 pr.* . . . V, *559.* 560. 561.
l. 31. § 2 . . . VII, 308.

Lib. XIX. Tit. 2.
Locati conducti.

l. 13. § 11 . . III, 251.
l. 15. § 4 . . . IV, 128.
l. 19. § 6 . . . III, 299.
*l. 20. § 1* . . . IV, *100.*
l. 22. § 3 . . . VII, 121.
*l. 25. § 5* . . V, *262.*
l. 35. § 1 . . . V, 218. 254.
*l. 43* . . . . V, 227. *262.*

**Digesta.**

*l. 46* . . . . . III, 262. IV, ***100***.
l. 48. § 1 . . . V, 129.
l. 52 . . . . . . III, 275. 298.
l. 54. § 1 . . . IV, 302. V, 310.
l. 56 . . . . . . IV, 302. V, 310.

Lib. XIX. Tit. 3.

De aestimatoria.

l. 1 pr. . . . . . V, 485.

Lib. XIX. Tit. 4.

De rerum permutatione.

l. 2 . . . . . . III, 299.

Lib. XIX. Tit. 5.

De praescriptis verbis etc.

l. 1 . . . . . . V, 581.
l. 1 pr. . . . . . V, 93.
l. 1. § 1. 2 . . V, 97.
l. 2 . . . . . . V, 581.
l. 2 pr. . . . . . V, 97.
l. 3. 4 . . . . . V, 581.
l. 5 . . . . . . V, 485.
l. 5 pr. § 1 . . IV, 256.
l. 5. § 2 . . . . V, 97.
*l. 5. § 3* . . . I, ***287***. V, 97.
l. 5. § 5 . . . IV, 62.
l. 6 pr. . . . . . V, 98.
l. 8 . . . . . . V, 74. 97.
l. 9 . . . . . . V, 74.
l. 9 pr. . . . . . V, 97.
l. 11 . . . . . . V, 93. 94.

**Digesta.**

l. 11 pr. . . . V, 96.
l. 12 pr. . . . III, 155.
l. 13. § 1 . . . V, 97.
l. 14. § 1 . . . V, 245.
l. 16 . . . . . . V, 74. 98.
l. 17 pr. . . . IV, 33.
l. 17. § 1 . . . IV, 257.
l. 17. § 2 . . . IV, 257. 579. V, 485. 568.
l. 17. § 4 . . . IV, 257.
l. 19. § 2 . . . V, 594.
*l. 21* . . . . V, 70. ***171.***
l. 22 pr. . . . V, 97.
l. 24 . . . . . . V, 97. 171.
l. 24 pr. . . . VI, 130.
*l. 25* . . . . IV, ***36.***

Lib. XX. Tit. 1.
De pignoribus etc.

l. 1. § 2 . . . V, 73.
l. 3 pr. . . . . VI, 475.
l. 3. § 1 . . . VI, 470.
l. 5 . . . . . . V, 386.
l. 13. § 4 . . . VI, 159.
l. 13. § 5 . . . VI, 465.
l. 14. § 1 . . . V, 387.
l. 15 pr. . . . VI, 103.
l. 16. § 3 . . . V, 130. 133.
l. 16. § 4 . . . VI, 109.
l. 16. § 7 . . . III, 151.
l. 21. § 3 . . . V, 130.

**Digesta.**

l. 26. § 1 . . . . III, 248.
*l.* **27** . . . . . V, **388.**
l. 32 . . . . . . . VIII, 180.

Lib. XX. Tit. 2.

In quibus causis pignus etc.

l. 3 . . . . . . . VIII, 192.
l. 4 pr. . . . . . III, 254. VIII, 192.
l. 6 . . . . . . VIII, 192.
l. 6 pr. . . . . . III, 254.
l. 7 pr. . . . . . VIII, 192.

Lib. XX. Tit. 3.

Quae res pignori etc.

l. 4 . . . . . . . III, 151.

Lib. XX. Tit. 4.

Qui potiores in pignore etc.

l. 9. § 1 . . . . III, 151.
l. 11 pr. § 1. 2 . III, 151.
l. 12 pr. . . . . VIII, 290.
l. 12. § 4 . . . . III, 255.
l. 12. § 7 . . . . VIII, 290.

Lib. XX. Tit. 5.

De distractione pignorum.

l. 1 . . . . . . . VI, 66.
l. 12. § 1 . . . . V, 506.

Lib. XX. Tit. 6.

Quibus modis pignus etc.

l. 1 pr. . . . . . V, 73.
*l. 1. § 1* . . . . IV, ***55***. 128. ***198***.
l. 3 . . . . . . . III, 154.

**Digesta.**

l. 4. § 1 . . . . III, 255. 256.
l. 6 pr. . . . . . III, 225.
l. 7 pr. . . . . . III, 255.
***l. 8. § 5*** . . . . IV, ***55.***
l. 11 . . . . . . IV, 56.
***l. 13*** . . . . . V, 387. ***388.***

Lib. XXI. Tit. 1.
De aedilitio edicto etc.

l. 1. § 6 . . . . I, 239.
***l. 14. § 10*** . . III, 333. ***359.***
l. 18 pr. . . . . III, 289. V, 257.
l. 19. § 2 . . . . III, 289.
l. 19. § 5 . . . . III, 20.
l. 19. § 6 . . . . III, 414. IV, 341. 422. 428. 469. V, 257.
l. 21. § 20 . . V, 464.
***l. 23. § 7*** . . VII, ***106.***
l. 25. § 8 . . . . VI, 12.
l. 28 . . . . . . IV, 338. 469.
l. 31. § 16 . . VI, 532.
l. 31. § 20 . . V, 464. VIII, 83. 255.
***l. 31. § 22*** . . IV, 301. 338. V, ***412.***
l. 32. § 9 . . . . IV, 69.
l. 37 . . . . . . III, 286.
l. 38 pr. . . . . IV, 338. 341.
l. 42 . . . . . . II, 95. 125.
l. 43. § 9 . . . . VI, 465.
l. 45 . . . . . . V, 131.
l. 48. § 7 . . . . VI, 532.

**Digesta.**

l. 49 . . . . . . III, 286.
l. 52 . . . . . . III, 289.
***l. 55*** . . . . III, 333. ***414.*** IV, 469.
l. 59 pr. § 1 . . V, 422.
l. 62 . . . . . . IV, 121.

Lib. XXI. Tit. 2.

De evictionibus etc.

l. 2 . . . . . . VIII, 83. 255.
l. 5 . . . . . . IV, 102.
***l. 6*** . . . . . . VIII, ***83. 252.*** 266.
l. 8 . . . . . . III, 358. IV, 102.
l. 12 . . . . . . III, 248.
l. 17. ***18*** . . . VI, ***428.***
l. 19. § 6 . . . IV, 341.
l. 21. § 3 . . . VI, 167.
l. 28 . . . . . . IV, 338.
l. 30. 31 . . . IV, 102.
l. 31. § 22 . . IV, 338.
l. 37 . . . . . . VIII, 255.
l. 37 pr. § 1 . . VIII, 83.
l. 39 pr. . . . VII, 229. 232. 272.
l. 54 . . . . . . IV, 493.

Lib. XXI. Tit. 3.

De exceptione rei venditae etc.

l. 2 . . . . . . VII, 303.
l. 3 pr. . . . . . V, 178.
l. 3. § 1 . . . III, 19. V, 179.
l. 18 pr. . . . V, 257.
l. 19. § 6 . . . V, 257.

**Digesta.**

## Lib. XXII. Tit. I.

### De usuris etc.

l. 1 pr. . . . . . I, 422. VIII, 83. 282.
l. 2 . . . . . . V, 465.
*l. 3 pr.* . . . . . VI, ***83***. 139. 155.
l. 3. § 1 . . . . V, 465.
l. 3. § 4 . . . . VI, 145.
l. 4 pr. . . . . . V, 618. 619.
l. 5 . . . . . . V, 468.
l. 10 . . . . . . V, 465.
l. 11. § 1 . . . . II, 294.
*l. 17. § 1* . . . . IV, ***128***.
l. 17. § 3 . . . . VII, 121. 122.
l. 17. § 4 . . . . VI, 127.
l. 19 pr. . . . . VI, 117.
l. 19. § 1 . . . . VI, 109.
l. 21 . . . . . . VI, 82. 139.
*l. 24 pr.* . . . . VI, ***82***. 139.
l. 27 . . . . . . V, 561.
l. 32 pr. . . . . VI, 84.
l. 32. § 2 . . . . V, 465. VI, 135.
*l. 32. § 5* . . . V, ***615***.
*l. 34* . . . . . VI, 102. 103. 124. ***140***.
*l. 35* . . . . . VI, ***142***.
l. 36 . . . . . . VI, 102.
l. 37 . . . . . . VIII, 83.
l. 38 . . . . . . VI, 110.
l. 38 pr. . . . . V, 26. VI, 111.
l. 38. § 1. 2 . . . VI, 111.

**Digesta.**

*l. 38. § 3* . . IV, ***255***, 257. VI, 111.
l. 38. § 4 . . . V, 26. VI, 111.
l. 38. § 5. 6 . . VI, 111.
l. 38. § 7 . . . V, 465. VI, 112.
l. 38. § 8 . . . VI, 112. 137.
l. 38. § 9 . . . VI, 137.
l. 38. § 10 bis 15. VI, 111. 137.
l. 38. § 16 . . VI, 137.
*l. 45* . . . . IV, ***42***. 48.
l. 47 . . . . . VI, 82. 139.

Lib. XXII. Tit. 2.

De nautico foenore.

l. 5. § 1 . . . VI, 131.
l. 7 . . . . . VI, 131.

Lib. XXII. Tit. 3.

De probationibus etc.

l. 9 . . . . . V, 185.
*l. 12* . . . . V, ***186***.
l. 18. § 2 . . . V, 162.
l. 19 pr. . . . V, 185.
l. 24 . . . . . III, 247.
*l. 25 pr.* . . . *III*, 335. ***466***.
l. 25. § 1 . . . II, 445. III, 466.
*l. 25. § 2* . . V, 185. ***186***.
*l. 25. § 3* . . VII, ***80***.
*l. 26* . . . . IV, ***128***.
*l 28* . . . . IV, 488. ***518***. ***535***.

**Digesta.**

Lib. XXII. Tit. 5.

De testibus.

l. 18 . . . . . . I, 238.

Lib. XXII. Tit. 6.

De juris et facti ignorantia.

Tit. . . . . . . III, 325.

l. 1 pr. . . . . . III, 327.

l. 1. § 1 . . . III, 327. 329. 336. 405.

l. 1. § 2 . . . III, 327. 334. 336. 405.

l. 1. § 3. 4 . . III, 327. 336. 405.

l. 2 . . . . . . III, 332. 333. 334.

l. 3 pr. . . . . III, 327. 333.

l. 3. § 1 . . . III, 333.

l. 4 . . . . . . III, 375.

*l. 5* . . . . . . III, 326. ***395***.

*l. 6* . . . . . . III, 333. ***395***.

*l. 7* . . . . . . III, 333. ***344***. 345.

*l. 8* . . . . . . III, 332. ***344***. 345. 346.

*l. 9 pr.* . . . III, 332. 345. 348. 367. 430. ***431***.
VII, 228.

l. 9. § 1 . . . III, 438.

l. 9. § 2 . . . III, 333. 334.

*l. 9. § 3* . . . III, ***334***. ***338***. 345.

*l. 9. § 4* . . . III, ***356***.

*l. 9. § 5* . . . I, 133. 261. III, 332. ***457***.

*l. 10* . . . . . III, ***40***.

Lib. XXIII. Tit. 1.

De sponsalibus.

l. 2 . . . . . . III, 36. V, 641.

**Digesta.**

l. 7. § 1 . . . . III, 249.
l. 9 . . . . . . III, 71.
l. 12 pr. . . . III, 249.
*l. 14* . . . . . *III*, 31. ***35***. 45.
l. 16 . . . . . . II, 526.
l. 39. § 1 . . . III, 79.

Lib. XXIII. Tit. 2.
De ritu nuptiarum.

l. 1 pr. . . . . . IV, 567.
l. 4 . . . . . . . III, 69. 71. 72. IV, 411. 556.
*l. 5* . . . . . . VIII, 62. ***325***.
l. 8 . . . . . . . II, 34.
l. 14. § 2 . . . I, 414. II, 34.
l. 14. § 3 . . . II, 34.
l. 16 pr. . . . . II, 526.
l. 19 . . . . . . II, 118. 147.
*l. **21**. **22*** . . . III, ***103***.
l. 27 . . . . . . II, 526. IV, 556.
l. 30 . . . . . . III, 262.
l. 34. § 3 . . . II, 526. 542.
l. 38 . . . . . . II, 42.
l. 38 pr. . . . . VIII, 52.
l. 42. § 1 . . . II, 526.
l. 43. § 4 . . . II, 519.
l. 43. § 6 . . . II, 518. 554.
l. 43. § 8 . . . II, 519.
l. 43. § 10 . . II, 527.
l. 43. § 12. 13 . II, 174. 519.
l. 44 pr. . . . . II, 37. 522. 554. III, 395.

**Digesta.**

l. 47 . . . . . . II, 556.
l. 63. 65 . . . II, 42.
l. 65. § 1 . . . IV, 556. 557.
l. 66 pr. . . . II, 177.
l. 68 . . . . . . III, 392.
l. 75 . . . . . . II, 114.

Lib. XXIII. Tit. 3.
De jure dotium.

*l. 5. § 5* . . . IV, ***30***.
l. 5. § 9 . . . IV, 60.
l. 6. § 2 . . . II, 118.
*l. 9. § 1* . . . IV, 124. ***154***. 155.
l. 9. § 3 . . . IV, 27.
l. 12. § 1 . . . II, 118.
l. 20 . . . . . . III, 217.
l. 33 . . . . . . IV, 121.
l. 33 in fine . . IV, 124.
l. 39. § 1 . . . III, 79.
l. 43 . . . . . . III, 205.
l. 43. § 1 . . . IV, 124. V, 517.
l. 56. § 1 . . . II, 115.
l. 56. § 2 . . . IV, 83.
*l. 66* . . . . . I, ***288***. III, 260. IV, 37. 117.
l. 67 . . . . . . V, 517.
l. 68 . . . . . . III, 122. IV, 556.
*l. 72 pr.* . . . . IV, ***137***.
l. 75 . . . . . . II, 113.
*l. 76* . . . . . III, 217. IV, ***249***. 257.
l. 78 . . . . . . IV, 117.

**Digesta.**

Lib. XXIII. Tit. 4.

De pactis dotalibus.

l. 12. § 1 . . . . I, 58.
l. 16 . . . . . . IV, 175.
l. 17 . . . . . . III, 257.
l. 22 . . . . . . IV, 37.
l. 22 in fine . . IV, 83.
l. 26 pr. . . . . II, 21.
l. 26. § 3 . . . . V, 95.
l. 27 . . . . . . IV, 175.
l. 28 . . . . . . IV, 37.
l. 31 . . . . . . IV, 360.

Lib. XXIII. Tit. 5.

De fundo dotali.

*l. 1 pr.* . . . . ***IV, 567.***
l. 1. § 1 . . . . III, 20.
l. 4 . . . . . . I, 297.
*l. 14. § 3* . . . IV, ***30.***
*l. 16* . . . . . IV, ***568.*** 574.

Lib. XXIV. Tit. 1.

De donationibus inter virum et uxorem.

Tit. . . . . . . IV, 1.
l. 1 . . . . . . I, 63. 151.
l. 2. § 12. 13 . IV, 50.
l. 3 pr. . . . . IV, 181.
l. 3. § 1 . . . . II, 526. IV, 167. 168.
l. 3. § 2. 3. 4. 5. IV, 172.
l. 3. § 6 . . . . IV, 85. 172.
l. 3. § 10 . . . . IV, 173. 175.

**Digesta.**

*l. 3. § 12* . . IV, 50. 577. ***591.***
*l. 3. § 13* . . IV, 50. ***591.***
*l. 4* . . . . . . IV, 50. ***591.***
*l. 5. § 2* . . IV, ***80.*** 103. 104. 283. ***588.***
*l. 5. § 3* . . IV, 175. ***589.***
*l. 5. § 4* . . IV, 150. 175. ***588.***
*l. 5. § 5* . . ***I, 276.*** III, 262. IV, ***100.*** 103.
*l. 5. § 6* . . . ***IV, 565.***
*l. 5. § 7* . . . ***IV, 130.*** 584.
l. 5. § 8 . . . IV, 13. 22. 61.
l. 5. § 9 bis 12 . IV, 13.
l. 5. § 13. 14 . IV, 13. 14. 29.
*l. 5. § 15* . . IV, 13. 15. ***84.***
l. 5. § 16 . . . IV, 13. 22.
l. 5. § 17 . . . IV, 13. 66. 73.
l. 5. § 18 . . . IV, 13. 14. 66. 176. V, 515.
l. 6 . . . . . . IV, 14. 63. 176.
l. 7 . . . . . . IV, 169.
l. 7 pr. . . . . . IV, 66.
l. 7. § 1 . . . IV, 73.
*l. 7. § 2* . . . IV, 92. ***180.***
l. 7. § 3 . . . IV, 70. 73.
l. 7. § 3 in fine . IV, 46.
*l. 7. § 6* . . . III, 262. IV, ***100.***
l. 7. § 7 . . . IV, 69. 131. 150.
l. 7. § 8. 9 . . IV, 61.
l. 8. 9 . . . . IV, 61.
l. 9. § 1 . . . IV, 62.
l. 9. § 2 . . . IV, 171.

**Digesta.**

l. 10 . . . . . . IV, 171.
l. 11 pr. . . . IV, 171. 247.
*l. 11. § 1* . . . IV, 171. ***248***.
l. 11. § 2 . . . III, 151. IV, 248.
*l. 11. § 8* . . IV, ***153***.
l. 11. § 9 . . . III, 151. IV, 153.
l. 11. § 11 . . IV, 171.
l. 12 . . . . . . IV, 171.
l. 13. § 1 . . . II, 72. IV, 179.
l. 13. § 2 . . . III, 232.
l. 14 . . . . . . IV, 179.
l. 15 pr. . . . IV, 82. 83.
l. 15. § 1 . . . IV, 46. 179.
l. 16 . . . . . . IV, 46. 66.
l. 17 . . . . . . IV, 14.
l. 17 pr. . . . IV, 42. 46.
l. 18 . . . . . . IV, 13. 81.
l. 19 pr. . . . IV, 63. 113.
l. 20 . . . . . . IV, 248.
*l. 21 pr.* . . . IV, ***14***. ***82***.
l. 21. § 1 . . . IV, 40. 54.
*l. 23* . . . . . I, 281. ***287***. IV, 181. ***187***. 192. 193.
l. 24 . . . . . . IV, 113.
*l. 25* . . . . . I, 62. III, 371. IV, 13. ***115***.
l. 26 . . . . . . IV, 111.
*l. 26 pr.* . . . . ***IV, 591***.
l. 28 pr. . . . IV, 62. 66.
l. 28. § 2 . . . IV, 81.

**Digesta.**

l. 28. § 3 . . . IV, 70. 71.
l. 28. § 4 . . . IV, 70.
*l.* ***29*** *pr.* . . . ***IV, 71.***
*l.* ***31. § 1*** . . IV, 13. ***81.***
l. 31. § 3 . . . IV, 173.
*l.* ***31. § 4.*** 5 . IV, ***101.***
*l.* ***31. § 6*** . . IV, ***14.*** 38.
l. 31. § 7 . . . IV, 14. 29.
*l.* ***31. § 8*** . . IV, ***82.***
l. 31. § 9. 10 . IV, 72. 82.
l. 32 pr. . . . II, 20. IV, 65. 66. 180. 190. 192. 193.
*l.* ***32. § 1*** . . IV, 65. 181. ***184. 270.***
l. 32. § 2 . . . IV, 65. 183. 188.
l. 32. § 3 . . . IV, 183. 188.
l. 32. § 4 . . . IV, 98. 183.
l. 32. § 7 . . . III, 71. IV, 181. 242.
*l.* ***32. § 8*** . . IV, 181. ***260.***
l. 32. § 9 . . . IV, 65. 66. 69. 92.
l. 32. § 10 . . III, 77. IV, 113. 183.
l. 32. § 14 . . II, 20. IV, 183.
l. 32. § 16 . . IV, 85. 172. 177. 183.
l. 32. § 20 . . IV, 177. 183.
l. 32. § 22 . . IV, 170
*l.* ***32. § 23*** . IV, ***184.***
*l.* ***32. § 24*** . I, 62. IV, ***102. 182.***
*l.* ***32. § 25*** . IV, ***100.***
*l.* ***32. § 26*** . ***I, 276. IV, 100.***
*l.* ***32. § 27*** . III, 71. ***IV, 168.***

**Digesta.**

***l. 32. § 28*** . . ***IV, 169.***
***l. 33*** . . . . . ***IV, 185.*** 192.
l. 33 pr. . . . . IV, 83.
l. 34 . . . . . . IV, 60.
l. 36 . . . . . . IV, 176.
***l. 37*** . . . . . ***IV, 67.***
***l. 39*** . . . . . IV, 175. 589. ***590. 591.***
l. 40. 41. 42. 43. IV, 179.
l. ***44*** . . . . . IV, ***578. 580.***
***l. 44 pr.*** . . . ***IV, 570.***
***l. 45*** . . . . . ***IV, 176.***
***l. 49*** . . . . . IV, ***44.*** 60.
l. 50 pr. . . . . IV, 69.
***l. 50. § 1*** . . . ***IV, 71.***
***l. 52*** . . . . . ***IV, 100.***
***l. 52. § 1*** . . . IV, 111. ***125.*** 173. 188. ***255.*** 257. ***589.*** 591.
l. 54 . . . . . . IV, 40.
l. 55 . . . . . . V, 506.
l. 55 in fine . . IV, 178.
***l. 56*** . . . . . IV, 50. 69. ***591.***
l. 58 pr. . . . . IV, 167.
l. 58. § 1 . . . IV, 72. 167.
l. 58. § 2 . . . IV, 27.
l. 60. § 1 . . . IV, 171.
l. 61 . . . . . . IV, 171.
l. 62 pr. . . . . IV, 171.
***l. 63*** . . . . . ***IV, 176.***
l. 65 . . . . . . IV, 168.

**Digesta.**

Lib. XXIV. Tit. 2.

De divortiis etc.

l. 3 . . . . . . III, 87.
l. 5 . . . . . . V, 217.
l. 9 . . . . . . III, 87.

Lib. XXIV. Tit. 3.

Soluto matrimonio etc.

l. 2. § 2 . . . III, 251.
l. 3 . . . . . . II, 116.
l. 5 . . . . . . IV, 360. 568.
l. 7 . . . . . . IV, 340.
l. 7. § 3 . . . IV, 360.
l. 11 . . . . . . IV, 360.
l. 15. § 1 . . . V, 202.
l. 19 . . . . . . VI, 12.
l. 21 . . . . . . V, 467. 491.
l. 22. § 1 . . . II, 116.
l. 22. § 4 . . . II, 117. 441.
l. 22. § 5 . . . II, 117.
l. 22. § 7 . . . III, 84.
l. 22. § 10. 11 . II, 117. 441.
l. 24. § 4 . . . IV, 12.
l. 25. § 1 . . . V, 129.
l. 44 pr. . . . II, 117.
l. 57 . . . . . . IV, 37. 117.
l. 58 . . . . . . II, 114.
l. 62 . . . . . . IV, 62.
l. 66. § 7 . . . II, 94. V, 491.

**Digesta.**

## Lib. XXV. Tit. 2.

### De actione rerum amotarum.

l. 1 . . . . . . I, 62. V, 555.
l. 3. § 2 . . . V, 552.
*l. 8. § 1* . . . V, ***124***.
l. 11. § 1 . . . VII, 61.
l. 11. § 2. 3 . . VII, 75.
l. 12. 13 . . . VII, 75.
l. 17. § 2 . . . V, 555.
l. 21 . . . . . . II, 114.
l. 21. § 5 . . . V, 42. 353. 552. 555.
l. 25 . . . . . . V, 510.
l. 25 in fine . . V, 524.
*l. 26* . . . . . V, 124. ***555***.
l. 29 . . . . . . V, 555. VI, 211.

## Lib. XXV. Tit. 3.

### De agnoscendis et alendis liberis etc.

l. 1. § 1. 3 . . IV, 425.
l. 1. § 4 . . . III, 251. IV, 425.
l. 1. § 9 . . . IV, 425.
*l. 1. § 16* . . *I, **356***. VI, 274. 472.
l. 2 . . . . . . VI, 472.
*l. 3 pr.* . . . . VI, ***274***. 472.
l. 3. § 3. 4 . . I, 356.
l. 5. § 1. 2. 7 . II, 118.
*l. 5. § 8. 9* . . VI, ***437***.
l. 5. § 10. 12 . II, 118.
l. *5. § 18* . . . VI, ***437***

**Digesta.**

Lib. XXV. Tit. 4.

De inspiciendo ventre etc.

l. 1. § 1 . . . . II, 12.
l. 1. § 2. 3 . . VII, 22.
l. 1. § 11 . . . I, 318.
l. 1. § 15 . . . VIII, 85.
l. 2. § 1 . . . III, 428.

Lib. XXVI. Tit. 1.

De tutelis.

l. 8 . . . . . . I, 60.

Lib. XXVI. Tit. 4.

De legitimis tutoribus.

l. 1. § 3 . . . I, 133.
l. 2 . . . . . . II, 78. 469.
l. 3. § 9 . . . II, 77.
l. 5. § 5 . . . II, 77.

Lib. XXVI. Tit. 5.

De tutoribus et curatoribus etc.

l. 8. § 1 . . . III, 84.
l. 19 pr. . . . II, 328.
l. 20 . . . . . . II, 13. 16.
l. 27 pr. . . . VIII, 342.
l. 29 . . . . . . IV, 394.

Lib. XXVI. Tit. 7.

De administratione et periculo tutorum etc.

*l. 1. § 2* . . . III, ***33***. 45.
l. 1. § 4 . . . III, 45.
l. 1. § 6 . . . III, 331.
l. 2 pr. . . . . . III, 96.

**Digesta.**

l. 6 . . . . . . III, 166.
l. 7 pr. . . . . V, 129.
l. 7. § 7 . . . VI, 142.
l. 7. § 10 . . . VIII, 83.
l. 25 . . . . . . VII, 217.
l. 32. § 4 . . . VII, 126.
l. 39. § 8 . . . VIII, 342.
l. 40 . . . . . . I, 62.
*l. 46. § 5* . . VI, ***447.***
l. 55. § 1 . . . V, 45. 58. 219.

Lib. XXVI. Tit. 8.

**De auctoritate et consensu tutorum etc.**

l. 5 pr. . . . . III, 55.
l. 5. § 1 . . . III, 40.
l. 9 pr. . . . . III, 40. 45. 51.
l. 9. § 1. 2 . . III, 45.
l. 9. § 3. 4 . . III, 46.

Lib. XXVI. Tit. 9.

**Quando ex facto tutoris etc.**

l. 5. 6. 7. 8 . . III, 96.

Lib. XXVI. Tit. 10.

**De suspectis tutoribus etc.**

l. 3. § 18 . . . II, 177.

Lib. XXVII. Tit. 1.

**De excusationibus.**

l. 2 pr. . . . . IV, 352. 412.
l. 13. § 2 . . . I, 231.
l. 13. § 9 . . . III, 429. IV, 425. 435.
l. 17. § 2 . . . II, 254. 281.

**Digesta.**

l. 17. § 3 . . . II, 260.
l. 30. § 2 . . . I, 62.
l. 41. § 3 . . . II, 260. 261. 281.
l. 42. 46 . . . IV, 394.

Lib. XXVII. Tit. 2.

Ubi pupillus etc.

l. 1. § 3 . . . III, 233.
l. 2. § 1. 2. 3 . II, 451.

Lib. XXVII. Tit. 3.

De tutelae etc. actione.

l. 1 pr. . . . . VII, 145.
*l. 1. § 1 . . . IV, 260.*
l. 1. § 20 . . . V, 58. 457.
*l. 1. § 21* . . . V, 58. ***219.*** 255. VI, 425.
*l. 1. § 22* . . . V, 59. ***206.***
*l. 1. § 23* . . . *V*, 42. ***47.*** 59.
*l. 2. § 1* . . . V, 58. 59. 219. ***240.***
l. 2. § 2 . . . V, 58.
l. 4 pr. . . . . V, 286.
l. 5 . . . . . . V, 520.
l. 11 . . . . . . II, 77.
l. 20. § 1 . . . VII, 217.

Lib. XXVII. Tit. 4.

De contraria tutelae et utili actione.

l. 1. § 4 . . . VI, 428.

Lib. XXVII. Tit. 6.

Quod falso tutore etc.

l. 1. § 1 . . . VII, 134. 198.
l. 1. § 6 . . . III, 385. 425. VII, 134. 198.
l. 2. 3. 4. 5. 6 . III, 385.

**Digesta.**

l. 7 pr. . . . . . III, 425.
l. 7. § 3 . . . VII, 233.
l. 7. § 4 . . . V, 254.
l. 8. 9 . . . . . III, 385.
l. 9. § 1 . . . V, 43. 45.
l. 10 . . . . . . III, 425. VII, 134.
l. 11 pr. . . . III, 65.
l. 11. § 3 . . . III, 71.

Lib. XXVII. Tit. 7.

De fidejussoribus.

l. 4. § 3 . . . III, 250.
l. 8 in fine . . . V, 316.
l. 8. § 1 . . . V, 55.

Lib. XXVII. Tit. 9.

De rebus eorum, qui sub tutela etc.

l. 3. § 3 . . . VI, 316.
l. 11 . . . . . . III, 88.

Lib. XXVII. Tit. 10.

De curatoribus furios. etc.

l. 1 pr. . . . . . I, 151. III, 88.
l. 2 . . . . . . III, 85.
*l. 7. § 1* . . . III, 83. ***V, 193.***
*l. 7. § 2* . . . ***V, 193.***
l. 10 pr. . . . III, 88.

Lib. XXVIII. Tit. 1.

Qui testamenta facere possunt etc.

l. 2 . . . . . . VIII, 454.
l. 3 . . . . . . II, 28. 51.
*l. 5* . . . . . . III, 70. IV, 361. ***381.*** VIII, 463.

**Digesta.**

l. 6. § 1 . . . . VIII, 454.

l. 8 . . . . . . II, 28.

l. 8. § 1 bis 4 . II, 168.

l. 9. 11 . . . . . II, 28.

l. 12 . . . . . . II, 168.

l. 13 . . . . . . II, 28.

l. 14. 15 . . . . II, 469. III, 378.

l. 17 . . . . . . III, 84.

l. 18 pr. . . . . II, 28. 482. III, 89.

l. 18. § 1 . . . . II, 368.

l. 19 . . . . . . II, 28.

l. 20. § 4 . . . . VIII, 454.

l. 20. § 7 . . . . II, 30.

l. 20. § 8 . . . . VI, 12.

l. 21. § 1 . . . . I, 226. VIII, 83.

Lib. XXVIII. Tit. 2.

De liberis et posthumis etc.

*l. 3. § 1 . . . . III, 124.*

l. 3. § 2 . . . . III, 218.

l. 7 . . . . . . IV, 540.

l. 12 . . . . . . II, 9.

*l. 12 pr. . . . . II, 7.*

l. 12. § 1 . . . . II, 9.

l. 14. § 2 . . . . III, 380.

l. 15 . . . . . . III, 380.

l. 19 . . . . . . I, 230.

*l. 25 pr. . . . . III, 380.*

l. 26 . . . . . . I, 123. 124.

l. 28. § 3 . . . . III, 69.

**Digesta.**

### Lib. XXVIII. Tit. 3.

De injusto etc. testamento.

l. 6. § 5 bis 11 . II, 88. 167. 168.
l. 6. § 12 . . . II, 88. 167. 168. VIII, 453.
l. 6. § 13 . . . II, 88. 167. 168.
*l. 12 pr. . . . VIII, 456.*
l. 16 . . . . . . III, 126. 162. 164.

### Lib. XXVIII. Tit. 5.

De heredibus instituendis etc.

l. 4 pr. § 1 . . III, 130.
l. 6. § 2 . . . VIII, 458.
l. 9 pr. . . . . . III, 269. 382.
l. 9. § 1 . . . III, 273.
l. 9. § 2 . . . I, 133. III, 305.
l. 9. § 3. 4 . . III, 305.
l. 9. § 12 . . . III, 20.
l. 31 pr. . . . II, 367.
l. 31. § 1 . . . II, 365. 366. 369. 370.
l. 34 . . . . . . III, 205. 211.
l. 35 pr. § 3. 4. 5. VIII, 180.
l. 45 . . . . . . III, 164.
l. 46 . . . . . . V, 71.
l. 48. § 3 . . . III, 306.
l. 49. § 1 . . . II, 28. VIII, 458.
*l. 50. § 1 . . III, 158.* 160.
l. 52 . . . . . . II, 369.
l. 58 pr. . . . III, 243.
l. 59. § 4 . . . VIII, 458.
l. 62 pr. . . . III, 207.

**Digesta.**

l. 68 . . . . . . III, 124. 133. 134. 135.
l. 86 . . . . . . III, 129.
l. 88 . . . . . . III, 218.
l. 92 . . . . . . III, 379.

Lib. XXVIII. Tit. 6.

De vulgari et pupillari substitutione.

l. 2 pr. . . . . . I, 151. III, 70.
l. 15 . . . . . . I, 62. III, 70.

Lib. XXVIII. Tit. 7.

De conditionibus institutionum.

Tit. . . . . . . III, 121.
l. 1. 6 . . . . . III, 162.
l. 7 . . . . . . III, 171.
*l. 8 pr.* . . . . III, ***186***. 187.
l. 8. § 1. 2 . . III, 187.
l. 8. § 3 . . . IV, 273.
l. 8. § 4. 5 . . III, 187.
l. 8. § 6 . . . . III, 188. 233.
l. 8. § 7 . . . III, 147. 188, 233.
l. 8. § 8 . . . III, 147. 188. 235.
l. 9 . . . . . . III, 173.
l. 10. § 1 . . . III, 126.
l. 11 . . . . . . III, 138. 139.
l. 12 . . . . . . III, 123. 129.
l. 14 . . . . . . I, 117. III, 171. 173.
*l. 15* . . . . . ***III, 171.***
l. 16 . . . . . . III, 159.
*l. 20 pr.* . . . . III, 158. ***159***. 162.
l. 22 . . . . . . III, 205.

**Digesta.**

l. 23 . . . . . . III, 138. 139.
*l. 24 . . . . . III, 147.*
l. 26 . . . . . III, 150.
l. 27 pr. . . . III, 173.
l. 28 . . . . . . III, 130.

Lib. XXIX. Tit. 1.

De testamento militis.

l. 1 pr. . . . . . I, 142. III, 438.
l. 3 . . . . . . IV, 144.
l. 13. § 2 . . . II, 368.
l. 15. § 4 . . . III, 218.
l. 18. § 1 . . . IV, 270.
l. 24 . . . . . . III, 260.
l. 29. § 2 . . . III, 187.
l. 36. § 2 . . . III, 187.
l. 36. § 3 . . . III, 378. 381.
l. 41. § 1 . . . II, 558.

Lib. XXIX. Tit. 2.

De adquirenda vel omittenda hereditate.

l. 5. § 1 . . . III, 89.
*l. 6. § 7 . . . III, 103. VII, 127.*
l. 8 . . . . . . VII, 219.
l. 8 pr. . . . . III, 40. 46.
l. 9 . . . . . . III, 28. 46.
l. 13. § 1 . . . III, 382.
l. 14 . . . . . . III, 382.
l. 15. 16. 19 . . III, 330. 382.
*l. 20 . . . . . III, 365.*
l. 20 pr. . . . III, 247.

**Digesta.**

l. 20. § 1 . . . III, 247. 365.
l. 20. § 5 . . . II, 121. 124.
l. 22. 23 . . . III, 330. 382.
l. 25. § 1 . . . II, 254.
l. 25. § 2 . . . II, 286.
l. 25. § 3 . . . I, 359.
l. 32. 33. 34 . . III, 330. 382.
l. 37 . . . . . . III, 15. 19.
l. 54 . . . . . . II, 364.
*l. 62 pr. . . . III, 189.*
l. 72 . . . . . . III, 404.
l. 85 . . . . . . VII, 127.
l. 86 pr. . . . VII, 91.

Lib. XXIX. Tit. 3.

Testamenta quemadmodum aperiantur etc.

l. 1. § 1 . . . I, 256. VI, 461.

Lib. XXIX. Tit. 4.

Si quis omissa causa etc.

l. 2. § 1 . . . IV, 12.

Lib. XXIX. Tit. 5.

De Senatusconsulto Silaniano etc.

l. 3. § 3 . . . III, 429.
l. 3. § 22 . . . III, 393.
l. 3. § 30 . . . VII, 173.
l. 3. § 31 . . . III, 145. 429. VII, 173.
l. 8 . . . . . . VII, 219.
l. 14 . . . . . . III, 44.
l. 21. § 1 . . . III, 428.
l. 25. § 2 . . . III, 393.

**Digesta.**

## Lib. XXIX. Tit. 7.

### De jure codicillorum.

l. 1 . . . . . . IV, 144.
l. 6. § 3 . . . . II, 28.
l. 8. § 2 . . . . II, 28.
l. 8. § 3 . . . . II, 167. VIII, 454.

## Lib. I. (XXX. un.)

### De legatis etc.

l. 4 pr. . . . . . III, 266. 273. 305. 306.
l. 8. § 1 . . . . V, 255.
l. 16. § 1 . . . . III, 305.
l. 32. § 2 . . . . II, 305.
l. 34. § 3. 4. 5. 6. VI, 123.
l. 36. § 3 . . . . VII, 38.
l. 38. § 1 . . . . IV, 546.
l. 39. § 1 . . . . V, 613. VI, 115. 117. 155. 172. 173.
l. 39. § 6 . . . . I, 226.
l. 43. § 1 . . . . IV, 176.
***l. 43. § 2*** . . III, 131. ***135.***
l. 44. § 1 . . . . IV, 546.
l. 47 pr. . . . . VIII, 231.
***l. 47. § 1*** . . . VIII, 229. ***231.***
***l. 47. § 6*** . . . VI, 173. ***186.***
l. 49. § 2. 3 . . III, 209.
l. 49. § 8 . . . . IV, 21.
l. 50. § 1 . . . . VI, 475.
l. 50. § 3 . . . . VIII, 83.
l. 54. § 1 . . . . III, 146.
***l. 54. § 2*** . . ***III, 148.***

**Digesta.**

l. 55 . . . . . . III, 219.
l. 60 . . . . . . V, 618.
l. 65. § 1 . . . III, 124.
l. 66 . . . . . . IV, 21.
l. 71. § 3 . . . VII, 38.
l. 73. § 1 . . . II, 251. 306.
l. 75 pr. . . . III, 132.
l. 75. § 3 . . . V, 618.
l. 84. § 5 . . . V, 467.
l. 84. § 13. 30 . V, 258.
l. 86. § 2 . . . IV, 546.
l. 87. § 1 . . . V, 561.
l. 91. § 7 . . . V, 465. VI, 35. 155. 172. 173.
l. 94. § 2 . . . III, 229.
l. 95 . . . . . III, 229.
l. 96. § 4 . . . IV, 274.
l. 104. § 1 . . III, 163.
l. 107. § 1 . . III, 207. 216.
l. 108. § 4 . . IV, 11.
l. 108. § 6 . . IV, 12.
l. 108. § 10 . . III, 276. VII, 38.
l. 108. § 11 . . VI, 173.
l. 108. § 12 . . IV, 10. 121. V, 468. 485.
l. 109 pr. . . . IV, 61.
l. 112. § 4 . . III, 187.
l. 113. § 5 . . III, 235.
l. 114. § 7 . . I, 58.
l. 117. 122 . . II, 305.
l. 128 . . . . . IV, 169.

**Digesta.**

Lib. II. (XXXI. un.)

De legatis etc.

*l. 1 pr.* . . . ***III, 134.***
l. 3 . . . . . . III, 133.
l. 12. § 1 . . . III, 213.
l. 34. § 4 . . . III, 138.
l. 36 . . . . . IV, 21.
l. 45. § 2 . . . III, 136.
l. 51 . . . . . . III, 207.
l. 51. § 1 . . . II, 7.
*l. 56* . . . . ***II, 376. 379.***
l. 57 . . . . . II, 376.
l. 59 . . . . . . IV, 546.
l. 66. § 7 . . . II, 302.
l. 67. § 6 . . . III, 217.
l. 67. § 8 . . . III, 381.
l. 75 pr. . . . IV, 266.
l. 76. § 1 . . . V, 258.
l. 76. § 8 . . . V, 258.
l. 77. § 1 . . . IV, 270. 274.
l. 77. § 3 . . . II, 305.
l. 77. § 14 . . II, 470.
l. 77. § 26 . . IV, 266.
*l. 79* . . . . . III, 441. ***464.***
l. 87. § 1 . . . V, 561.
l. 87. § 1 in fine. VI, 153.
l. 88. § 5 . . . IV, 38.

**Digesta.**

Lib. III. (XXXII. un.)

De legatis etc.

l. 1. § 1 . . . IV, 558.
l. 1. § 2 . . . I, 39.
l. 1. § 5 . . . IV, 558.
l. 1. § 6 . . . III, 229. IV, 274.
l. 3. § 4 . . . IV, 56.
l. 5 pr. . . . . . II, 305.
l. 11. § 7 . . . III, 132.
l. 14. § 1 . . . III, 187.
l. 19 . . . . . . III, 234.
l. 21 pr. . . . III, 243.
l. 35. § 1. 2 . . III, 306.
*l. 37. § 3* . . *IV, 135.* 275. 281.
l. 38. § 6 . . . II, 253. 305.
l. 39. § 1 . . . VI, 456.
l. 49. § 4 . . . II, 452.
l. 79. § 1 . . . VI, 153.
l. 93. § 1 . . . VI, 456.
l. 102. § 1 . . III, 306.

Lib. XXXIII. Tit. 1.

De annuis legatis etc.

*l. 1* . . . . . . V, *528.* VIII, 229.
l. 1. § 16. 17 . II, 133.
l. 3 pr. . . . . . III, 224.
*l. 4* . . . . . . II, *109.* 133. III, *224.*
l. 5 . . . . . . II, 133.
l. 6 . . . . . . II, 305.
l. 7 . . . . . . III, 233. 235.

**Digesta.**

*l. 8* . . . . . . II, ***109***. 110. 116. III, ***224***.
*l. 16* . . . . II, ***108***. ***109***.
*l. 20 pr.* . . . *III, 146*.
l. 20. § 1 . . . II, 262. 305. 377.
l. 21. § 3 . . . II, 305. III, 234.
l. 23. 24 . . . II, 305.

Lib. XXXIII. Tit. 2.
De usu etc.

l. 1 . . . . . . . II, 80.
l. 2 . . . . . . . II, 112.
l. 5 . . . . . . . II, 216.
l. 6 . . . . . . . II, 225.
l. 6. § 2 . . . . II, 305.
l. 8 . . . . . . . II, 289. 290.
l. 16 . . . . . . II, 235.
l. 17 . . . . . . II, 234.
l. 43 . . . . . . IV, 137.

Lib. XXXIII. Tit. 4.
De dote praelegata.

l. 1. § 1 . . . III, 257. IV, 175.
l. 1. § 7 . . . III, 276.
l. 1. § 8 . . . III, 304.
l. 1. § 9 . . . II, 115.
l. 11 . . . . . . IV, 124. 249. 274.

Lib. XXXIII. Tit. 6.
De tritico etc.

l. 7. § 1 . . . III, 307.
l. 9 . . . . . . . III, 284.

**Digesta.**

Lib. XXXIII. Tit. 7.

De instructo vel instrumento legato.

l. 18. § 3 . . . VIII, 83.

Lib. XXXIII. Tit. 8.

De peculio legato.

l. 6. § 1 . . . III, 378.

Lib. XXXIII. Tit. 10.

De suppellectili legato.

l. 7. § 2 . . . III, 306.

Lib. XXXIV. Tit. 1.

De alimentis legat. etc.

l. 3 . . . . . . II, 108.
l. 6 . . . . . . II, 106. IV, 33. 72.
l. 11 . . . . . . II, 107.
l. 14. § 1 . . . III, 75.
l. 15. § 1 . . . II, 107.
l. 17 . . . . . . II, 108. 109.
l. 18. § 1 . . . III, 184.
l. 18. § 2 . . . III, 146. 184. 209.
l. 20. § 1 . . . II, 305.
l. 20. § 3 . . . III, 146.

Lib. XXXIV. Tit. 2.

De auro, argento etc.

l. 6. § 2 . . . II, 305.
l. 19. § 13 bis 16. 20. III, 283.
*l. 37 . . . . III, 464.*
l. 38. § 2 . . . II, 305.

**Digesta.**

### Lib. XXXIV. Tit. 3.

De liberatione legata.

l. 1. § 1 . . . . IV, 56.
l. 3. § 3 . . . . V, 375. 423.
l. 5. § 2 . . . . VI, 76.
l. 28. § 13. 14 . VI, 456.

### Lib. XXXIV. Tit. 4.

De adimendis etc. legatis etc.

l. 22 . . . . . . III, 378. 381.

### Lib. XXXIV. Tit. 5.

De rebus dubiis.

l. 2 . . . . . . II, 305. 308.
l. 7 pr. . . . . . II, 15. 16.
l. 8 . . . . . . IV, 183.
l. 9 pr. . . . . . II, 16. 20.
l. 9. § 1. 2 . . . II, 21.
l. 9. § 3 . . . . II, 20.
l. 9. § 4 . . . . II, 21.
l. 12 . . . . . . VIII, 249.
l. 15 pr. . . . . III, 151.
l. 16. 17. 18 . . II, 20.
l. 20 . . . . . . II, 260. 305.
l. 22. 23 . . . . II, 21.
l. 24 . . . . . . III, 199.
l. 26 . . . . . . VIII, 268.
l. 28 . . . . . . III, 305. 306.

### Lib. XXXIV. Tit. 6.

De his, quae poenae causa relinquuntur.

l. 2 . . . . . . III, 132.

**Digesta.**

Lib. XXXIV. Tit. 7.

De Regula Catoniana.

l. 1 . . . . . . IV, 558.
*l. 1 pr.* . . . . IV, 555. VIII, *460.*
l. 2 . . . . . . IV, 558.
l. 3 . . . . . . IV, 558. VIII, 460.
l. 4. 5 . . . . IV, 558.

Lib. XXXIV. Tit. 8.

De his, quae pro non scriptis habentur.

l. 3 . . . . . . II, 109.
l. 3 pr. . . . . I, 359. II, 107.
l. 3. § 1 . . . II, 107.
l. 3. § 2 . . . II, 69. IV, 553.

Lib. XXXIV. Tit. 9.

De his, quae ut indignis auferuntur.

l. 2. § 1 . . . I, 142.
l. 2. § 3 . . . IV, 142.
l. 5. § 17 . . . IV, 275.
l. 8 . . . . . . III, 428.
l. 14 . . . . . II, 558.
l. 17 . . . . . III, 428.

Lib. XXXV. Tit. 1.

De conditionibus etc.

Tit. . . . . . . III, 121. 226.
l. 1. § 1 . . . III, 136.
l. 1. § 2 . . . III, 136. 213.
l. 1. § 3 . . . III, 122.
l. 3 . . . . . . III, 162.
l. 6 pr. . . . . III, 235.

**Digesta.**

l. 6. § 1 . . . . III, 162. 163. 164.
l. 7 . . . . . . . III, 137.
l. 10. § 1 . . . . III, 161.
l. 11 pr. . . . . III, 136. 161.
l. 13 . . . . . . . II, 165.
l. 13. § 1 . . . . III, 184.
l. 14 . . . . . . . III, 138. 139. 140.
l. 17 pr. § 1 . . III, 306.
l. 17. § 2 . . . . III, 304. 381.
l. 17. § 3 . . . . III, 305. 381.
l. 17. § 4 . . . . III, 228. 229. 236.
l. 19 pr. . . . . III, 135.
l. 20 . . . . . . . III, 187. 189.
l. 21 . . . . . . . III, 122.
l. 22 . . . . . . . III, 180.
*l. 24 . . . . . III, 140.*
l. 26 pr. . . . . III, 147. 187. 188.
l. 27 . . . . . . . III, 235.
l. 28 pr. . . . . III, 146. 181.
l. 31 . . . . . . . III, 139. 140. 182.
l. 33 pr. . . . . III, 306. 380.
l. 34 pr. . . . . III, 306.
l. 36. § 1 . . . . III, 209.
l. 37 . . . . . . . III, 235.
l. 40. § 4 . . . . III, 306.
l. 40. § 5 . . . . III, 233.
l. 42 . . . . . . . II, 107.
l. 47 . . . . . . . III, 123.
l. 47 in fine . . III, 124.

**Digesta.**

l. 52 . . . . . . III, 133. 134. 135.
l. 54 . . . . . . III, 191.
l. 58 . . . . . . III, 167.
l. 59. § 1 . . . III, 168.
l. 59. § 2 . . . II, 71. III, 168.
l. 60 pr. . . . III, 128.
l. 61 . . . . . . II, 7.
l. 63 pr. . . . III, 182.
l. 63. § 1 . . . III, 180. 182.
l. 64 pr. . . . III, 182.
l. 64. § 1 . . . I, 324. 325. III, 171. 180. 182.
l. 66 . . . . . . III, 140.
l. 69 . . . . . . III, 124.
l. 71 pr. . . . III, 182. 232.
l. 71. § 1 . . . III, 181. 182. 232. 233.
l. 71. § 2 . . . III, 184. 233. VIII, 61.
l. 72. § 4 . . . III, 146. 181.
l. 72. § 5 . . . III, 180.
l. 72. § 6 . . . III, 304. 331. 381.
l. 72. § 7 . . . III, 140. 164.
l. 72. § 8 . . III, 306.
l. 73 . . . . . . III, 137.
l. 74 . . . . . . III, 180.
*l. 75 . . . . . III, 212.*
l. 77. § 2 . . . III, 180.
l. 77. § 3 . . . I, 60.
l. 78 pr. . . . III, 138.
l. 79 pr. . . . III, 214.
l. 79. § 1 . . . III, 213.

**Digesta.**

l. 79. § 4 . . . . III, 171. 180.
*l. 80* . . . . . III, 231. **232**. 234.
l. 81 . . . . . . III, 140.
l. 84 . . . . . . III, 146.
*l. 85* . . . . . *III, 124.*
l. 92 . . . . . . II, 147. III, 234. 236.
l. 94 . . . . . . III, 140.
l. 94 pr. . . . . I, 62. III, 140. 142. 166.
l. 94. § 1 . . . . I, 62. III, 142.
l. 96 pr. . . . . III, 143.
l. 97 . . . . . . II, 297. III, 189.
l. 99 . . . . . . III, 122. 123.
l. 100 . . . . . III, 180.
l. 101 pr. . . . . III, 135.
l. 103 . . . . . III, 137.
l. 105 . . . . . III, 153.
l. 107 . . . . . III, 123.
l. 110 . . . III, 140.

Lib. XXXV. Tit. 2.

Ad legem Falcidiam.

l. 1 pr. . . . . . VIII, 470.
l. 9. § 1 . . . . II, 12.
l. 15 pr. . . . . IV, 128. 270.
l. 15. § 6 . . . . III, 153.
l. 17 . . . . . . IV, 270.
l. 18 pr. . . . . IV, 269.
l. 22. § 3 . . . . IV, 126.
l. 22. § 4 . . . . IV, 215.
l. 24. § 1 . . . . III, 153.

**Digesta.**

*l. 30 pr. . . . . IV, 20.*
l. 32 pr. . . . . II, 133. III, 217. V, 61.
l. 45. § 1 . . . IV, 215.
l. 61 in fine . . VII, 38.
l. 68 pr. . . . . IV, 212.
l. 69 . . . . . . IV, 137.
l. 73 pr. . . . . VIII, 455.
l. 73. § 1 . . . IV, 215.
l. 73. § 5 . . . IV, 270.
l. 82 . . . . . . IV, 126. 215. 270.
l. 88 pr. . . . . III, 160.
l. 88. § 3 . . . III, 153.
l. 89. § 1 . . . I, 133.

Lib. XXXV. Tit. 3.

Si cui plus etc.

l. 1 pr. § 3 . . V, 501.

Lib. XXXVI. Tit. 1.

Ad Senatusconsultum Trebellianum.

l. 1. § 15 . . . II, 302.
l. 1. § 16 . . . IV, 211.
l. 6. § 4 . . . II, 302.
l. 13. § 5 . . . II, 53.
l. 14 pr . . . II, 53.
l. 16. § 11. 12 . II, 144.
l. 16. § 13. 14 . II, 145.
l. 17. § 5 . . . II, 73.
l. 17. § 7 . . . II, 22.
l. 18 pr. . . . III, 153. 154.
l. 26. 27 pr. . . II, 307.

**Digesta.**

l. 33 . . . . . . III, 153.
l. 34 . . . . . . II, 20.
l. 37 pr. . . . III, 251.
l. 37. § 1 . . . III, 48.
l. 46 . . . . . . III, 209.
l. 57 . . . . . . III, 153.
*l. 59 pr. . . . V, 393.*
l. 65. § 1 . . . III, 180.
*l. 65. § 2 . . VI, 275.*
*l. 65. § 3* . . II, 301. 303. III, 29. *48.*
l. 66. § 4 . . . VIII, 232.
*l. 67. § 3* . . IV, *30.* 84.
l. 74. § 1 . . . IV, 354.

## Lib. XXXVI. Tit. 2.

### Quando dies legatorum etc.

l. 4 pr. . . . . . III, 213.
l. 4. § 1 . . . III, 214.
l. 5. § 4 . . . III, 163.
l. 5. § 5 . . . III, 138. 140.
l. 10 . . . . . . III, 224.
l. 13 . . . . . . III, 160. 213.
l. 16. § 1 . . . II, 371.
l. 20 . . . . . . III, 224.
l. 21 pr. . . . III, 208. 209. 211.
l. 21. § 1 . . . III, 123.
l. 22 pr. . . . III, 153. 207. 209.
l. 22. § 1 . . . III, 123.
l. 25. § 1 . . . III, 122. 123.

**Digesta.**

Lib. XXXVI. Tit. 3.

Ut legatorum etc.

l. 1 pr. . . . . . V, 501.

Lib. XXXVI. Tit. 4.

Ut in possessionem etc.

*l. 1 . . . . . . III, 460.*

Lib. XXXVII. Tit. 1.

De bonorum possessionibus.

l. 2 . . . . . . I, 295. II, 241.
l. 3 pr. . . . . . III, 20.
*l. 3. § 4 . . . II, 254.* 255. 303. IV, 440.
l. 7. § 1 . . . III, 48.
l. 8 . . . . . . III, 48.
l. 10 . . . . . . III, 329. 334 336. 405.
l. 11 . . . . . . III, 48.
l. 12. § 1 . . . VI, 494.

Lib. XXXVII. Tit. 3.

De bonorum possessione furioso etc.

l. 1 . . . . . . IV, 439.

Lib. XXXVII. Tit. 4.

De bonorum possessione contra tabulas.

*l. 1. § 8 . . . II, 71.*
l. 13 . . . . . . II, 165.

Lib. XXXVII. Tit. 5.

De legatis praestandis etc.

l. 3 pr. . . . . . IV, 271.
l. 3. § 5. 6 . . III, 236.
l. 5. § 7 . . . IV, 271.
l. 20 . . . . . . IV, 271.
*l. 20. § 1 . . . IV, 272.*

**Digesta.**

Lib. XXXVII. Tit. 7.

De dotis collatione.

l. 1 pr. § 8 . . II, 115.

Lib. XXXVII. Tit. 9.

De ventre in possessionem etc.

Tit. . . . . . . II, 16.

Lib. XXXVII. Tit. 10.

De Carboniano edicto.

*l. 1. § 11 . . . III, 379.*

l. 3. § 6 bis 11 . II, 466.

l. 6. § 3 . . . II, 466.

Lib. XXXVII. Tit. 11.

De bonorum possessionibus secundum tabulas.

l. 1. § 8 . . . II, 88. 167. VIII, 453. 454.

l. 1. § 9 . . . VIII, 454.

l. 11. § 2 . . . II, 167.

Lib. XXXVII. Tit. 13.

De bonorum possessione ex testamento militis.

l. unica . . . . I, 297.

Lib. XXXVII. Tit. 14.

De jure patronatus etc.

l. 1. § 8 . . . II, 88.

l. 6. § 2 . . . I, 239.

l. 13 . . . . . . IV, 6.

l. 14 . . . . . . VI, 473.

l. 15 . . . . . . I, 239.

Lib. XXXVII. Tit. 15.

De obsequiis etc.

l. 2 pr. . . . . . II, 175. 187. 194.

**Digesta.**

## Lib. XXXVIII. Tit. 1.

### De operis libertorum.

l. 1. § 3 . . . . III, 243.
l. 6 . . . . . . IV, 35.
l. 7 . . . . . . VII, 50.
l. 7 pr. . . . . . II, 81. III, 190.
l. 7. § 1. 2 . . III, 190.
*l. 37 pr.* . . . ***V, 603.*** VI, 63.
l. 37. § 6 . . . VI, 103.
l. 37. § 7 . . . II, 524.
l. 42 . . . . . . I, 58.
l. 47 . . . . . . III, 453.

## Lib. XXXVIII. Tit. 2.

### De bonis libertorum.

l. 2. § 2 . . . . II, 89.
l. 3. § 13 . . . III, 126.
l. 4. § 2 . . . . II, 71.
l. 12. § 3 . . . VI, 275.
l. 14. § 3 . . . II, 214.
l. 23 pr. . . . II, 89.

## Lib. XXXVIII. Tit. 3.

### De libertis universitatum.

l. unica . . . . II, 286.
l. un. § 1 . . . II, 303. 305. 306.

## Lib. XXXVIII. Tit. 4.

### De adsignandis liberis.

l. 1. § 3 . . . . III, 243.
l. 3. § 4. 5 . . II, 89.

**Digesta.**

### Lib. XXXVIII. Tit. 5.

Si quid in fraudem patroni etc.

l. 1 pr. . . . . . IV, 25.
l. 1. § 1 . . . . IV, 272.
l. 1. § 3 . . . . IV, 25.
l. 1. § 4 . . . . IV, 25. 26. V, 44.
l. 1. § 6 . . . . IV, 25. 28. 29. 31.
l. 1. § 7 . . . . II, 124. IV, 25. 31. 122. 130. 583.
l. 1. § 8 . . . . II, 124. IV, 31. 583.
l. 1. § 12.13.16.17. IV, 26.
l. 1. § 19 . . . IV, 55. 132.
l. 1. § 24 . . . IV, 26.
l. 3 pr. . . . . . III, 384.
l. 3. § 1 . . . . V, 44.
l. 3. § 2. 3 . . IV, 25.
l. 5. § 1 . . . . V, 131.
l. 5. § 7 . . . . IV, 130.
l. 10 . . . . . . V, 44.
l. 13 . . . . . . IV, 25.

### Lib. XXXVIII. Tit. 7.

Unde legitimi.

l. 1 . . . . . . . II, 88.

### Lib. XXXVIII. Tit. 8.

Unde cognati.

l. 1. § 2 . . . . II, 31.

### Lib. XXXVIII. Tit. 9.

De successorio edicto.

l. 1. § 5 . . . . IV, 439.
l. 1. § 8 . . . . IV, 360. 401.

**Digesta.**

*l. 1. § 9* . . . IV, 360. ***402.***
l. 1. § 12 . . . IV, 453.

Lib. XXXVIII. Tit. 10.

De gradibus etc.

l. 4. § 2 . . . I, 414. 418.
*l. 4. § 11* . . . ***II, 72.***
l. 10. § 5 . . . II, 31.

Lib. XXXVIII. Tit. 15.

Quis ordo in possessionibus etc.

l. 2 . . . . . . IV, 421. 422. 423.
*l. 2 pr.* . . . III, 405. IV, 423. ***434. 439.***
l. 2. § 1 . . . IV, 431.
l. 2. § 3 . . . IV, 422. 431.
l. 2. § 4 . . . IV, 360. 401.
l. 2. § 5 . . . III, 334.
l. 3 . . . . . . III, 326.
l. 5 pr. . . . . IV, 401.

Lib. XXXVIII. Tit. 16.

De suis etc.

l. 1. § 4 . . . II, 63.
l. 1. § 8 . . . VIII, 486.
l. 2. § 5 . . . VIII, 486.
*l. 3. § 11* . . . ***II, 388.*** IV, 341.
l. 3. § 12 . . . II, 388. IV, 339.
l. 5 . . . . . . VIII, 486.
l. 6 . . . . . . VIII, 485.
l. 7 . . . . . . VIII, 485.
l. 8 pr. . . . . VIII, 485.
l. 11 . . . . . . II, 88.

**Digesta.**

Lib. XXXVIII. Tit. 17.

Ad Senatusconsultum Tertullianum.

l. 1. § 4 . . . . VIII, 483.
l. 1. § 5 . . . . II, 7.
*l. 1. § 8* . . . . II, 63. 88. ***468***. VIII, 483.
*l. 1. § 10.* 11 . VIII, ***488***.
l. 2 . . . . . . . VIII, 488.
l. 2. § 43 . . . . IV, 302.
l. 2. § 44 . . . . III, 171.

Lib. XXXIX. Tit. 1.

De operis novi nunciatione.

l. 1. § 11. 12 . I, 299.
l. 1. § 16. 17 . I, 60. II, 133.
l. 3. § 3 . . . . VI, 482.
l. 3. § 4 . . . . I, 60.
l. 4 . . . . . . . I, 60. II, 133.
l. 5 . . . . . . . II, 133.
l. 9 . . . . . . . VI, 482.
l. 10 . . . . . . V, 24.
l. 20 . . . . . . I, 299.
l. 21. § 2 . . . . V, 500.
l. 22 . . . . . . V, 46.

Lib. XXXIX. Tit. 2.

De damno infecto.

l. 1 . . . . . . . VI, 293.
*l. 5 pr.* . . . . *I, **259**. IV, **566**.*
l. 9 pr. . . . . . VI, 244.
*l. 12* . . . . . *IV, **566**.*
*l. 15. § 16.* 23 . *IV, **566**.*

**Digesta.**

l. 15. § 33 . . VII, 128.
*l. 18. § 15 . . I, 259. IV, 566.*
l. 21 . . . . . . IV, 579.
l. 24. § 1 . . . III, 19.
l. 28. 40 . . . V, 500.
l. 44. § 1 . . . IV, 566.

Lib. XXXIX. Tit. 3.

De aqua et aquae pluviae arcendae.

l. 1. § 1. 10 bis 13. IV, 487.
l. 1. § 17 . . . IV, 490.
l. 1. § 21. 22 . IV, 487.
*l. 1. § 23* . . IV, 487. ***488***. 489. 490. 493. 494. 497.
l. 2 pr. . . . . . IV, 487. 488. 489. 490. V, 272.
l. 2. § 1. 2 . . IV, 497.
l. 2. § 3 . . . IV, 488. 489.
l. 2. § 4 . . . IV, 491. 497.
l. 2. § 5 . . . IV, 491.
l. 2. § 7 . . . IV, 488. 489. 491. 497.
*l. 2. § 8* . . . IV, 488. ***517***.
l. 2. § 10 . . . IV, 490.
l. 6. § 5 . . . V, 15. 16. 25.
l. 11. § 1. 2 . . VI, 480.
l. 11. § 6 . . . IV, 487.
l. 12 . . . . . . V, 25.
*l. 19* . . . . . . III, 88. 252. ***364***. IV, 488.
*l. 20* . . . . III, 88. 113. ***342***. 364. ***365***. IV, ***488***.
*l. 23 pr.* . . . *IV, 488*.
*l. 26* . . . . *IV, 492*.

**Digesta.**

Lib. XXXIX. Tit. 4.

De publicanis et vectigalibus etc.

*l. 1 pr.* . . . . . V, 131. ***135.***
l. 5 pr. . . . . . V, 132.
l. 7 pr. . . . . . V, 26.
l. 9. § 5 . . . V, 252.
l. 16. § 4 . . . III, 463.
l. 16. § 5 . . . III, 393.
l. 16. § 9 . . . VII, 139.

Lib. XXXIX. Tit. 5.

De donationibus.

Tit. . . . . . . IV, 1.
l. 2. § 1 . . . IV, 125.
l. 2. § 2 . . . IV, 126.
*l. 2. § 3* . . . ***IV, 598.***
l. 2. § 4 . . . IV, 599. 618.
*l. 2. § 5* . . . ***IV, 154.*** 155.
l. 2. § 6 . . . IV, 152.
*l. 2. § 7* . . . III, 198. 232. 305. ***IV, 282.***
l. 3 . . . . . . III, 305.
*l. 4* . . . . . . IV, 106. 134. 154. ***587.***
l. 5 . . . . . . IV, 167.
l. 6 . . . . . . IV, 106. 107.
l. 7 pr. § 2. 3 . IV, 6.
*l. 7. § 6* . . . ***IV, 260.***
*l. 9 pr.* . . . . . IV, 33. ***39. 117.***
*l. 9. § 1* . . . IV, ***36.*** 38. ***42.*** 107.
*l. 9. § 2* . . . ***IV, 111.***
*l. 9. § 3* . . . IV, ***111.*** 117.

**Digesta.**

l. 31. § 1 . . . . IV, 123. 196. 230.
*l. 10* . . . . . IV, 106. 107. ***146***. 151.
*l. 11* . . . . . . IV, ***7***. ***14***. ***42***. 45. 98.
l. 12 . . . . . . IV, 121. 139.
l. 14 . . . . . . IV, 131.
l. 17 . . . . . . IV, 127.
*l. 18* . . . . . IV, 12. ***282***. 283.
l. 18 pr. . . . . IV, 96. 99. 103. 282. 283.
l. 18. § 1 . . . . IV, 61. 103. 283.
l. 18. § 2 . . . . IV, 61. 103.
l. 18. § 3 . . . . IV, 121.
l. 19 pr. . . . . IV, 120.
*l. 19. § 1* . . . . *IV, 104.*
l. 19. § 2 . . . . IV, 111. 151.
*l. 19. § 3* . . . IV, 111. 117. 123. ***153***.
l. 19. § 4 . . . . II, 36. 426. IV, 53.
*l. 19. § 6* . . . . III, 190. *IV, 104.* VII, 52.
l. 21 . . . . . . IV, 132.
*l. 21. § 1* . . . . IV, 98. 125. 196. ***597***.
l. 22 . . . . . . IV, 121.
*l. 23 pr.* . . . . IV, ***7***. 13. ***38***.
*l. 25* . . . . . *IV, 157.*
*l. 26* . . . . . *IV, 119.*
*l. 27* . . . . . *IV, 95*. 117.
l. 28 . . . . . . IV, 141.
l. 29 pr. . . . . III, 453.
*l. 29. § 1* . . . . IV, 130. VII, 2. 3. 7. ***12***. 21.
l. 29. § 2 . . . . IV, 142.
l. 31 pr. . . . . IV, 167.

**Digesta.**

*l. 31. § 3* . . . ***IV, 123.***
l. 32 . . . . . . IV, 95.
l. 33 pr. . . . IV, 121. 596.
l. 33. § 3 . . . IV, 126.
*l. 34 pr.* . . . IV, 122. ***123.***
*l. 34. § 1* . . . ***IV, 97.***
*l. 35. § 2* . . . ***IV, 123.***

Lib. XXXIX. Tit. 6.

De mortis causa donationibus.

Tit. . . . . . . IV, 240.
l. 1 pr. . . . . . IV, 242.
l. 2 . . . . . . IV, 241. 247.
l. 3. 4. 5. 6 . . IV, 241.
l. 7 . . . . . . IV, 242.
l. 8. § 1 . . . IV, 241.
l. 9. 10 . . . . IV, 268.
l. 11 . . . . . . IV, 243.
l. 13 pr. . . . IV, 248.
l. 13. § 1 . . . IV, 241.
l. 14 . . . . . . III, 151. IV, 257.
*l. 15* . . . . . . ***IV, 274.***
l. 16 . . . . . . IV, 241.
*l. 17* . . . . ***IV, 271.***
l. 18 pr. . . . IV, 243.
l. 18. § 1 . . . IV, 256. 258.
*l. 18. § 2* . . IV, 129. 153. ***252.***
l. 18. § 3 . . . IV, 211.
*l. 22* . . . . ***IV, 268.***

**Digesta.**

l. 23 . . . . . . IV, 243.
l. 24 . . . . . . IV, 258. V, 381.
l. 25 pr. . . . IV, 258.
l. 26 . . . . . . II, 20. IV, 241.
l. 27 . . . . . . IV, 241. 270.
*l.* ***28*** . . . . IV, 129. ***252.***
*l.* ***29*** . . . . III, 154. IV, 247. ***253.*** 254.
l. 30 . . . . . . IV, 241. 256.
l. 30. § 9 . . . IV, 256.
l. 31. § 1 . . . IV, 126. 258.
l. 31. § 2 in fine. IV, 241.
l. 31. § 3 . . . IV, 258.
l. 31. § 4 . . . IV, 126. 258.
l. 32 . . . . . . IV, 242.
*l.* ***33*** . . . . IV, 248. 268. ***569.***
*l.* ***34*** . . . . ***IV, 249.***
l. 35 pr. . . . IV, 268.
l. 35. § 2 . . . IV, 240. 241. 242.
l. 35. § 3 . . . IV, 244. 254.
l. 35. § 4 . . . IV, 241.
*l.* ***35. § 7*** . . ***III, 223.*** IV, 249.
*l.* ***37*** *pr.* . . . ***IV, 268.***
l. 37. § 1 . . . IV, 256.
*l.* ***38*** . . . . ***IV, 22.***
l. 39 . . . . . . IV, 249. 256.
l. 40 . . . . . . III, 151. IV, 248.
*l.* ***42*** *pr.* . . . ***IV, 135.***
l. 42. § 1 . . . IV, 240. 270.
l. 44 . . . . . . IV, 243.

**Digesta.**

Lib. XXXX. Tit. 1.

De manumissionibus.

*l. 1* . . . . . . IV, 352. 358. 361. ***373.*** 382.
*l. 15* . . . . . IV, 247. ***250. 253.***

Lib. XXXX. Tit. 2.

De manumissis vindicta.

l. 24 . . . . . . III, 45.

Lib. XXXX. Tit. 3.

De manumissionibus, quae servis etc.

l. 1. 2. 3 . . . . II, 286.

Lib. XXXX. Tit. 4.

De manumissis testamento.

l. 12 pr. § 1 . . III, 189.
l. 16 . . . . . . III, 144.
l. 17 pr. . . . . III, 216.
l. 17. § 2 . . . . III, 234.
l. 18. § 1 . . . . III, 206. 213.
l. 36 . . . . . . III, 190.
l. 39 . . . . . . III, 159.
l. 44 . . . . . . III, 184. 232. 234.
l. 55 pr. § 1. 2 . III, 142.
l. 61 . . . . . . III, 206.
l. 61 pr. . . . . III, 137. 216.

Lib. XXXX. Tit. 5.

De fideicommissariis libertatibus.

Tit. . . . . . . II, 146.
l. 1. § 4 . . . . IV, 314.
l. 23. § 3 . . . . I, 61. III, 144.
l. 24. § 5. 6 . . I, 360.

**Digesta.**

l. 30. § 1. 2 . . III, 29. 45.
l. 30 § 3 . . . III, 45.
l. 30. § 4 . . . III, 29. 45.
l. 41. § 10 . . III, 144.
l. 43 . . . . . . I, 296.
l. 46 pr. . . . III, 132.
l. 46. § 2 . . . III, 134.
l. 46. § 3. 4 . . III, 132.
*l. 48* . . . . . III, ***234.*** 237.

Lib. XXXX. Tit. 7.

De statuliberis.

l. 3 . . . . . . III, 140.
l. 3 pr. . . . . III, 142.
l. 3. § 2 . . . II, 422. III, 142.
l. 3. § 5 . . . III, 143.
l. 3. § 8 . . . III, 142. 143.
l. 3. § 9. 10. 11. III, 142.
*l. 4. § 1* . . . III, ***166.*** 195. 203. 216.
l. 4. § 2 . . . III, 142.
l. 4. § 4 . . . III, 140.
l. 4. § 5 . . . III, 142. IV, 336.
l. 4. § 6. 7 . . III, 143.
l. 5 pr. . . . . III, 142.
l. 5. § 1 . . . III, 143.
l. 19 . . . . . III, 142. 144. 166.
l. 20 . . . . . III, 140.
l. 20. § 3 . . . I, 62. III, 142. 143. 166.
l. 20. § 4 . . . III, 142.
l. 23. § 1 . . . III, 140.

**Digesta.**

l. 26. § 1 . . . . III, 164.
l. 28 pr. . . . III, 142.
l. 34. § 1 . . . III, 140.
l. 38 . . . . . . III, 141.
l. 39. § 4 . . . III, 143.

Lib. XXXX. Tit. 8.
Qui sine manumissione etc.

l. 2 . . . . . . . I, 123. 360.

Lib. XXXX. Tit. 9.
Qui et a quibus manumissi etc.

*l. 9 pr. . . . III, 103.*
*l. 17 pr. . . . III, 103.*
l. 27 . . . . . . III, 205.
l. 29. § 1 . . . III, 153.

Lib. XXXX. Tit. 12.
De liberali causa.

l. 9 pr. § 1. 2 . VI, 473.
l. 13 pr. . . . VI, 421.
l. 24 pr. § 1. 2. 3. VI, 12.
l. 25. § 2 . . . VI, 12.
l. 27. § 1 . . . VI, 473. 474. VII, 4.
l. 30 . . . . . . VI, 473.
l. 42 . . . . . . VI, 464. 473. 526.
l. 44 . . . . . . VII, 50.
l. 44 pr. . . . III, 190.

Lib. XXXX. Tit. 14.
Si ingenuus esse dicetur.

l. 1. 5 . . . . . VI, 473.

**Digesta.**

Lib. XXXX. Tit. 15.

Ne de statu defunctorum etc.

Tit. . . . . . . II, 468.
l. 1. § 3 . . . II, 468.
l. 1. § 4 . . . IV, 314.
l. 4 pr. . . . . I, 123.

Lit. XXXX. Tit. 16.

De collusione etc.

Tit. . . . . . . VI, 474.
l. 2 . . . . . . VI, 473.
l. 3 . . . . . . VI, 474.
l. 4 . . . . . . VI, 473.

Lit. XXXXI. Tit. 1.

De acquirendo rerum dominio.

l. 1 pr. . . . . I, 110. 414.
l. 7. § 5 . . . I, 60.
*l. 7. § 7* . . . I, ***286***. III, 279.
l. 7. § 10 . . . V, 409. VI, 507.
l. 9. § 4 . . . III, 95.
l. 9. § 7 . . . IV, 107. 108.
l. 11 . . . . . . III, 45. 50.
l. 13. § 1 . . . III, 53.
l. 14 pr. . . . I, 60.
l. 20. § 2 . . . III, 94.
l. 21. § 1 . . . IV, 576.
l. 24 . . . . . . III, 279.
l. 30. § 1 . . . I, 60.
l. 31. § 1 . . . IV, 485.
l. 33. § 2 . . . II, 366. 369.

**Digesta.**

l. 34 . . . . . . II, 366. 369. 370.

l. 35 . . . . . . III, 355.

*l.* ***36*** . . . . ***IV, 158.*** 160.

*l.* ***53*** . . . . . I, 65. 418. ***III, 96.*** 97.

l. 61 pr. . . . . II, 365. 369. 370. 372.

l. 61. § 1 . . . II, 372.

l. 62 . . . . . . III, 20.

l. 63 . . . . . . I, 418.

l. 65. § 1 . . . I, 60.

Lib. XXXXI. Tit. 2.

De acquirenda, vel amittenda possessione.

*l.* ***1. § 3*** . . . ***III, 50.***

l. 1. § 4 . . . IV, 114.

l. 1. § 5 . . . II, 369. III, 53.

l. 1. § 11 . . . III, 50. 51. 53.

l. 1. § 20 . . . III, 53.

*l.* ***1. § 22*** . . ***II, 291.***

l. 2 . . . . . . II, 291.

l. 3. § 4 . . . VI, 455.

l. 8 . . . . . . IV, 544.

l. 9 . . . . . . III, 31.

*l.* ***10. § 2*** . . ***IV, 100.***

l. 12. § 1 . . . VI, 420.

l. 13 . . . . . . V, 363.

l. 18. § 1 . . . III, 84.

l. 23. § 1 . . . I, 61. 296.

l. 29 . . . . . . III, 50.

l. 32. § 2 . . . III, 51.

l. 34 pr. . . . . III, 273. 305.

**Digesta.**

l. 36 . . . . . . I, 296.
l. 44. § 1 . . . I, 61. 296.

Lib. XXXXI. Tit. 3.

De usurpationibus et usucapionibus.

l. 1 . . . . . . . IV, 490. V, 268. 271.
l. 3 . . . . . . . VI, 529.
l. 4. § 2 . . . . III, 50.
l. 4. § 29 . . . IV, 493.
*l. 5* . . . . . . . IV, ***11.*** VIII, 80.
*l. 6* . . . . . . . IV, 355. 358. ***368.***
*l. 7* . . . . . . . IV, 359. 361. ***368.***
l. 9 . . . . . . . I, 59.
*l. **10. § 1*** . . I, 257. IV, ***494.***
l. 12 . . . . . . . III, 374.
l. 15 pr. . . . . IV, 365. 369. 370.
l. 16 . . . . . . . I, 296.
l. 17 . . . . . . . I, 257.
l. 21 . . . . . . . IV, 493.
l. 25 . . . . . . . V, 333.
l. 26 . . . . . . . I, 257.
*l. **27*** . . . . . I, ***275.*** III, ***374.***
l. 31 pr. . . . . III, 336. 375.
*l. **31. § 1*** . . ***IV, 424.***
l. 31. § 5 . . . . II, 371.
l. 32. § 1 . . . . III, 371. 375.
*l. **33. § 1*** . . ***IV, 11.***
l. 33. § 3 . . . . I, 257.
l. 36. § 1 . . . . III, 390.
l. 37 pr. . . . . III, 390.

**Digesta.**

l. 40 . . . . . . II, 371.
*l. 42* . . . . . *IV*, ***559***. 569.
l. 44. § 3 . . . . I, 61. II, 371.
l. 45 pr. . . . . I, 60.

Lib. XXXXI. Tit. 4.

Pro emtore.

l. 2. § 6 . . . . III, 273.
*l. 2. § 15* . . . . III, 63. 336. ***373***. 375.
l. 2, § 16 . . . . I, 61. 296. III, 373.
l. 2. § 21 . . . . VI, 56.
l. 4. § 26 . . . . III, 38.
l. 7. § 2 . . . . III, 453.
l. 7. § 5 . . . . III, 374.
*l. 11* . . . . . *I*, ***275***. *III*, ***374***.
l. 14 . . . . . . IV, 493.

Lib. XXXXI. Tit. 5.

Pro herede.

*l. 2. § 1* . . . . *IV*, ***11***.

Lib. XXXXI. Tit. 6.

Pro donato.

Tit. . . . . . . IV, 111.
*l. 1. § 2* . . . . IV, ***112***. 113. 114. 173.
*l. 3* . . . . . . III, 371. IV, 13. ***113***.
*l. 6* . . . . . . *IV*, ***100***.

Lib. XXXXI. Tit. 7.

Pro derelicto.

l. 1 . . . . . . IV, 108.
l. 2. § 1 . . . . IV, 108.
l. 5. § 1 . . . . IV, 108.
l. 8 . . . . . . I, 359.

Lib. XXXXI. Tit. 8.

Pro legato.

*l. 4* . . . . . . *I, 275. III, 374.*

Lib. XXXXI. Tit. 10.

Pro suo.

*l. 3* . . . . . . *I, 275. III, 374.*
*l. 4. § 2* . . . *I, 275. III, 374.*
l. 5 pr. . . . . . V, 268.
*l. 5. § 1* . . . *I, 275.* III, 333. 335. *374.*

Lib. XXXXII. Tit. 1.

De re judicata

Tit. . . . . . . VI, 257. 410. 411.
l. 1 . . . . . . VI, 298. 301.
l. 2 . . . . . . IV, 300.
l. 4 . . . . . . VI, 411.
l. 4. § 3 . . . VII, 8.
l. 4. § 5 . . . IV, 467.
l. 5. 6 . . . . . VI, 411.
l. 7 . . . . . . IV, 300. 467. VI, 411.
l. 7. § 4. 5 . . VI, 410.
l. 8 . . . . . . V, 465. VI, 174.
l. 11 . . . . . . VI, 208.
l. 14 . . . . . . VI, 488.
*l. 15. § 4* . . *VI, 439.*
l. 19. § 1 . . . IV, 121.
l. 20 . . . . . . I, 298.
l. 24. 25 . . . V, 178.
l. 27 . . . . . . VI, 382.
l. 29 . . . . . . IV, 467. VI, 410.

**Digesta.**

l. 30 . . . . . . IV, 121.
l. 31 . . . . . . IV, 300. 393. VII, 8. 10.
l. 32 . . . . . . VI, 382. 383.
l. 33 . . . . . . VII, 206.
l. 35 . . . . . . VII, 83.
*l. 36* . . . . . *IV, 312.*
l. 41 pr. . . . . IV, 126. 596.
l. 41. § 1 . . . V, 131.
l. 41. § 2 . . . IV, 121. VI, 411.
l. 42 . . . . . . VI, 379. 380.
l. 43. 44 . . . VI, 411.
l. 45. § 1 . . . VI, 379.
l. 55 . . . . . . VI, 379.
*l. 56* . . . . . VII, 7. 8. *9*. 15. 64.
*l. 57* . . . . . III, 74. *V, 103.*
l. 60 . . . . . . III, 86.
l. 61 . . . . . . VI, 411.
*l. 63* . . . . . VI,466.467.468.*473*.476.477.526.

Lib. XXXXII. Tit. 2.

De confessis.

Tit. . . . . . . VII, 6.
l. 1 . . . . . . VI, 42. VII, 8.
*l. 2* . . . . . . III, *387*. VII, 31.
l. 3 . . . . . . VII, 8. 9. 17. 37.
l. 4 . . . . . . VII, 18.
l. 5 . . . . . . VI, 174. VII, 9. 17. 37.
*l. 6 pr.* . . . . . *V, 630. VII, 8.*
l. 6. § 1 . . . V, 630. VII 9.
*l. 6. § 2* . . . V, *122*. 630. VI, 316. VII, 8. 10. 15. 17.

**Digesta.**

l. 6. § 6 . . . VII, 10.
l. 7 . . . . . . VII, 9. 17. 31.
l. 8 . . . . . . III, 387. VII, 9. 37.
l. 15 . . . . . . VI, 316.
l. 30. § 1 . . . VI, 316.

Lib. XXXXII. Tit. 4.

Quibus ex causis in possessionem eatur.

l. 3. § 3 . . . VIII, 238.
l. 4 . . . . . . VIII, 238.
l. 5. § 3 . . . V, 24.
l. 7. § 15 . . . VI, 76.

Lib. XXXXII. Tit. 5.

De rebus auctoritate judicis possidendis.

Tit. . . . . . . I, 62.
***l. 1. 2*** . . . . VIII, 73. 74. 211. 242. ***252.***
***l. 3*** . . . . . . VIII, 74. 209. 211. 242. ***252.***
l. 4 . . . . . . IV, 143.
l. 9. § 8 . . . V, 43. 47.
l. 10 . . . . . . V, 47.
l. 11 . . . . . . V, 43.
l. 17. § 1 . . . III, 71.
l. 24. § 1 . . . I, 123.
***l. 24 § 2*** . . . I, 62. V, 55. ***519.***
l. 24. § 3 . . . I, 62.
***l. 30*** . . . . ***V, 20.***
l. 32 . . . . . . I, 62.

Lib. XXXXII. Tit. 6.

De separationibus.

l. 1. § 14 . . . VII, 198.
l. 1. § 17 . . . III, 384.

**Digesta.**

## Lib. XXXXII. Tit. 7.

De curatore bonis dando.

Tit. . . . . . . VIII, 288.
l. 2 . . . . . . VIII, 288.

## Lib. XXXXII. Tit. 8.

Quae in fraudem creditorum etc.

l. 1. § 2 . . . V, 375.
l. 2 . . . . . . III, 386. IV, 56.
l. 3. § 1 . . . IV, 130. 565. 583. 584.
l. 3. § 2 . . . IV, 25.
l. 4 . . . . . . IV, 565.
l. 5 . . . . . . IV, 107.
l. 6 pr. . . . . IV, 25. 28.
l. 6. § 1 . . . IV, 31.
l. 6. § 2. 3. 4. 5. IV, 29.
l. 6. § 6 . . . IV, 55.
l. 6. § 8 . . . V, 26.
l. 6. § 11 . . . IV, 25. V, 26.
l. 6. § 14 . . . III, 416.
l. 7. 8. 9 . . . IV, 25.
l. 10 pr. § 2 . . V, 26.
l. 10. § 5. 12 . IV, 47.
l. 10. § 18 . . III, 416.
l. 10. § 19. 20. 21. IV, 47.
*l. 10. § 22* . . IV, 47. V, *27*.
*l. 17. § 1* . . . *IV, 139*.
l. 17. § 2 . . . IV, 47.
l. 18 . . . . . IV, 14. 56.
l. 19. 20 . . . IV, 84.

**Digesta.**

*l.* ***22*** . . . . . IV, 55. ***538.***

l. 25 . . . . . . IV, 25.

l. 25. § 4. 5. 6 . IV, 47.

Lib. XXXXIII. Tit. 1.

De interdictis etc.

l. 1 pr. . . . . . II, 133.

l. 1. § 3 . . . V, 24. 26.

l. 2 pr. . . . . . V, 151.

l. 2. § 1 . . . II, 133.

l. 2. § 3 . . . V, 151.

Lib. XXXXIII. Tit. 3.

Quod legatorum.

*l.* ***1.*** *§* ***4*** . . . ***V, 263.***

l. 1. § 5 . . . IV, 246. 270.

l. 1. § 11 . . . IV, 246.

l. 1. § 13 . . . III, 19. V, 26.

l. 1. § 19 . . . III, 19.

Lib. XXXXIII. Tit. 4.

Ne vis fiat ei etc.

l. 1. § 5. 8 . . V, 43.

Lib. XXXXIII. Tit. 5.

De tabulis exhibendis.

l. 3. § 8 . . . V, 127.

Lib. XXXXIII. Tit. 7.

De locis et itineribus publicis.

*l.* ***3*** *pr.* . . . . . ***IV, 486. 533.***

Lib. XXXXIII. Tit. 8.

Ne quid in loco publico etc.

*l.* ***2.*** *§* ***22*** . . . IV, ***485.*** 486.

l. 2. § 34 . . . II, 133.

**Digesta.**

Lib. XXXXIII. Tit. 13.

Ne quid in flumine publico etc.

l. 1. § 9 . . . II, 133.

Lib. XXXXIII. Tit. 16.

De vi etc.

l. 1 pr. . . . . . IV, 427. 445. V, 353. 433. 445.

*l. 1. § 3 bis 8 . I, 281.*

l. 1. § 9. 10 . . I, 419.

l. 1. § 17 . . . II, 276.

l. 1. § 39 . . . IV, 427.

l. 1. § 44 . . . III, 18.

l. 1. § 48 . . . III, 18. IV, 445. V, 47. 433.

l. 2. 3 pr. . . . V, 44. 47.

l. 3. § 1 . . . IV, 445. V, 44. 433.

l. 4 . . . . . . II, 320.

*l. 5 . . . . . . III, 101.*

*l. 6 . . . . . . V, 445.*

Lib. XXXXIII. Tit. 17.

Uti possidetis.

l. 1 pr. . . . . . IV, 427. V, 353. 434. 444. VI, 329.

l. 1. § 5. 9 . . V, 434.

l. 3. § 1 . . . V, 151.

*l. 3. § 11 . . . V, 444.*

Lib. XXXXIII. Tit. 18.

De superficiebus.

l. 1 pr. . . . . . V, 81.

l. 1. § 1 . . . V, 81 91.

l. 1. § 3 . . . V, 181.

l. 1. § 4 . . . V, 154. 171.

**Digesta.**

l. 1. § 7 . . . IV, 118.
l. 2 . . . . . . I, 414.

Lib. XXXXIII. Tit. 19.

De itinere actuque privato.

l. 1. § 2 . . . IV, 303.
l. 1. § 6 . . . IV, 516.
l. 1. § 9 . . . IV, 303. VII, 173.
l. 5. § 3 . . . IV, 493. 495.
l. 7 . . . . . . IV, 516.

Lib. XXXXIII. Tit. 20.

De aqua quotidiana etc.

l. 1. § 4 . . . IV, 304.
l. 1. § 22 . . . IV, 606.
l. 1. § 31. 34 . IV, 304.
l. 1. § 37 . . . III, 18.
*l. 1. § 38* bis 42. IV, *500*. 502.
l. 1. § 43 . . . II, 377. III, 18. IV, 500. 502.
l. 1. § 44. 45 . IV, 500. 502.
l. 2 . . . . . . IV, 502.
l. 3. § 1. 2 . . IV, 502.
*l. 3. § 4 . . . IV, 492.*

Lib. XXXXIII. Tit. 24.

Quod vi aut clam.

l. 1 pr. . . . . I, 299. II, 126.
l. 1. § 1. 2. 3 . II, 126.
l. 3. § 7. 8 . . III, 333.
l. 4 . . . . . . III, 333.
l. 5. § 13 . . . V, 24. 25.
l. 7 pr. § 1 . . V, 25.

**Digesta.**

l. 7. § 5 . . . . I, 299.
l. 12 . . . . . . II, 126.
*l. 13. § 1 . . . II, 125.*
*l. 13. § 2* . . . II, 99. ***125.***
*l. 13. § 5* . . . II, 126. ***127.*** 364. 365. 369. 370.
*l. 15. § 4 . . . III, 412.*
*l. 15 § 5* . . . III, 412. IV, 299. ***V, 354.***
l. 15. § 6 . . . III, 425. VII, 260.
l. 15. § 12 . . II, 127.
l. 19 . . . . . . II, 125.

Lib. XXXXIII. Tit. 25.

De remissionibus.

l. 1. § 5 . . . VI, 482.

Lib. XXXXIII. Tit. 26.

De precario.

*l. 14 . . . . IV, 27.*
*l. 19. § 2* . . . V, 98. ***504.***

Lib. XXXXIII. Tit. 27.

De arboribus caedendis.

l. 1. § 5 . . . VI, 479.

Lib. XXXXIII. Tit. 28.

De glande legenda.

l. 1 . . . . . . IV, 606.

Lib. XXXXIII. Tit. 30.

De liberis exhibendis.

*l. 1. § 4 . . . I, 356.* VI, 472.
*l. 3. § 6 . . . III, 62.*

Lib. XXXXIII. Tit. 31.

De utrubi.

l. 1 pr. . . . . . IV, 304. VI, 329.

**Digesta.**

Lib. XXXXIV. Tit. 1.

De exceptionibus etc.

Tit. . . . . . . V, 163.
l. 1 . . . . . . V, 185.
*l. 2 pr.* . . . . . *V, 161.* 179. VI, 210. 221.
l. 2. § 1 . . . V, 190.
l. 2. § 3 . . . V, 192.
l. 2. § 4 . . . V, 176.
l. 3 . . . . . . V, 170. 176.
l. 4. § 16 . . . V, 170.
l. 5 . . . . . . V, 264. VII, 67.
l. 7 pr. . . . . V, 177. 178. 398. 400.
*l. 7. § 1* . . . V, 177. 398. 400. VII, 218. ***219.***
l. 8. 9 . . . . . V, 264.
l. 10. 11 . . . VI, 526.
l. 12 . . . . . . V, 152.
*l. 13* . . . . *VI, 436.*
l. 14 . . . . . . V, 270.
*l. 16* . . . . V, 177. 212. *VI, 436.*
*l. 17* . . . . *VI, 436.*
l. 18 . . . . . . V, 177. 212. 524. VI, 330. 437.
l. 22 . . . . . . V, 190.
*l. 22 pr.* . . . *V, 161.*
l. 23 . . . . . . V, 163. 170.
*l. 24* . . . . . *V, 191.*

Lib. XXXXIV. Tit. 2.

De exceptione rei judicatae.

Tit. . . . . . . VI, 257.
l. 1 . . . . . . VI, 466. 474.

**Digesta.**

l. 2 . . . . . . . VI, 465.
*l. 3* . . . . . . . ***VI, 417. 432.*** 437. 466.
*l. 4* . . . . . . . ***VI, 469.***
*l. 5* . . . . . . . V, 208. 217. 520. VI, ***418.*** 424.
*l. 6* . . . . . . . ***VI, 261.*** 275.
*l. 7* . . . . . . . ***VI, 501. 503.***
*l. 7 pr.* . . . . . VI, 418. ***448. 449.***
l. 7. § 1 . . . . VI, 417. 505.
l. 7. § 2 . . . . VI, 505. 506.
l. 7. § 3 . . . . VI, 508.
*l. 7. § 4* . . . . V, 208. VI, 393. 410. ***417. 424. 432.*** 437. 466. 509. 526.
*l. 7. § 5* . . . . VI, 393. ***433.*** 509.
l. 8 . . . . . . . VI, 435.
l. 9 pr. . . . . . VI, 316. 367. 369. 464.
l. 9. § 1 . . . . VI, 316.
l. 9. § 2 . . . . VI, 470.
l. 11 . . . . . . . VI, 527.
*l. 11 pr.* . . . . ***VI, 459.***
*l. 11. § 1* . . . ***VI, 527.***
*l. 11. § 2* . . . VI, 466. 515. ***527.*** 529.
l. 11. § 3 . . . . V, 161. VI, 435. 470.
l. 11. § 4 . . . . VI, 65. 67. 463. 529.
*l. 11. § 5* . . . VI, 65. 67. ***455.*** 529.
l. 11. § 6 . . . . VI, 420.
*l. 11. § 7* . . . ***VI, 469.***
l. 11. § 8. 9. 10. VI, 470.
l. 12. 13 . . . . VI, 444.
l. 14 pr. . . . . VI, 418. 444.

**Digesta.**

***l. 14. § 2*** . . V, 9. 15. VI, ***455.*** 466. 515. ***529.***
l. 14. § 3 . . . . VI, 420.
***l. 15*** . . . . . V, 419. VI, ***273.*** 275. 314. 323. 348. 427. 446.
l. 17 . . . . . . VI, 367. 369. 464.
l. 18 . . . . . . VI, 367. 464.
l. 18 pr. . . . VI, 369.
l. 19 . . . . . . VI, 427.
***l. 20*** . . . . . ***VI, 447.***
***l. 21 pr.*** . . . ***VI, 447.***
l. 21. § 1 . . . . VI, 444. 449.
l. 22 . . . . . . VI, 468.
***l. 23*** . . . . . ***VI, 452.***
l. 23. § 5 . . . VI, 529.
l. 24 . . . . . . VI, 427.
l. 25 pr. . . . . VI, 464.
l. 25. § 1 . . . . V, 257. VI, 425.
***l. 25. § 2*** . . ***VI, 469.***
l. 26 pr. . . . . VI, 451.
l. 26. § 1 . . . . VI, 448.
***l. 27*** . . . . . VI, 418. ***456.***
l. 28 . . . . . . VI, 470.
l. 29 pr. . . . . V, 163. VI, 473. 526.
l. 29. § 1 . . . . VI, 470.
***l. 30 pr.*** . . . VI, 449. ***459.*** 520.
***l. 30. § 1*** . . V, ***392.*** VI, 314. 427.
l. 31 . . . . . . VI, 420.

**Digesta.**

Lib. XXXXIV. Tit. 3.

De diversis temporalibus praescriptionibus etc.

Tit. . . . . . . V, 265.
l. 1 . . . . . . III, 410. 417. IV, 421. 427. 429. 430. 434.
*l. 2* . . . . . . I, 227. IV, 453. ***464***.
l. 5. § 1 . . . V, 163.
l. 11 . . . . . . III, 20.
l. 12 . . . . . . V, 163.
l. 13 pr. . . . V, 360.
l. 14 . . . . . . V, 363.
l. 14. § 1 . . . III, 18.
l. 15 . . . . . . V, 363.
*l. 15 pr.* . . . IV, 358. ***367***.

Lib. XXXXIV. Tit. 4.

De doli mali exceptione.

l. 2. § 1. 2 . . V, 178.
l. 2. § 3 . . . IV, 128.
l. 2. § 5 . . . III, 118. V, 467.
l. 4 . . . . . . IV, 141.
l. 4. § 4 . . . III, 55.
*l. 4. § 10* . . . *III*, ***378***. 381.
l. 4. § 16 . . . V, 170.
l. 4. § 16 in fine. V, 495.
l. 4. § 26 . . . III, 38. 44. 55.
*l. 4. § 27* . . *V*, ***178***.
*l. 4. § 28* . . *IV*, ***141***.
l. 4. § 29 . . . III, 18. IV, 11.
*l. 4. § 31* . . IV, 11. 599 V, ***178***.

**Digesta.**

l. 4. § 32 . . . IV, 559. V, 70. VII, 303.

l. 4. § 33 . . . III, 107. V, 25. 178. VII, 192.

*l. 5. § 5* . . . IV, 98. 124. 132. 196. 597. ***600.***

*l. 5. § 6* . . . V, 381. 419. ***429.***

*l. 7 pr.* . . . ***IV, 598.***

l. 7. § 1 . . IV, 599.

Lib. XXXXIV. Tit. 5.

Quarum rerum actio non datur.

l. 1 . . . . . . VII, 66.

l. 1. § 4 . . . V, 498.

Lib. XXXXIV. Tit. 7.

De obligationibus et actionibus.

l. 1. § 9 . . . III, 285. 303.

l. 1. § 10 . . . V, 516.

l. 1. § 11 . . . III, 161.

l. 1. § 12 . . . III, 84.

l. 1. § 13 . . . III, 28. 31.

*l. 3 pr.* . . . V, 516. ***602.***

l. 3. § 1 . . . III, 269. IV, 12.

l. 4 . . . . . . V, 585.

l. 4. § 1 . . . III, 195. 203.

l. 5. § 2 . . . VIII, 238.

l. 5. § 3 . . . V, 513. 522.

*l. 6* . . . . . . IV, 358. 388. ***389.*** 395. V, ***372.***

*l. 9* . . . . . . II, ***100.*** 101. 125. ***138.*** 142.

l. 11 . . . . . . IV, 281.

*l. 13* . . . . . . ***II, 102.***

*l. 14* . . . . I, 419. II, 36. ***423.*** 424. 427.

l. 15 . . . . . . VI, 465.

**Digesta.**

l. 16 . . . . . . II, 369.
l. 17 . . . . . . IV, 11.
l. 18 . . . . . . II, 124. VI, 456.
l. 19 . . . . . . IV, 11. 54.
*l.* ***21*** . . . . . VIII, 209. 211. ***252.***
l. 22 . . . . . . III, 205.
*l.* ***25*** *pr.* . . . . V, 9. 15. 16. ***30.*** 93. ***593.***
l. 25. § 2 . . . . V, 61.
l. 26 . . . . . . V, 47.
*l.* ***28*** . . . . . *V*, ***8.***
l. 30 . . . . . . II, 87.
l. 31 . . . . . . III, 161. 195.
*l.* ***32*** . . . . . *V*, ***245.***
*l.* ***33*** . . . . . *V*, ***47.*** *VI*, ***19.*** 63.
*l.* ***34*** *pr.* . . . . II, 95. 124. V, ***233. 239.*** 240. ***244.***
l. 34. § 1 . . . . V, 218. 262.
*l.* ***34.*** *§* ***2*** . . . V, 218. ***229.*** 233. 520.
*l.* ***35*** *pr.* . . . . V, 44. 47. ***353.*** 354. VII, 188. ***189.***
l. 37 pr. . . . . V, 9. 15. VII, 229.
l. 37. § 1 . . . . V, 151. 152.
l. 38 . . . . . . III, 243.
l. 39 . . . . . . II, 54.
*l.* ***41.*** *§* ***1*** . . . . *V*, ***223.***
l. 42 pr. . . . . III, 137.
l. 43 . . . . . . II, 425.
l. 44. § 1 . . . . III, 205. 219. 220. 221. 223.
l. 44. § 2 . . . . III, 221.
*l.* 46 . . . . . . III, 44. V, 585.

**Digesta.**

l. 49 . . . . . . V, 45. 55. 558.
l. 50 . . . . . . IV, 351.
*l. 51* . . . . . *V, 10.*
l. 52. § 10 . . III, 243.
*l. 53 pr.* . . . . *V, 238.*
l. 54 . . . . . . III, 262.
l. 55 . . . . . . IV, 150.
l. 57 . . . . . . III, 266. 273.
l. 58 . . . . . . VI, 63.
l. 59 . . . . . . I, 414.
*l. 60* . . . . . *V, 241.*

Lib. XXXXV. Tit. 1.

De verborum obligationibus.

l. 1. § 4 . . . . III, 273. 275.
l. 3 . . . . . . III, 205.
l. 3. § 2 . . . . III, 260.
l. 6 . . . . . . III, 88.
l. 7 . . . . . . III, 158. 160. 162.
l. 8 . . . . . . III, 160.
l. 8 pr. § 1 . . V, 127.
*l. 13* . . . . . *IV, 329.*
l. 15 . . . . . . III, 205.
*l. 16. § 1* . . . *III, 223. V, 629.*
l. 17 . . . . . . III, 130.
*l. 19* . . . . . . II, 87. III, *174.* 181.
*l. 22* . . . . . III, 285. *300.* V, 495.
l. 23 . . . . . . V, 540. VI, 172. 173.
l. 25 pr. . . . . V, 593.
l. 29. § 1 . . . V, 605.

**Digesta.**

l. 32 . . . . . . III, 305.
l. 35 pr. . . . III, 157.
l. 35. § 1 . . . . III, 168.
l. 36 . . . . . . III, 118. V, 467.
l. 37. § 6. 7. 8 . II, 144.
l. 38. § 2 . . . . V, 454.
l. 38. § 6 . . . . V, 516.
l. 38. § 13 . . V, 495.
l. 38. § 18 . . VIII, 268.
l. 41. § 1 . . . . IV, 351.
l. 45 . . . . . . VI, 172.
l. 45. § 1 . . . . III, 217.
l. 45. § 3 . . . . III, 206. 217.
l. 46 pr. . . . III, 205. 211.
l. 46. § 1 . . . . III, 216.
l. 46. § 3 . . . . III, 130.
*l. 48* . . . . . ***III, 129***. V, 295.
*l. 49 pr.* . . . . ***V, 615.***
l. 51 . . . . . . V, 632.
l. 53 . . . . . . V, 495.
l. 56. § 4 . . . . III, 220. 225.
l. 59 . . . . . . VI, 208.
l. 61 . . . . . . III, 184.
l. 66 . . . . . . IV, 352. 373.
*l. 68* . . . . . V, 618. ***629.***
l. 70 . . . . . . III, 29.
l. 73. § 1 . . . . II, 371.
l. 74. 75 . . . V, 581. 629.
l. 75. § 1 bis 5. 7. 8. V, 618.

**Digesta.**

l. 75. § 9 . . . VI, 126.
l. 76. § 1 . . . V,. 80.
l. 77 . . . . . . II, 369.
l. 80 . . . . . . III, 199.
l. 81 . . . . . . V, 454.
l. 82 pr. . . . V, 127. 516.
*l. 82. § 1* . . V, 127. *VI, 82. 83. 84.* 172. 174.
l. 83. § 1 . . . III, 274.
l. 83. § 5 . . . III, 167.
*l. 83. § 6* . . *IV, 12.*
*l. 84* . . . . *V, 135.* VI, 62.
l. 85. § 7 . . . III, 140.
l. 86 . . . . . . VI, 126.
*l. 88* . . . . . *V, 615.*
l. 89 . . . . . . V, 80. 498. 606.
l. 90 . . . . . . VI, 161.
*l. 91 pr.* . . . V, 478. *615.* VI, 167. 169. 172. 226.
*l. 91. § 4* . . *V, 615.*
*l. 97. § 2* . . *III, 182.*
l. 98 pr. . . . II, 70. IV, 553.
l. 99 pr. . . . VIII, 268.
l. 100 . . . . . III, 126.
l. 108. § 1 . . III, 130.
*l. 114* . . . . *V, 616.*
l. 116 . . . . . V, 254.
l. 119 . . . . . V, 495.
l. 120 . . . . . III, 126.
l. 121 pr. . . . V, 495.
l. 121. § 1 . . III, 174.

**Digesta.**

l. 121. § 2 . . III, 217.

l. 122. § 1 . . V, 495.

*l. 123 . . . . . III, 173.*

l. 125 . . . . . V, 80.

l. 126. § 1 . . V, 516.

l. 126. § 2 . . III, 95. V, 493.

l. 130 . . . . . II, 144.

*l. 134 pr.* . . . III, 175. *181*. V, 641. VIII, 525.

l. 136. § 1 . . V, 516.

l. 137. § 1 . . III, 273.

l. 137. § 2 . . III, 130.

*l. 137. § 4* . . III, 165. *VIII, 231.*

*l. 137. § 6* . . III, 157. 162. *169*. 172. *173*.

l. 138. § 1 . . IV, 351.

l. 140. § 2 . . II, 70. IV, 553.

*l. 141. § 2* . . II, 54. 430. *437*. III, 29, 41.

Lib. XXXXV. Tit. 2.

De duobus reis constituendis.

l. 2 . . . . . . V, 254.

l. 3. § 1 . . . V, 209. 259.

l. 9 . . . . . . V, 221.

l. 16 . . . . . . V, 254.

l. 19 . . . . . . II, 87.

Lib. XXXXV. Tit. 3.

De stipulatione servorum.

l. 18 pr. § 2 . . II, 369.

l. 26 . . . . . . II, 372.

l. 28. § 4 . . . . II, 364.

l. 36 . . . . . . I, 359. II, 32.

**Digesta.**

### Lib. XXXXVI. Tit. 1.

De fidejussoribus.

l. 5 in fine . . . V, 254.
l. 6. § 2 . . . I, 419.
l. 8. § 3 . . . I, 419.
l. 11 . . . . . . II, 55.
l. 16. § 1 . . . II, 425.
l. 21. § 2 . . . II, 426.
l. 22 . . . . . . II, 241. 249. 254. 363. 365. 369. 370.
l. 29 . . . . . . III, 162.
l. 35 . . . . . . VI, 76.
***l. 37*** . . . . . ***V, 398.***
l. 47 . . . . . . II, 87.
l. 49. § 2 . . . I, 58.
l. 52. § 3 . . . V, 255.
l. 56 . . . . . . II, 81.
l. 56. § 3 . . . II, 133.
***l. 60*** . . . . . V, 375. ***399.***
***l. 69*** . . . . . ***V, 400.***
***l. 73*** . . . . . V, 123. ***124.***

### Lib. XXXXVI. Tit. 2.

De novationibus.

l. 1 . . . . . . VI, 25.
l. 2 . . . . . . VI, 25. 28.
l. 3 . . . . . . III, 88.
l. 5 . . . . . . VI, 28.
l. 6. § 1 . . . V, 493.
l. 7 . . . . . . V, 493.
l. 8 in fine . . . IV, 131.

**Digesta.**

l. 8. § 3 . . . . VI, 28.
l. 9. § 1 . . . . III, 160.
*l.* ***12*** . . . . . III, 453. IV, 122. 599. V, 618. ***628.***
l. 13 . . . . . . IV, 599.
l. 17 . . . . . . III, 243.
*l.* ***18*** . . . . . V, 397. ***VI, 143.***
l. 19 . . . . . . VII, 267.
l. 24 . . . . . . II, 366. 369. 370.
*l.* ***27*** . . . . . V, ***80.*** 498. 606.
*l.* ***29*** . . . . . VI, ***24.*** 25. 51. 63. 159.
l. 33 . . . . . . IV, 132. 596.

Lib. XXXXVI. Tit. 3.

De solutionibus.

l. 5. § 2 . . . V, 510. VI, 130.
l. 14. § 8 . . . III, 45.
l. 15 . . . . . . III, 45. 55.
l. 17 . . . . . . IV, 592.
*l.* ***18. 19*** . . . ***II, 423.***
l. 23 . . . . . . IV, 131. 132. 149. V, 259.
l. 27 . . . . . . V, 540.
*l.* ***32*** . . . . . ***II, 423.***
l. 34. § 11 . . . V, 379.
*l.* ***35*** . . . . . ***II, 423.***
l. 36 . . . . . . II, 15. 16.
*l.* ***38. § 1*** . . ***IV, 592.***
l. 38. § 2 . . . . VI, 28. 30.
*l.* ***38. § 4*** . . ***V, 400. 615.***
l. 47 pr. . . . . III, 55.
*l.* ***47. § 1*** . . III, 55. ***IV, 72.***
l. 48. § 4 . . . . V, 400.

**Digesta.**

l. 53 . . . . . . V, 259.

l. 57 . . . . . . V, 633.

l. 66 . . . . . . III, 55.

***l. 71. § 1 . . . V, 400.***

***l. 72. § 3 . . . V, 592.*** 605.

l. 80 . . . . . . IV, 544.

***l. 82 . . . . .*** II, 94. V, ***491.***

l. 84 . . . . . . II, 426.

l. 91 . . . . . . IV, 131. 149. 547. 548. V, 163.

***l. 94. § 1 . . V, 293.*** VI, 123.

***l. 95. § 1 . . V, 615.***

l. 95. § 2 . . . V, 157.

***l. 95. § 3 . . VII, 221.***

l. 95. § 4 . . . VII, 67.

l. 95. § 9 . . . V, 55.

l. 98. § 2 . . . VII, 266.

l. 98. § 8 . . . III, 284. V, 613.

Lib. XXXXVI. Tit. 4.

De acceptilatione.

l. 4 . . . . . . III, 125.

l. 8. § 4 . . . II, 54.

l. 11 pr. . . . IV, 126.

l. 11. § 2 . . . II, 369.

l. 12 . . . . . . III, 125.

l. 13. § 7 . . . IV, 90.

l. 13. § 10 . . IV, 131.

l. 16. § 1 . . . IV, 90.

l. 18 pr. . . . V, 581.

l. 18. § 1 . . . V, 606.

l. 23 . . . . . . IV, 149.

**Digesta.**

Lib. XXXXVI. Tit. 5.

De stipulationibus praetoriis.

l. 1. § 2 . . . VII, 229.
l. 1. § 5 . . . VI, 30.
l. 5 . . . . . . III, 96.
l. 11 . . . . . . V, 454.

Lib. XXXXVI. Tit. 6.

Rem pupilli etc.

l. 6 . . . . . . III, 28.
l. 11 . . . . . . V, 606.
l. 13. § 7 . . . IV, 90.
l. 16. § 1 . . . IV, 90.

Lib. XXXXVI. Tit. 7.

Judicatum solvi.

l. 3 pr. . . . . . VI, 32.
l. 6 . . . . . . VI, 27. 33.
l. 17 . . . . . . V, 501. VI, 27.
l. 18 . . . . . . V, 501.
l. 19 . . . . . . V, 501. VI, 27.
l. 21 . . . . . . VI, 27.

Lib. XXXXVI. Tit. 8.

Ratam rem haberi etc.

l. 3 pr. . . . . . V, 454.
l. 5 . . . . . . III, 248.
l. 8 pr. . . . . . VI, 464.
l. 8. § 1 . . . V, 376.
l. 8. § 2 . . . V, 454.
l. 22. § 7 . . . V, 501.
*l. 25. § 1 . . V, 405.*

**Digesta.**

## Lib. XXXXVII. Tit. 1.

### De privatis delictis.

l. 1 pr. . . . . . V, 42. 46.
l. 1. § 2 . . . V, 45.
l. 2 pr. § 1. 2 . V, 236.
*l. 2. § 3* . . . V, 207. 228. 236. ***549***. 552. ***VI, 212***.
l. 2. § 4. 5. 6 . V, 236.
l. 3 . . . . . . V, 251.

## Lib. XXXXVII. Tit. 2.

### De furtis.

l. 1. § 3 . . . IV, 11.
l. 3. § 1 . . . V, 550.
l. 9 pr. . . . . V, 235. 279.
*l. 9. § 1* . . . V, 218. 226. ***262***.
l. 14. § 10 . . II, 100.
*l. 14. § 11* . . ***IV, 27***.
*l. 14. § 16* . . II, 99. ***V, 218***.
l. 16 . . . . . II, 55.
l. 20 . . . . . III, 301.
l. 23 . . . . . III, 43.
l. 25. § 1 . . . V, 555.
l. 27. § 3 . . . V, 550.
l. 31. § 1 . . . II, 250. 255.
l. 32 pr. § 1 . . V, 448.
l. 42 . . . . . V, 94.
l. 46. § 5 . . . V, 570.
*l. 50 pr.* . . . V, 449. ***451***. VI, 215.
l. 51 . . . . . V, 96.

**Digesta.**

l. 52. § 21 . . III, 271.
l. 52. § 26 . . IV, 128.
l. 52. § 28 . . V, 448.
l. 53. § 29 . . V, 450.
*l. 54. § 1* . . IV, 11. ***93***.
l. 54. § 3 . . . V, 197. 233.
l. 56. § 1 . . . V, 251.
*l. 58* . . . . . *II, 100*.
l. 61. § 1. 2. 3. 5. V, 570. 601.
l. 66. § 4 . . . III, 271.
l. 67. § 1 . . . V, 442. 448.
l. 67. § 2 . . . V, 235. 279.
l. 68. 69. 70 . . II, 372.
*l. 71 pr.* . . . *V, 218*. 262.
l. 76 . . . . . . IV, 191.
*l. 76. § 1* . . *V, 235*.
l. 76. § 1 in fine. V, 207.
*l. 80. § 1* . . V, 447. ***448***.
l. 88 . . . . . . V, 240.
l. 92 . . . . . . II, 176. V, 251.

Lib. XXXXVII. Tit. 3.

De tigno juncto.

Tit. . . . . . . V, 476.

Lib. XXXXVII. Tit. 4.

Si is, qui testamento etc.

l. 1. § 15 . . . II, 372.

Lib. XXXXVII. Tit. 5.

Furti adversus nautas etc.

l. 1. § 3 . . . V, 258.

**Digesta.**

Lib. XXXXVII. Tit. 7.

Arborum furtim caesarum.

Tit. . . . . . . V, 476.
l. 1 . . . . . . V, 240.
l. 9 . . . . . . V, 227.
l. 11 . . . . . . V, 240.

Lib. XXXXVII. Tit. 8.

Vi bonorum raptorum etc.

l. 1 . . . . . . V, 240. 555.
l. 2. § 10 . . . V, 245. 555.
l. 2. § 13 . . . V, 456.
l. 2. § 19 . . . III, 43.
l. 2. § 26 . . . V, 223. 244. 555.
***l. 2. § 27 . . V, 47.***
l. 3. 4 . . . . . III, 417.

Lib. XXXXVII. Tit. 9.

De incendio etc.

l. 4. § 2 . . . V, 46.

Lib. XXXXVII. Tit. 10.

De injuriis etc.

l. 1. § 5 . . . II, 122.
l. 1. § 6 . . . II, 127. 369.
l. 1. § 9 . . . V, 234.
l. 3. § 1 . . . III, 43.
l. 5 . . . . . . V, 476. 547.
l. 5. § 5 . . . VIII, 60.
l. 5. § 6 . . . II, 123.
l. 6 . . . . . . V, 251.
l. 11. § 1 . . . II, 95. 123.

**Digesta.**

l. 13 pr. . . . . II, 124.
l. 13. § 3 . . . . VI, 66.
l. 15. § 35 . . . II, 34.
l. 15. § 46 . . . V, 233. 244.
l. 17. § 6 . . . . IV, 128.
l. 17. § 10 bis 14. II, 123.
l. 17. § 17. 20. 22. II, 123.
l. 18 . . . . . . V, 234.
l. 18 pr. . . . . II, 95. 124.
l. 25 . . . . . . V, 244.
l. 28 . . . . . . II, 124.
l. 34 . . . . . . V, 45.
l. 35 . . . . . . V, 251.
l. 37. § 1 . . . . V, 476.
l. 41 . . . . . . II, 122. V, 234.
l. 45 . . . . . . II, 176. V, 251.

Lib. XXXXVII. Tit. 11.

De extraordinariis criminibus.

l. 4 . . . . . . II, 14.
l. 6. § 1 . . . . I, 123.

Lib. XXXXVII. Tit. 12.

De sepulchro violato.

l. 3 pr. . . . . . II, 95. 124.
l. 3. § 1 . . . . III, 43.
l. 3. § 4 . . . . I, 123.
l. 3. § 5 . . . . I, 131. 289. 422.
l. 3. § 8 . . . . V, 201.
l. 6 . . . . . . II, 121. 124.
l. 10 . . . . . . II, 95. 121. 124

**Digesta.**

Lib. XXXXVII. Tit. 19.

Expilatae hereditatis.

l. 2 . . . . . . II, 372.

Lib. XXXXVII. Tit. 20.

Stellionatus.

l. 2 . . . . . . II, 176.

Lib. XXXXVII. Tit. 22.

De collegiis etc.

Tit. . . . . . . II, 235. 260.
l. 1 . . . . . . II, 257.
l. 1 pr. . . . . II, 255. 259. 260.
l. 1. § 1 . . . II, 260.
l. 1. § 2 . . . II, 259.
l. 2 . . . . . . II, 257.
*l. 3* . . . . . . II, 257. **258**.
l. 3. § 1 . . . II, 260.
l. 3. § 2 . . . II, 259. 260.
l. 4 . . . . . . II, 261. 359.

Lib. XXXXVII. Tit. 23.

De popularibus actionibus.

l. 1. 3. § 1 . . II, 131.
l. 4 . . . . . . II, 132. 217.
l. 5 . . . . . . II, 132.
l. 6 . . . . . . II, 132. 217.
l. 7. § 1 . . . II, 132.
l. 8 . . . . . . IV, 46.

Lib. XXXXVIII. Tit. 1.

De publicis judiciis.

l. 2 pr. . . . . II, 214.
l. 7 . . . . . . II, 173. 176.

**Digesta.**

### Lib. XXXXVIII. Tit. 2.

De accusationibus.

l. 7. § 10 . . . VIII, 60.
l. 14 . . . . . . V, 207. 251.
l. 20 . . . . . . V, 47.

### Lib. XXXXVIII. Tit. 3.

De custodia etc.

l. 2 pr. . . . . . I, 239.
l. 2. § 1 . . . I, 123. 239.

### Lib. XXXXVIII. Tit. 5.

Ad legem Juliam de adulteriis etc.

l. 2. § 2 . . . II, 132. 184.
l. 4. § 1 . . . IV, 400.
*l. 6 . . . . . . V, 241.*
l. 6. § 2 . . . II, 132.
l. 8 pr. . . . . . II, 184.
l. 9. § 1. 2 . . II, 184.
l. 10. § 2 . . . II, 557.
l. 11. § 5 . . . IV, 425. 429.
l. 11. § 6 . . . IV, 338. 400. 425.
l. 13 pr. § 2 . . II, 556.
l. 13. § 6 . . . IV, 557.
l. 14 . . . . . . I, 60.
l. 15 pr. . . . IV, 400.
l. 27. § 15. 16 . IV, 546.
*l. 28 . . . . . V, 546.*
l. 29. § 5 . . . III, 416. IV, 338. 400. 422. 425.
l. 29. § 6 . . . IV, 441.
l. 30 . . . . . . IV, 402.

**Digesta.**

*l. 30 § 1* . . IV, 360. 395. 399. *400.*
l. 31 . . . . . . IV, 422. 442.
l. 37 . . . . . . II, 132.
l. 38 pr. . . . III, 392.
l. 38. § 2. 4 . . III, 389. 392.
l. 38. § 7 . . . III, 392. VII, 140.
l. 40 . . . . . . I, 60.

Lib. XXXXVIII. Tit. 7.
Ad legem Juliam de vi privata.

Tit. . . . . . . III, 121.
l. 1 pr. . . . . II, 173. 186.
l. 7 . . . . . . I, 126.

Lib. XXXXVIII. Tit. 8.
Ad legem Corneliam de sicariis.

l. 1. § 2 . . . II, 34.
l. 8 . . . . . II, 14.

Lib. XXXXVIII. Tit. 10.
De lege Cornelia de falsis.

l. 1. § 9 . . . II, 274.
l. 12 . . . . . . V, 47.
l. 15 pr. . . . I, 123. III, 394.
l. 15. § 5 . . . III, 394.
l. 22 . . . . . . III, 44.

Lib. XXXXVIII. Tit. 11.
De lege Julia repetundarum.

l. 7. § 1 . . . IV, 98.
l. 8 . . . . . . IV, 7.

Lib. XXXXVIII. Tit. 14.
De lege Julia ambitus.

l. 1. § 2 . . . VII, 102.

**Digesta.**

Lib. XXXXVIII. Tit. 16.

Ad Senatusconsultum Turpillianum.

l. 1. § 10 . . . III, 392. 416. IV, 338.
l. 4 pr. . . . . . III, 392.

Lib. XXXXVIII. Tit. 17.

De requirendis etc.

l. 2. § 1 . . . V, 360.
l. 3. 4 . . . . . V, 360.

Lib. XXXXVIII. Tit. 18.

De quaestionibus.

*l. 1. § 7 . . . II, 249.* 261. 286.
l. 8 pr. . . . . . I, 123.

Lib. XXXXVIII. Tit. 19.

De poenis.

l. 2 pr. . . . . . II, 214.
l. 3 . . . . . . II, 15.
l. 17 pr. . . . . I, 359.
*l. 17. § 1 . . . II, 39.*
l. 28 pr. § 1 . . II, 214.
l. 38. § 5 . . . II, 14.
l. 39 . . . . . . II, 14.
l. 41 . . . . . . I, 233. 265.
l. 42 . . . . . . I, 230.

Lib. XXXXVIII. Tit. 20.

De bonis damnatorum.

l. 1 pr. § 1. 2. 3. II, 166.
l. 5 . . . . . . II, 117.
l. 5 pr. . . . . . II, 71.
*l. 5. § 1 . . . II, 72.*
l. 7. § 5 . . . II, 164. 167.

**Digesta.**

Lib. XXXXVIII. Tit. 22.

De interdictis et releg.

l. 7. § 10 . . . VIII, 52. 60. 61.

Lib. XXXXVIII. Tit. 23.

De sententiam passis.

l. 1 . . . . . . II, 77.

l. 2. 3 . . . . . II, 88.

Lit. XXXXIX. Tit. 1.

De appellationibus etc.

l. 1. § 1 . . . I, 135.

l. 1. § 3 . . . VI, 294.

l. 9 . . . . . . VII, 141. 160.

l. 14 . . . . . . VI, 475.

l. 19 . . . . . . VI, 382.

l. 21. § 1 . . . VI, 294.

l. 28 in fine . . III, 80.

Lib. XXXXIX. Tit. 2.

A quibus appellari non licet.

l. 1. § 1 . . . VI, 293. 499.

l. 1. § 2 . . . VI, 293.

Lib. XXXXIX. Tit. 3.

Quis a quo appell.

l. 1 pr. . . . . . VI, 294.

l. 3 . . . . . . . VI, 294.

Lib. XXXXIX. Tit. 4.

Quando appellandum sit. etc.

*l. 1 . . . . . . IV, 607.*

l. 1. § 5 . . . IV, 425.

*l. 1. § 6* . . . IV, 425. *430.*

**Digesta.**

*l. 1. § 7* . . . *IV, **430**.* 431.
l. 1. § 8. 9 . . IV, 431.
l. 1. § 10 bis 14. IV, 425.
l. 1. § 15 . . . III, 429. IV, 425.

Lib. XXXXIX. Tit. 8.

Quae sententiae sine appellatione etc.

l. 1 pr. . . . . . VI, 291.
*l. 1. § 1* . . . VI, 376. ***379***. 382. 499.
*l. 1. § 2* . . . I, 62. VI, 377. ***382***. 383.
l. 1. § 4 . . . VI, 330. 332.
l. 3 pr. § 1 . . VI, 380.

Lib. XXXXIX. Tit. 14.

De jure fisci.

Tit. . . . . . . II, 360.
l. 1 pr. . . . . . II, 264. 360.
l. 1. § 1 . . . II, 264. 361.
l. 1. § 2 . . . II, 361.
l. 1. § 3 . . . II, 264. 361. V, 360.
l. 1. § 4 . . . II, 264. 361.
l. 1. § 5 . . . II, 361.
l. 2 pr. . . . . . II, 174.
*l. 2. § 7* . . . *III, **327**. **333**.* 434. 443. VI, 462.
l. 2. § 9 . . . III, 443.
l. 6. § 1 . . . II, 361. V, 361.
l. 11 . . . . . . IV, 137.
l. 12 . . . . . . I, 359.
l. 13 . . . . . . II, 360.
l. 13 pr. § 1 . . I, 123. II, 274. III, 443.
l. 31. § 3. 4 . . II, 274.

**Digesta.**

l. 13. § 10 . . III, 443.
l. 15. § 3 . . . II, 360.
l. 15. § 5 . . . II, 274.
l. 16 . . . . . . II, 360.
l. 18. § 7 . . . II, 174.
l. 29. § 1. 2 . . III, 428.
l. 42 . . . . . . II, 360.
*l. 45 pr. . . . . IV, 29.*
*l. 46 pr. . . . III, 379.*
l. 46. § 4 . . . IV, 341.
l. 49 . . . . . . II, 360.

Lib. XXXXIX. Tit. 15.
De captivis etc.

l. 4 . . . . . . II, 160.
l. 5. § 2 . . . II, 38. VIII, 25.
l. 29 . . . . . . II, 369.

Lib. XXXXIX. Tit. 17.
De castrensi peculio.

l. 1. 2. 9 . . . I, 282.
l. 19. § 2 . . . II, 558.
l. 19. § 3 . . . I, 282.

Lib. XXXXIX. Tit. 18.
De veteranis.

l. 5 . . . . . . IV, 394.

Lib. L. Tit. 1.
Ad municipalem etc.

Tit. . . . . . . II, 240. VIII, 44.
l. 1 pr. . . . . VIII, 46.
*l. 1. § 1 . . . VIII, 54.*

**Digesta.**

l. 1. § 2 . . . . I, 64. VIII, 47. 52. 54.
l. 2 pr. . . . . . III, 250.
l. 3. 4 . . . . . VIII, 62.
l. 5 . . . . . . VIII, 59. 64.
l. 6 pr. . . . . . VIII, 47. 49.
l. 6. § 1 . . . . VIII, 47. 62.
l. 6. § 2 . . . . VIII, 64.
l. 6. § 3 . . . . VIII, 47. 48. 60. 63. 104.
l. 7 . . . . . . VIII, 48.
l. 9 . . . . . . VIII, 47.
l. 14 . . . . . . II, 297.
l. 15. § 3 . . . . VIII, 47. 60.
l. 16 . . . . . . VIII, 47.
*l. 17. § 5 . . . . VIII, 61.*
l. 17. § 9 . . . . VIII, 47.
l. 17. § 10 . . . III, 462.
l. 17. § 11 . . . VIII, 62. 63.
l. 17. § 13 . . . VIII, 61.
l. 19 . . . . . . II, 328.
l. 20 . . . . . . VIII, 59. 61. 63.
l. 22 pr. . . . . VIII, 48. 63. 104.
l. 22. § 1 . . . . VIII, 62.
l. 22. § 2 . . . . VIII, 60. 63. 71.
l. 22. § 3 . . . . VIII, 61.
l. 22. § 4. 5 . . . VIII, 49.
l. 22. § 7 . . . . VIII, 61.
l. 23 pr. . . . . VIII, 49. 54.
l. 23. § 1 . . . . VIII, 61.
l. 25 . . . . . . II, 237.

**Digesta.**

l. 26. § 1 . . . VII, 214.
l. 27 pr. . . . VIII, 47. 48. 63.
*l. 27. § 1* . . . VIII, *59*. 68.
l. 27. § 2 . . . VIII, 64.
*l. 27. § 3* . . . *VIII, 61*.
l. 29 . . . . . . VIII, 71. 72.
*l. 30* . . . . *II, 250*. VIII, 46. 47.
l. 31 . . . . . . VIII, 61.
l. 32 . . . . . . VIII, 62.
l. 33 . . . . . . VIII, 56.
*l. 35* . . . . *VIII, 59*.
l. 37 pr. . . . VIII, 52.
l. 37. § 1 . . . VIII, 48. 63.
l. 37. § 2 . . . VIII, 49. 62.
l. 38. § 3 . . . VIII, 49. 62.

Lib. L. Tit. 2.
De decurion.

Tit. . . . . . . . II, 240.

Lib. L. Tit. 3.
De albo scrib.

Tit. . . . . . . . II, 240.

Lib. L. Tit. 4.
De muneribus etc.

Tit. . . . . . . . II, 240.
l. 1. § 1 bis 4 . VIII, 70.
l. 3. § 1 . . . . VIII, 49.
l. 3. § 2. 3 . . VIII, 70.
l. 3. § 8 . . . . VIII, 48.
l. 3. § 15. 17 . VIII, 70.

**Digesta.**

l. 4 . . . . . . VIII, 44.
l. 4. § 3 . . . VIII, 49.
l. 6. § 3. 4 . . VIII, 70.
l. 6. § 5 . . . VIII, 60. 70. 71.
l. 8 . . . . . . IV, 354.
l. 11 . . . . . . I, 123.
l. 14 pr. . . . II, 452. VIII, 70.
l. 14. § 1 . . . VIII, 69. 70.
l. 14. § 2 . . . VIII, 71.
l. 18 pr. . . . VIII, 70.
l. 18. § 1 bis 20. VIII, 70.
l. 18. § 21 bis 25. VIII, 70. 71.
l. 18. § 26. 27 . VIII, 70.
l. 18. § 28 . . VIII, 69.
l. 29. 30 . . . VIII, 71.

Lib. L. Tit. 5.
De vacatione etc.

Tit. . . . . . . II, 240. VIII, 72.
l. 5 . . . . . . VIII, 70.
l. 8 pr. . . . . VIII, 52.
l. 8. § 4 . . . VIII, 70.
l. 10 pr. . . . VIII, 71.
l. 10. § 1 . . . VIII, 52.
l. 11 . . . . . . VIII, 71.
l. 13 pr. § 2. 3. . VIII, 70.

Lib. L. Tit. 6.
De jure immunitatis.

Tit. . . . . . . II, 240. VIII, 72.
l. 3 . . . . . . IV, 352.

**Digesta.**

l. 5. § 1 . . . . VIII, 52.
l. 5. § 12 . . . II, 254. 259. 281.
l. 5. § 13 . . . II, 254.

Lib. L. Tit. 7.
De legationibus.

Tit. . . . . . . II, 240.
l. 4. § 6 . . . I, 123.

Lib. L. Tit. 8.
De administratione rerum civ.

Tit. . . . . . . II, 240.

Lib. L. Tit. 9.
De decretis ab ordine faciendis.

Tit. . . . . . . II, 240.
l. 2. 3 . . . . . II, 327.

Lib. L. Tit. 10.
De operib. publicis.

Tit. . . . . . . II, 240.

Lib. L. Tit. 11.
De nundinis.

Tit. . . . . . . II, 240.

Lib. L. Tit. 12.
De pollicitationibus.

Tit. . . . . . . II, 240.
l. 1 . . . . . . II, 321.
l. 1 pr. . . . . . IV, 121. VI, 137.
l. 2 . . . . . . IV, 120.
l. 2. § 1 . . . . II, 54.

**Digesta.**

l. 3 . . . . . . II, 321.
l. 3. § 1 . . . II, 120.
l. 4 . . . . . . II, 321.
l. 6 pr. . . . . IV, 121.
l. 7 . . . . . . II, 321.
l. 9 . . . . . . IV, 120. 121.
l. 13. § 1 . . . III, 121. 171. IV, 120.
l. 14 . . . . . . IV, 121.

Lib. L. Tit. 13.
De extraordinariis cognitionibus.

l. 1 . . . . . . V, 64.
l. 1. § 15 . . . VI, 331.
l. 5 . . . . . . II, 452. 457.
*l. 5. § 1* . . . II, 196. ***452***.
*l. 5. § 2* . . . II, 194. 196. ***452***. 457.
l. 5. § 3 . . . II, 63. 196.

Lib. L. Tit. 16.
De verborum significatione.

l. 1 . . . . . . II, 182.
l. 1. § 1. 3. 8. 9. V, 9.
l. 6. § 1 . . . I, 231.
l. 10 . . . . . . I, 419. V, 513.
l. 11 . . . . . . V, 513.
l. 12 pr. . . . II, 133. V, 513.
l. 15. 16 . . . I, 59.
l. 22 . . . . . . V, 127. VII, 93.
l. 24 . . . . . . III, 20. IV, 141.
*l. 28 pr.* . . . IV, 28. 565. ***569***.

**Digesta.**

l. 34 . . . . . . V, 9.
l. 35 . . . . . . V, 465. VI, 50. 54. 56. 235. VII, 93.
l. 36 . . . . . . V, 15.
*l. 37* . . . . . *V, 80. 583.*
l. 38 . . . . . . II, 10.
l. 39. § 1 . . . IV, 137.
l. 40. § 3 . . . II, 277.
l. 49 . . . . . . IV, 119. V, 9.
l. 53 pr. . . . V, 590.
l. 65 . . . . . . IV, 214.
l. 67. § 1 . . . IV, 240.
l. 73 . . . . . . V, 495.
l. 75 . . . . . . VI, 50. 235. VII, 93.
l. 75. § 10 . . V, 516.
l. 85 . . . . . . II, 277.
l. 98 . . . . . . IV, 453.
l. 98 pr. . . . IV, 463. 472. 474.
*l. 98. § 1* . . IV, 322. 456. *460.*
*l. 98. § 2* . . IV, 322. *460.*
*l. 103* . . . . *II, 213.*
l. 109 . . . . . III, 372. 373.
l. 113 . . . . . III, 86.
*l. 121* . . . . VI, *102.* 103. 124. 140.
l. 129 . . . . . II, 8.
l. 132 . . . . . IV, 382.
*l. 132 pr.* . . . IV, *329.* 330. 358. *377.*
*l. 132. § 1* . . *II, 7.*
*l. 134* . . . . IV, 355. 360. *361. 377.* 397.

**Digesta.**

*l. 135 . . . . . II, 10.*
*l. 141 . . . . . II, 7.*
l. 161 . . . . . II, 13.
l. 170 . . . . . III, 18.
l. 175 . . . . . V, 589.
l. 178. § 1 . . V, 9.
l. 178. § 2 . . V, 8. 16.
l. 178. § 3 . . V, 8. 61.
*l. 179 . . . . . V, 457.*
l. 189 . . . . . V, 589.
*l. 190 . . . . . VIII, 52.*
*l. 193 . . . . . V, 458.*
l. 195 . . . . . I, 226. 227.
l. 203 . . . . . VIII, 58. 60. 180.
l. 204 . . . . . I, 226.
l. 212 . . . . . IV, 130.
l. 213 . . . . . III, 150. 205.
l. 213. § 1 . . V, 514.
l. 215 . . . . . I, 226. II, 32.
l. 218 . . . . . V, 589.
l. 225 . . . . . VIII, 65.
l. 228 . . . . . IV, 394.
l. 231 . . . . . II, 13.
*l. 233. § 1 . . IV, 330. 606.*
l. 239. § 2 . . VIII, 59.
l. 239. § 3 . . VIII, 69.
l. 239. § 8 . . VIII, 45.
l. 246 pr. . . . V, 127.
l. 246. § 1 . . VI, 50. 235. VII, 93.

**Digesta.**

Lib. L. Tit. 17.

De regulis juris.

| | |
|---|---|
| *l. 1* | *I, 47.* |
| l. 5 | III, 29. 31. 84. |
| l. 8 | II, 75. |
| l. 9 | III, 232. |
| l. 19 pr. | VIII, 238. |
| l. 22 pr. | II, 33. 425. |
| l. 23 | IV, 235. V, 106. 585. |
| l. 27 | I, 58. |
| l. 29 | IV, 555. |
| l. 31 | V, 322. |
| l. 32 | I, 414. II, 30. |
| *l. 34* | VIII, *82*. 265. *266*. |
| l. 35 | IV, 544. |
| l. 38 | V, 47. |
| *l. 40* | III, 84. *88*. |
| l. 42 | III, 333. 335. VI, 82. 139. 153. |
| l. 43 pr. | V, 217. 264. |
| *l. 43. § 1* | *V, 216.* |
| l. 44 | V, 47. |
| l. 45 pr. | II, 424. |
| l. 45. § 1 | I, 58. V, 411. |
| l. 48 | III, 87. |
| l. 53 | III, 453. |
| l. 56 | I, 230. |
| *l. 57* | *V, 260.* |
| l. 60 | III, 251. |
| l. 62 | III, 20. |

**Digesta.**

l. 63 . . . . . . VI, 82. 139.
l. 67 . . . . . . I, 229.
l. 77 . . . . . . III, 125 IV, 155. 244.
l. 80 . . . . . . I, 265.
l. 82 . . . . . . III, 453.
l. 84. § 1 . . . I, 419. IV, 378. 510.
l. 85. § 1 . . . II, 70. IV, 553.
l. 86 . . . . . . VI, 51.
l. 87 . . . . . . VI, 51. 63.
l. 100 . . . . . IV, 544.
*l. 101* . . . . . IV, 339. 340. 360. *392*. 400.
l. 106 . . . . . IV, 51.
l. 109 . . . . . II, 71.
l. 111 pr. . . . III, 43.
l. 111. § 1 . . V, 42. 46.
l. 113 . . . . . VI, 446.
l. 114 . . . . . VIII, 265.
l. 115 pr. . . . IV, 126.
*l. 116 pr.* . . . *III, 104.*
l. 116. § 1 . . I, 60.
*l. 116. § 2* . . III, 273. *342*. 444.
l. 117 . . . . . I, 295. II, 241.
l. 119 . . . . . IV, 107.
l. 123 pr. . . . II, 287.
l. 124. § 1 . . VII, 185.
*l. 130* . . . . . *V, 242.*
l. 131 . . . . . VII, 105.
l. 133 . . . . . II, 54. III, 93.
l. 134 . . . . . IV, 28.

**Digesta.**

l. 138 . . . . . II, 364.
l. 139 pr. . . . V, 47. 322. VI, 63.
l. 141 pr. . . . I, 61. 295.
l. 142 . . . . . III, 248.
l. 144. § 1 . . III, 168.
l. 153 . . . . . IV, 544.
l. 154 . . . . . V, 191.
l. 156. § 1 . . V, 171.
l. 157. § 1 . . VII, 105.
l. 157. § 2 . . V, 55.
l. 159 . . . . . VI, 455.
l. 160. § 1 . . II, 331.
l. 161 . . . . . III, 140.
l. 162 . . . . . I, 61. 295.
l. 167 pr. . . . V, 516.
l. 168 . . . . . I, 230.
l. 172 pr. . . . VIII, 268.
l. 176. § 1 . . IV, 51.
l. 177. § 1 . . III, 20.
l. 184 . . . . . III, 107.
l. 192. § 1 . . I, 230.
l. 193 . . . . . II, 364.
l. 194 . . . . . IV, 214.
l. 195 . . . . . III, 124. 135.
l. 201 . . . . . IV, 555.
l. 202 . . . . . I, 47.
l. 206 . . . . . III, 451.
l. 207 . . . . . VI, 274.
*l. 209* . . . . . *II, 71.* 72.

**Dio Cassius.**

Lib. 42, 20 . . VI, 497.
Lib. 51, 17 . . VIII, 51.
Lib 51, 19 . . VI, 497.
Lib. 53, 13 . . VIII, 51.

**Edictum Theodorici.**

Epilogus . . . . . I, 51.

**Festus**, de verborum significatione.

v. bulla aurea . III, 63.
v. contestari . VI, 11.
v. minuitur . . II, 533. 537.
v. mortis causa. IV, 249.
v. pubes . . . . III, 65.
v. sodales . . II, 257.
v. statuliberi . III, 140.
v. stipem . . . V, 538.
v. vesticeps . . III, 62.
v. vici . . . . . II, 250. VIII, 46.
v. vindiciae . . V, 571.

**Feuda**, s. liber Feudorum.

**Fortunatianus**, s. Caperonner.

**Fragmenta Vaticana.**

§ 9 . . . . . . VIII, 422.
§ 48 . . . . . . III, 225.
§ 49. 50 . . . III, 216.
§ 52 . . . . . . III, 225.
§ 55 . . . . . . II, 372.
§ 57. 61 . . . II, 80.
§ 63. 64 . . . II, 110.
§ 90 . . . . . . V, 73.

**Fragmenta Vaticana.**

§ 98 . . . . . III, 217.
§ 99 . . . . . II, 436.
§ 124 . . . . II, 281.
§ 152 . . . . I, 62.
§ 156 . . . . III, 429. IV, 433. 435.
§ 158 . . . . II, 261.
§ 159 . . . . I, 134.
§ 168 . . . . II, 524.
§ 191. 206. 208 211. 215 . . . . I, 134.
§ 233. 234. 235 . II, 281.
§ 236 . . . . I, 134. II, 281.
§ 237 . . . . II, 281.
§ 246. 247 . . I, 134.
§ 248 . . . . IV, 1.
§ 249 . . . . IV, 1. 199.
§ 250 bis 253 . IV, 1.
§ 254 . . . . IV, 1. 230.
§ 255 bis 258 . . IV, 1.
§ 259 . . . . IV, 1. 192.
§ 260. 261. 262 . IV, 1.
§ 263 . . . . IV, 1. 105. 125. 135. VI, 24.
§ 264. 265 . . . IV, 1.
§ 266 . . . . IV, 1. 195. 196. 197. 198. 199. 597.
V, 173. 177. 548.
§ 267. 268 . . . IV, 1.
§ 269 . . . . II, 116. IV, 1. 60. 172.
§ 270. 271 . . IV, 1. 226.
§ 272 . . . . IV, 1. 228. 230.
§ 273 . . . . IV, 1.
§ 274 . . . . IV, 1. 228.

**Fragmenta Vaticana.**

§ 275 . . . . . IV, 1. 230.
§ 276 . . . . . IV, 1. 180.
§ 277 . . . . . IV, 1. 228.
§ 278 . . . . . I, 62. IV, 1. 228.
§ 279 . . . . . IV, 1.
§ 280 . . . . . IV, 1. 226.
§ 281 . . . . . IV, 1. 226. 228. 270.
§ 282 . . . . . IV, 1.
§ 283 . . . . . III, 223. IV, 1.
§ 284. 285 . . . IV, 1.
§ 286 . . . . . IV, 1. 285.
§ 287 bis 292 . . IV, 1.
§ 293 . . . . . IV, 1. 105. 195. 196. 197.
§ 294 . . . . . IV, 1. 102. 181. 190. 198.
§ 295 bis 301 . . IV, 1.
§ 302 . . . . . IV, 1. 195.
§ 303 . . . . . IV, 1.
§ 304 . . . . . IV, 1. 98.
§ 305 bis 309 . . IV, 1.
§ 310 . . . . . IV, 1. 195. V, 170. 173.
§ 311 . . . . . IV, 1. 195.
§ 312 . . . . . IV, 1. 198.
§ 313 . . . . . IV, 1. 228.
§ 314. 315. 316 . IV, 1.
§ 320 . . . . . II, 171. 537. 539.
§ 321 . . . . . II, 536.
§ 322. 323 . . II, 216.
§ 324 . . . . . II, 215.
§ 325 . . . . . VIII, 72.
§ 326 . . . . . VIII, 72. 73. 74. 170.

**Fragmentum de jure fisci.**

§ 6. 8 . . . . . I, 123.
§ 12 . . . . . . II, 64.

**Französische Gesetzgebung.**

Code civil.

art. 2 . . . . . VIII, 401.
art. 3 . . . . . VIII, 99. 133. 146. 174.
art. 4 . . . . . I, 199. 208.
art. 7 . . . . . VIII, 98.
art. 8 . . . . . I, 199. 208. VIII, 99.
art. 9. 10 . . . VIII, 98.
art. 11 . . . . . VIII, 98. 99. 133.
art. 12 . . . . . VIII, 98.
art. 13 . . . . . VIII, 133.
art. 18. 19. 21 . II, 160.
art. 25 . . . . . II, 154. 155.
art. 47 . . . . . VIII, 363.
art. 170 . . . . VIII, 363. 495.
art. 312. 313 . . II, 416.
art. 314 . . . . II, 414. 416.
art. 315 . . . . II, 416.
art. 340 . . . . VIII, 279. 529.
art. 457 bis 460 . VIII, 346.
art. 477. 478 . . VIII, 137.
art. 645. 650. 663. 671. 674 . . . . I, 199.
art. 691 . . . . IV, 512.
art. 711 . . . . I, 374.
art. 725 . . . . II, 413.
art. 893 sq. . . IV, 288.
art. 894 . . . . IV, 290.

Französische Gesetzgebung.

art. 900 . . . . . III, 204.
art. 903. 904 . . VIII, 137.
art. 906 . . . . . II, 413.
art. 931 sq. . . IV, 288. 290.
art. 938 . . . . . IV, 291.
art. 939 . . . . . IV, 290.
art. 943. 944 . . IV, 291.
art. 954 . . . . . IV, 293.
art. 955. 957 . . IV, 292.
art. 960 . . . . . IV, 293.
art. 971 bis 979 . VIII, 350.
art. 999 . . . . . VIII, 364.
art. 1096 . . . . IV, 289. 293.
art. 1109. 1110 . III, 471.
art. 1135 . . . . I, 199.
art. 1138 . . . . VIII, 184.
art. 1159. 1160 . I, 199.
art. 1172 . . . . III, 204.
art. 1174 . . . . III, 131.
art. 1178 . . . . III, 141.
art. 1234 . . . . V, 407.
art. 1235 . . . . III, 472.
art. 1236. 1274 . IV, 295.
art. 1305. 1313 . III, 471.
art. 1317 . . . . VIII, 364.
art. 1356. 1376 bis 1381 . . . . . III, 472.
art. 1736. 1754. 1758. 1777 . . . . I, 199.
art. 2052 . . . . III, 472. VII, 113.
art. 2053 . . . . III, 472.

Französische Gesetzgebung.

art. 2102 . . . VIII, 188.
art. 2181 . . . VIII, 434.
art. 2219 . . . V, 407.
art. 2220 bis 2222. V, 413.
art. 2252 . . . VII, 113.
art. 2260. 2261 . IV, 420. 477. 478.
art. 2262 . . . V, 351.
art. 2271 sq. . . V, 288.
art. 2275 . . . V, 351.
art. 2279 . . . VIII, 186. 188.
art. 2281 . . . VIII, 372.

Conference du code civil.

tom. 1, pag. 76. 77 . . . . II, 153.
tom. 1, pag. 86 . . . . . II, 156. 157. 160.
tom. 1, pag. 87. 88 . . . . II, 160.
tom. 1, pag. 89. 90 . . . . II, 159.
tom. 1, pag. 92. 98. 110. 119. II, 156. 157.
tom. 1, pag. 128 . . . . . II, 162.
tom. 1, pag. 174. 176 . . . II, 160.

Projet du code civil.

liv. 1, tit. 1, art. 30 . . . II, 154.
liv. 1, tit. 1, art. 31 . . . II, 154. 155.
liv. 1, tit. 1, art. 32. 33 . . II, 155.

Code civil, suivi des motifs.

tom. 2, pag. 86 . . . . . II, 161.
tom. 7, pag. 148 . . . . . IV, 421.

**Französische Gesetzgebung.**

Loi du 28 Mars 1793 . II, 152.
Loi du 17 Sept. 1793 . II, 152.
Loi du 21 Mars 1804 . I, 199.
Loi du 16 Sept. 1807 . I, 327.
Loi du 30 Juillet 1828. I, 327.
Loi du 1 Avril 1837 . I, 328.

Code de procedure.

art. 59 . . . . . . . . . . VIII, 310.

Code de commerce.

art. 132 . . . . . . . . . . IV, 343.

Code pénal.

art. 4 . . . . . . . . . . VIII. 401.
art. 29. 30. 31 . . . . . . II, 162.

**Frontinus**, de coloniis, (ap. Goes).

pag. 111. 133 . . . . . . . IV, 613.

**Gajus**, institutiones.

I, § 1 . . . . . I, 110. 413. 414.
I, § 2. 3 . . . . I, 107.
I, § 4 . . . . . I, 107. 117.
I, § 5 . . . . . I, 107. 122. 139.
I, § 6 . . . . . I, 107.
I, § 7 . . . . . I, 107. 117. 156.
I, § 8 . . . . . I, 395. II, 460.
I, § 9 . . . . . II, 460.
I, § 10 . . . . . II, 461.
I, § 12 sq. . . . I, 399.
I, § 23 . . . . . IV, 268.
I, § 27 . . . . . II, 75.
I, § 29. 31 . . . IV, 376.

**Gajus,** institutiones.

I, § 38 . . . . III, 74.
I, § 39 . . . . V, 22.
I, § 45 . . . . II, 504.
I, § 48. 49. 50 . II, 461.
I, § 52 . . . . II, 31.
I, § 53 . . . . II, 34.
I, § 55 . . . . I, 123.
I, § 56 . . . . I, 398. II, 42.
I, § 57 . . . . II, 43.
I, § 66 . . . . I, 110. 398. IV, 376.
I, § 67 . . . . III, 369.
I, § 68 . . . . II, 40. 470. IV, 376.
I, § 69 . . . . I, 110.
I, § 70. 71 . . IV, 376.
I, § 79 . . . . I, 110. II, 45.
I, § 80 . . . . IV, 376.
I, § 84 . . . . II, 64.
I, § 89 . . . . I, 110. II, 14. 15. III, 70.
I, § 90. 91 . . II, 14. 15.
I, § 92 . . . . VIII, 79.
I, § 93 . . . . I, 123.
I, § 94 . . . . IV, 52.
I, § 96 . . . . II, 45.
I, § 102 . . . III, 62.
I, § 106 . . . III, 75.
I, § 111 . . . I, 152. IV, 365.
I, § 113 . . . II, 500.
I, § 114 . . . II, 50.
I, § 115a . . . II, 501.

**Gajus**, institutiones.

I, § 117 . . . . II, 66.
I, § 118 . . . . II, 50. 66.
I, § 123 . . . . II, 50.
I, § 130 . . . . II, 503.
I, § 132 . . . . II, 495.
I, § 134 . . . . II, 65. 499. 500. V, 22.
I, § 135 . . . . II, 52.
I, § 142 . . . . II, 461.
I, § 145 . . . . II, 504.
I, § 158 . . . . I, 414. II, 75.
I, § 159 . . . . II, 61. 63.
I, § 160. 161 . . II, 63.
I, § 162 . . . . II, 63. 65. 464. 480. 495. 496. 501.
I, § 163 . . . . II, 63. 75.
I, § 168 . . . . I, 259. V, 21.
I, § 170 . . . . II, 78.
I, § 172 . . . . I, 259.
I, § 188 . . . . I, 364.
I, § 189 . . . . I, 110. 364. 413. 414.
I, § 190 . . . . II, 431. IV, 579.
I, § 191. 192 . . II, 431.
I, § 194. 195 . . II, 5.
I, § 196 . . . . III, 57.

II, § 24 . . . . V, 7. 21. VII, 21.
II, § 29 . . . . II, 290.
II, § 30 . . . . I, 259.
II, § 35 . . . . I, 259. IV, 141.
II, § 36 . . . . IV, 141.

**Gajus,** institutiones.

II, § 39 . . . II, 216.
II, § 40 . . . IV, 259.
II, § 41. 42. 43. III, 370.
II, § 44 . . . III, 370. IV, 490. V, 268. 271.
II, § 46. 47 . . II, 102.
II, § 52 bis 55 . VI, 90.
II, § 56 . . . IV, 11. VI, 90.
II, § 57 . . . IV, 11. V, 579. VI, 90.
II, § 58 . . . VI, 90. 91.
II, § 59. 60 . . V, 517.
II, § 63 . . . II, 114.
II, § 65 . . . I, 414.
II, § 66. 69 . . I, 110. 414.
II, § 73 . . . I, 414.
II, § 79 . . . I, 110. 414. V, 524.
II, § 86. 87. 88. III, 93.
II, § 89. 90 . . II, 291. III, 93.
II, § 91 bis 94 . III, 93.
II, § 95 . . . III, 93. 94.
II, § 96 . . . II, 102. 289. III, 93.
II, § 97 . . . III, 20.
II, § 103 . . . III, 260. VIII, 458.
II, § 104 . . . VI, 12.
II, § 110 . . . I, 398.
II, § 111 . . . II, 558.
II, § 113 . . . III, 70.
II, § 123 . . . IV, 540.
II, § 139 . . . II, 50.
II, § 145 . . . II, 88. 167.

**Gajus**, institutiones.

II, § 147 . . . II, 167. VIII, 453.
II, § 154 . . . II, 179.
II, § 159 . . . II, 50.
II, § 163 . . . III, 383.
II, § 165 . . . III, 329. 404.
II, § 166 . . . III, 247.
II, § 167 . . . III, 48. 247.
II, § 171.172.173. III, 404.
II, § 184 . . . V, 129.
II, § 195 . . . II, 305.
II, § 200 . . . III, 153.
II, § 202 . . . V, 613.
II, § 204 . . . V, 540. 605.
II, § 224 bis 227. VIII, 471.
II, § 232 . . . III, 207. 217.
II, § 235 . . . III, 132.
II, § 249 . . . III, 236.
II, § 250 . . . V, 129.
II, § 252 . . . III, 16. 260. IV, 142.
II, § 253 . . . III, 16. V, 72.
II, § 254 . . . IV, 269. V, 129.
II, § 260 . . . V, 129.
II, § 265 . . . IV, 51.
II, § 271 . . . III, 219.
II, § 275 . . . IV, 268.
II, § 277 . . . III, 217.
II, § 278 . . . V, 64.
II, § 280 . . . VI, 155.
II, § 285 . . . II, 28.
II, § 286 . . . IV, 268.

**Gajus,** institutiones.
III, § 12 . . . VIII, 485.
III, § 13 . . . VIII, 486.
III, § 14 . . . II, 50. 499.
III, § 20 . . . IV, 52.
III, § 22 . . . VIII, 485.
III, § 27 . . . II, 75.
III, § 28 . . . VIII, 485.
III, § 51 . . . II, 89.
III, § 55 . . . II, 37.
III, § 56 . . . II, 37. 45. 64. VIII, 505.
III, § 57 bis 76 . II, 37.
III, § 82 . . . I, 119. 146. III, 18.
III, § 83 . . . II, 79. 80. 81. VII, 50.
III, § 84 . . . II, 82. 83. 85. VII, 211.
III, § 91 . . . II, 432. V, 522.
III, § 93 . . . II, 27. 368. IV, 259. V, 540. VIII, 79.
III, § 94 . . . II, 27. III, 310.
III, § 98 . . . III, 162. 195. 377. 449.
III, § 99 . . . V, 516.
III, § 100 . . . III, 207. 217.
III, § 107 . . . II, 430. III, 28. 107.
III, § 108 . . . II, 430. 433.
III, § 111 . . . V, 502.
III, § 114 . . . II, 50. 56. 82. 137. 505. V, 502.
III, § 116 . . . V, 570.
III, § 120 . . . VIII, 79.
III, § 121 . . . I, 131. IV, 301. 441. 585. V, 385. VIII, 80. 84.

**Gajus**, institutiones.
III, § 122 . . . I, 131. VIII, 80.
III, § 123 . . . V, 20.
III, § 124 . . . V, 536.
III, § 128 . . . V, 529.
III, § 129 . . . V, 530. 534.
III, § 130 . . . V, 530.
III, § 131 . . . V, 529.
III. § 132 . . . V, 510.
III, § 134 . . . VIII, 85.
III, § 137 . . . VI, 332.
III, § 140 . . . III, 449.
III, § 145 . . . II, 249.
III, § 153 . . . II, 134.
III, § 163 bis 167. III, 93.
III, § 172 . . . I, 123.
III, § 173. 175 . V, 541.
III, § 176 bis 179. VI, 25.
III, § 180 . . . VI, 13. 24. 26. 272.
III, § 181 . . . VI, 24. 272.
III, § 189 . . . V, 251.
III, § 190. 191 . V, 476.
III, § 196. 202 . VI, 154.
III, § 210 bis 214. V, 569.
III, § 115 . . . V, 551. 569.
III, § 216 . . . V. 202. 551. 569.
III, § 217. 218 . V, 569.
III, § 219 . . . I, 285. V, 569.
III, § 224 . . . II, 94.

**Gajus**, institutiones.

IV, § 1 . . . V, 9. 14.
IV, § 2 . . . V, 14. 598.
IV, § 3 . . . V, 14. 32.
IV, § 4 . . . V, 515. 553.
IV, § 5 . . . V, 16. 571. 588. 597.
IV, § 6. 7 . . . V, 39. 42.
IV, § 8 . . . V, 39. 42. 233.
IV, § 9 . . . V, 39. 42. VI, 411. VII, 13.
IV, § 10 . . . I, 295. V, 74.
IV, § 11. 12 . . V, 74.
IV, § 13 . . . V, 59. 74. 506. 535. 611.
IV, § 14. 15 . . V, 74.
IV, § 16 . . . V, 7. 29. 74.
IV, § 17 . . . V, 14. 29. 74.
IV, § 18 . . . V, 74. 506. 576. 596. 597.
IV, § 19 . . . V, 74. 506. 576. 596.
IV, § 20 . . . V, 74. 506. 578.
IV, § 21 . . . V, 7. 74. VI, 411.
IV, § 22. 23 . . V, 74.
IV, § 24 . . . V, 7. 74.
IV, § 25 . . . V, 74. VI, 411.
IV, § 26 bis 29 . V, 74.
IV, § 30 . . . V, 7. 74.
IV, § 31. 32 . . V, 74.
IV, § 33 . . . I, 295. V, 74. 597. 605.
IV, § 34 . . . I, 295. V, 69. 85.
IV, § 35 . . . I, 295. V, 71. 93.
IV, § 36 . . . I, 295. V, 32. 71. 82. 97. VII, 191.

**Gajus**, institutiones.

IV, § 37 . . . I, 295. II, 29. 40. 41. V, 71. 78. 475. 569. 606.

IV, § 38 . . . I, 295. II, 82. 83. 501. V, 71. VII, 211.

IV, § 39 . . . V, 67. VI, 220.

IV, § 40 . . . V, 67. 68. 79.

IV, § 41 . . . V, 67. 68. 85. 605. 606. 609. VI, 316.

IV, § 42 . . . V, 67. 89. 484. VI, 329.

IV, § 43 . . . V, 67. 69. 609. VI, 220.

IV, § 44 . . . I, 356. V, 20. 67 69. VI, 220.

IV, § 45 . . . V, 75. 78. 86. 475. 569. 606. VI, 522.

IV, § 46 . . . II, 128. V, 79. 92. 104. 159. VI, 522.

IV, § 47 . . . II, 140. 142. V, 62. 69. 74. 79. 83. 85. 86. 97. 99. 104. 124. 159. 160. 473. 605. VI, 206. 375.

IV, § 48 . . . I, 376. V, 20. 76. VI, 199. 234. 315. VII, 8.

IV, § 49 . . . VI, 147.

IV, § 50 . . . V, 74. 623. VI, 147.

IV, § 51 . . . V, 30. 69. 76. VI, 147. 206.

IV, § 52 . . . V, 465. VI, 130.

IV, § 53 . . . III, 386. V, 76. 77. 583. 612. VI, 126.

IV, § 54 . . . V, 71. 74. 76. 77. 612. 617. 628. 635.

IV, § 55 . . . V, 583. 610. VI, 70. 456.

IV, § 56 . . . VI, 70.

**Gajus**, institutiones.

IV, § 57 . . . III, 386. V, 76.
IV, § 58 . . . V, 76.
IV, § 60 . . . V, 76. 79. 83. 605.
IV, § 61 . . . I, 286. V, 467. VI, 335.
IV, § 62 . . . V, 484. 486. 490.
IV, § 63 . . . V, 467.
IV, § 64 sq. . . VI, 335.
IV, § 78 . . . IV, 300. 467.
IV, § 79 . . . IV, 300.
IV, § 86 . . . V, 30. 85. 605. 609. VI, 316.
IV, § 87 . . . V, 30. 89. VI, 316.
IV, § 89 . . . VI, 27. 36. 52.
IV, § 91 . . . V, 22. 30. 476. VI, 29. 52. 109. 317. 521.
IV, § 92 . . . V, 22. 30. 32. 86. 476. 478. VI, 317. 521.
IV, § 93 . . . III, 261. V, 22. 30. 476. 499. VI, 317. 376. 521.
IV, § 94 . . . I, 356. V, 20. 22. 30. 59. 476. 483. 499. VI, 29. 52. 109. 317. 376. 521.
IV, § 95 . . . V, 22. 30. 476. VI, 317. 521.
IV, § 98 . . . VI, 24.
IV, § 100 . . . V, 9. 14.
IV, § 102 . . . VI, 29. 411.
IV, § 103 . . . V, 102.
IV, § 104 . . . II, 440. IV, 300. 413. 442. 468. V, 102. 322. VI, 7. 272. 278.
IV, § 105 . . . II, 440. IV, 584. V, 102. 322. VI, 7. 272.

**Gajus**, institutiones.

IV, § 106 . . . IV, 584. V, 9. 14. 92. VI, 24. 272.
IV, § 107 . . . V, 9. 14. 78. 84. 92. VI, 24. 272. 278.
IV, § 108 . . . V, 166. VI, 272.
IV, § 109 . . . V, 61.
IV, § 110 . . . V, 265. 353.
IV, § 111 . . . V, 62. 251. 265. 353.
IV, § 112 . . . V, 46.
IV, § 113 . . . V, 56. 202.
IV, § 114 . . . V, 135. VI, 62. 202. 235.
IV, § 116 . . . V, 162. 172.
IV, § 117 . . . V, 172.
IV, § 118 . . . I, 117. V, 170. 173.
IV, § 119 . . . IV, 593. V, 161. 166. 567. VII, 59.
IV, § 120 . . . V, 176.
IV, § 121 . . . V, 170. 176.
IV, § 122 . . . V, 176.
IV, § 123 . . . V, 166. 176. VI, 269.
IV, § 124 . . . V, 166. 176.
IV, § 125 . . . III, 428. V, 176. 187.
IV, § 126 . . . V, 190. 191. 192.
IV, § 127 bis 129. V, 190. 192.
IV, § 130 . . . IV, 313. V, 68. 164. VI, 526.
IV, § 131 . . . IV, 313. V, 68. 77. 164. 605. 606. 628. VI, 160. 524. 525.
IV, § 132 . . . IV, 313. V, 68. 164.
IV, § 133 . . . IV, 313. V, 68. 164. VI, 526.
IV, § 134. 135 . IV, 313. V, 68. 164.
IV, § 136 . . . IV, 313. V, 68. 75. 79. 97. 164. 605. 617. 633.

**Gajus**, institutiones.

IV, § 137 . . . IV, 313. V, 68. 75. 79. 97. 164. 617.
IV, § 141 . . . V, 59. 126. 131. 499.
IV, § 150 bis 152. IV, 304.
IV, § 160 . . . V, 151.
IV, § 162 . . . V, 59. 499.
IV, § 163 . . . II, 440. V, 59. 104. 126. 131. 499.
IV, § 164. 165 . II, 440. V, 59. 126. 131. 499.
IV, § 166 bis 169. V, 59.
IV, § 171 . . . V, 59. 499. 535. VII, 13.
IV, § 172 . . . V, 59.
IV, § 176 bis 179. VI, 25.
IV, § 180 . . . V, 611. VI, 25.
IV, § 181 . . . VI, 25.
IV, § 186 . . . VI, 411.
IV, § 189 . . . V, 476.

**Gellius**, noctes atticae.

I, 12 . . . . . II, 503.
II, 2 . . . . . . II, 53.
II, 25 . . . . I, 291.
III, 2 . . . . IV, 326. 361. 364. 369.
III, 16 . . . . II, 388. 402.
IV, 4 . . . . V, 641. VI, 499. VIII, 81.
V, 19 . . . . III, 62.
VII, 19 . . . . VI, 499.
IX, 4 . . . . IV, 606.
X, 15 . . . . VII, 74.
X, 20 . . . . I, 65.
X, 24 . . . . IV, 604. 608.
X, 28 . . . . III, 58.

**Gellius**, noctes atticae.

XIII, 12 . . . VI, 491.
XIV, 2 . . . . VI, 311.
XV, 3 . . . . IV, 467.
XVII, 12 . . . IV, 606.
XVIII, 6 . . . II, 499.
XX, 1 . . . . IV, 467.
XX, 10 . . . . V, 61. VII, 13.

**Hippocrates**, de partu septimestri, c. 1 in opp. ed. Charterius, Tom. 5, p. 342. Paris 1679 . . IV, 340.

**Hyginus**, de limitibus constituendis, (bei Goesius).

pag. 158. 159 . . IV, 613.
pag. 206 . . . II, 253.

**Horatius**, sermones.

II, 3, 193 . . . IV, 605.

**Institutiones Justiniani.**

Prooemium.

§ 2 . . . . . . I, 51.
§ 3 . . . . . . I, 278.
§ 4 . . . . . . I, 51.
§ 5 . . . . . . I, 279.
§ 6 . . . . . . I, 271.

Lib. I. Tit. 1.

De justitia et jure.

§ 3 . . . . . . I, 407.
§ 4 . . . . . . I, 419.

Lib. I. Tit. 3.

De jure naturali etc.

pr. . . . . . . . I, 419.
§ 1 . . . . . . . I, 116. 419.

**Institutiones Justiniani.**

§ 2 . . . . . . I, 116.
§ 3 . . . . . . I, 106. 107. 116. 119.
§ 4. 5 . . . . . I, 107. 119.
§ 6 . . . . . . I, 107. 119. 122. 130.
§ 7 . . . . . . I, 107. 116. 156.
§ 8 . . . . . . I, 107. 119. 156.
§ 9 . . . . . . I, 106. 107. 117. 119. 146. 154.
§ 10 . . . . . . I, 106. 119.
§ 11 . . . . . . I, 110. 146. 152. 419.

Lib. I. Tit. 3.

De jure personarum.

§ 4 . . . . . . III, 74.

Lib. I. Tit. 4.

De ingenuis.

pr. . . . . . . I, 15.

Lib. I. Tit. 5.

De libertinis.

pr. . . . . . . I, 419.

Lib. I. Tit. 6.

Quibus ex causis manumittere non licet.

§ 6 . . . . . . IV, 367.
§ 7 . . . . . . III, 74. IV, 51.

Lib. I. Tit. 8.

De his, qui sui vel alieni etc.

§ 1 . . . . . . I, 364.
§ 2 . . . . . . II, 34.

Lib. I. Tit. 9.

De patria potestate.

pr. . . . . . . II, 386.

**Institutiones Justiniani.**

Lib. I. Tit. 10.

De nuptiis.

*pr.* . . . . . . I, 418. *II, 528.* III, 71. 250. IV, 556.
*§ 4* . . . . . . *I, 251.*
§ 6. 7 . . . . . II, 182.
§ 10 . . . . . . II, 34.
§ 12 . . . . . . I, 115. II, 31. 389. 524.

Lib. I. Tit. 11.

De adoptionibus.

§ 2 . . . . . . VIII, 500.
§ 4 . . . . . . III, 75.

Lib. I. Tit. 15.

De legitima agnatorum tutela.

§ 1 . . . . . . I, 418.
§ 3 . . . . . . II, 73. 75.

Lib. I. Tit. 16.

De capitis deminutione.

Tit. . . . . . . II, 63.
pr. . . . . . . II, 61.
§ 2 . . . . . . II, 482.
§ 3 . . . . . . II, 464. 480.
*§ 5* . . . . . . II, 214. *456.*
*§ 6* . . . . . . *II, 73.*

Lib. I. Tit. 21.

De auctoritate tutorum.

pr. . . . . . . III, 40.
§ 1 . . . . . . III, 46.
§ 3 . . . . . . II, 353.

**Institutiones Justiniani.**

Lib. I. Tit. 22.

Quibus modis tutela finitur.

pr. . . . . . . III, 57. IV, 417.
§ 4 . . . . . . II, 78.

Lib. I. Tit. 23.

De curatoribus.

§ 4 . . . . . . III, 85.

Lib. I. Tit. 25.

De excusationibus tutor. vel curat.

pr. . . . . . . II, 5.
§ 16 . . . . . III, 429. IV, 301. 422. 425. 435.

Lib. I. Tit. 26.

De suspectis tutor. vel curat.

§ 6 . . . . . . II, 177.

Lib. II. Tit. 1.

De rerum divisione.

pr. § 1 . . . . . I, 419.
§ 11. 18 . . . I, 419.
*§ 25* . . . . . *I, 286.* III, 279.
§ 26 . . . . . . V, 524.
§ 29 . . . . . . V, 409.
§ 35 . . . . . . III, 368. 398. IV, 163.
§ 40 . . . . . . IV, 106. 160.
§ 42. 43 . . . III, 94.
§ 46 . . . . . . IV, 107. 108.

Lib. II. Tit. 4.

De usufructu.

*§ 3* . . . . . *I, 288.* II, 80.

**Institutiones Justiniani.**

Lib. II. Tit. 5.

De usu et habitatione.

§ 5 . . . . . . II, 111.

Lib. II. Tit. 6.

De usucap. et longi temp. praescriptionibus.

pr. . . . . . . VI, 59.
§ 5 . . . . . . III, 390.
*§ 11* . . . . . . *I, 275. III, 374.*
§ 12 . . . . . . V, 363.
§ 13 . . . . . . II, 274. V, 363.
§ 14 . . . . . . I, 123.

Lib. II. Tit. 7.

De donationibus.

Tit. . . . . . . IV, 1. 2.
pr. . . . . . . IV, 240.
*§ 1* . . . . . . IV, 21. 240. 241. 242. 261. *266.*
*§ 2* . . . . . . IV, 120. *205.* 210.

Lib. II. Tit. 8.

Quibus alienare licet, vel non.

§ 2 . . . . . . III, 44. 45. V, 515. VII, 151.

Lib. II. Tit. 9.

Per quas personas etc.

Tit. . . . . . . III, 93.
§ 1 . . . . . . VIII, 502.
§ 2 . . . . . . IV, 83.
§ 4 . . . . . . III, 368.
*§ 5* . . . . . . III, 94. *97.*
§ 6 . . . . . . III, 20.

**Institutiones Justiniani.**

Lib. II. Tit. 10.

De testamentis ordinandis.

§ 6 . . . . . . II, 28. III, 89.
§ 7 . . . . . . III, 368.
§ 11 . . . . . . III, 20.

Lib. II. Tit. 11.

De militari testamento.

pr. . . . . . . III, 438.

Lib. II. Tit. 12.

Quib. non est permissum etc.

*pr.* . . . . . . *I, 282.*
§ 1 . . . . . . VIII, 454.
§ 2 . . . . . . II, 482. III, 89.

Lib. II. Tit. 13.

De exheridatione liberorum.

pr. . . . . . . III, 380.

Lib. II. Tit. 14.

De heredibus instituendis.

§ 2 . . . . . . II, 366. 369. 370.
§ 9 . . . . . . III, 211.
§ 10 . . . . . . III, 162.

Lib. II. Tit. 17.

Quib. mod. testamenta infirmentur.

§ 2 . . . . . . IV, 544.
§ 4 . . . . . . II, 88.
§ 7 . . . . . . IV, 544.

Lib. II. Tit. 19.

De heredum qualitate etc.

§ 1 . . . . . . VIII, 458.

**Institutiones Justiniani.**

§ 5 . . . . . . *III, 383.* 438.
§ 6 . . . . . . III, 383.
§ 7 . . . . . . III, 247.

Lib. II. Tit. 20.
De legatis.

§ 1 . . . . . . IV, 21.
§ 2 . . . . . . IV, 265. VII, 44.
§ 3 . . . . . . IV, 265.
§ 4 . . . . . . III, 381.
§ 14 . . . . . . IV, 553.
§ 16 . . . . . . VII, 38.
§ 24 . . . . . . II, 28.
§ 25 . . . . . . II, 307.
§ 29 . . . . . . III, 305.
§ 30 . . . . . . III, 306.
§ 31 . . . . . . III, 304. 381.
§ 35 . . . . . . III, 132. 217.
§ 36 . . . . . . III, 132. 176.

Lib. II. Tit. 22.
De lege Falcidia.

§ 2 . . . . . . VIII, 455.

Lib. II. Tit. 23.
De fideicommiss. hereditatibus etc.

§ 1 . . . . . . II, 108.
§ 4 . . . . . . I, 279. V, 72.
§ 5 . . . . . . I, 279. IV, 269.
§ 6. 7 . . . . . I, 279.

**Institutiones Justiniani.**

Lib. II. Tit. 24.

De singulis rebus etc.

§ 2 . . . . . . II, 146.

Lib. III. Tit. 1.

De hereditatibus, quae ab intestato etc.

§ 8 . . . . . . VIII, 485.

§ 16 . . . . . VIII, 491.

Lib. III. Tit. 2.

De legit. agnat. successione.

*§ 6 . . . . . . VIII, 486.*

§ 7 . . . . . . VIII, 485.

Lib. III. Tit. 3.

De SC. Tertulliano.

§ 2. 4 . . . . . II, 5.

Lib. III. Tit. 4.

De SC. Orphitiano.

§ 2 . . . . . . II, 88.

Lib. III. Tit. 6.

De gradibus cognationum.

§ 10 . . . . . II, 31.

Lib. III. Tit. 7.

De servili cognatione.

§ 4 . . . . . . I, 123.

Lib. III. Tit. 10.

De bonor. possessione.

§ 1 . . . . . . II, 75. 80. 81.

Lib. III. Tit. 11.

De acquisit. per arrogationem.

pr. . . . . . . III, 18.

§ 1 . . . . . . II, 81. VII, 50.

**Institutiones Justiniani.**

Lib. III. Tit. 12.

De eo, cui libertatis causa etc.

pr. . . . . . . III, 18.

Lib. III. Tit. 13.

De success. sublatis etc.

pr. . . . . . . III, 19.
§ 1 . . . . . . III, 20.

Lib. III. Tit. 15.

Quibus modis re contrahitur etc.

*pr.* . . . . . . V, 505. 532. ***636.***
§ 1 . . . . . . II, 433. V, 505. 522.
§ 2 . . . . . . III, 205.
§ 3 . . . . . . III, 220. 223.

Lib. III. Tit. 16.

De verborum obligationibus.

*pr.* . . . . . . *V*, ***636.***
§ 2 . . . . . . IV, 388.
§ 3 . . . . . . III, 220. 223.
§ 4 . . . . . . III, 136.
§ 6 . . . . . . III, 126.

Lib. III. Tit. 17.

De duobus reis etc.

§ 1 . . . . . . V, 209. 255. 259.
§ 2 . . . . . . II, 144.

Lib. III. Tit. 18.

De stipulatione servorum.

pr. . . . . . . II, 366. 369. 370.
§ 2 . . . . . . II, 144.

**Institutiones Justiniani.**

Lib. III. Tit. 20.

De inutilib. stipulationibus.

§ 2 . . . . . . III, 167. V, 516.
§ 4 . . . . . . III, 95. IV, 281.
§ 6 . . . . . . II, 425.
§ 8 . . . . . . III, 84.
§ 9 . . . . . . III, 28. 40.
§ 10 . . . . . . III, 28. 31. 38. 41.
§ 11 . . . . . . III, 162.
§ 13 . . . . . . III, 154. 217.
§ 14 . . . . . . III, 154.
§ 15 . . . . . . III, 217.
§ 23 . . . . . . III, 273.

Lib. III. Tit. 21.

De fidejussoribus.

pr. . . . . . . V, 527.
§ 4 . . . . . . I, 131.

Lib. III. Tit. 24.

De emtione et vendit.

*§ 3* . . . . . . *I, 285*. IV, 118. VIII, 225.
§ 4 . . . . . . III, 131.

Lib. III. Tit. 27.

De mandato.

§ 6 . . . . . . I, 286. V, 522.
§ 7 . . . . . . VII, 35.

Lib. III. Tit. 28.

De obligat. quae quasi ex contractu.

Tit. . . . . . . III, 93.
§ 5 . . . . . . VIII, 238.

**Institutiones Justiniani.**

Lib. III. Tit. 30.

Quibus modis oblig.

§ 2 . . . . . . V, 606.

Lib. IV. Tit. 1.

De obligat., quae ex delicto etc.

§ 8 . . . . . . V, 247.
§ 10 . . . . . . V, 258.
§ 11 . . . . . . V, 557.
§ 13. 15 . . . V, 449.
§ 18 (al. 20) . . III, 38. 43.

Lib. IV. Tit. 2.

De vi bonor. rapt.

pr. . . . . . . V, 233.
§ 1 . . . . . . III, 391..

Lib. IV. Tit. 3.

De lege Aquilia.

*§ 9* . . . . . . V, 42. ***57.***
*§ 10* . . . . . . ***V, 444.***
*§ 16* . . . . . . ***I, 285. V, 96.***

Lib. IV. Tit. 4.

De injuriis.

§ 7 . . . . . . I, 152.
§ 8 . . . . . . V, 477.
§ 10 . . . . . . V, 251.

Lib. IV. Tit. 6.

De actionibus.

pr. . . . . . . V, 10.
*§ 1* . . . . . . ***V, 13.*** 102. 471. ***601.***
§ 2 . . . . . . VI, 346.

**Institutiones Justiniani.**

§ 3 . . . . . . V, 62.

*§ 5* . . . . . . V, 27. 81. VII, 185. ***190.***

*§ 6* . . . . . . *V*, ***27.*** 39.

§ 7. 8. 9 . . . . V, 39.

§ 11 . . . . . . VII, 64.

*§ 13* . . . . . I, 356. 363. V, ***19.*** 20. 78.

§ 14 . . . . . . V, 515. 553.

§ 15 . . . . . . V, 16. 576. 588. 597.

§ 16 . . . . . . V, 39. 42.

§ 17 . . . . . . V, 37. 39. 42. 55.

§ 18. 19 . . . . V, 39. 42.

§ 20 . . . . . . V, 36.

*§ 24* . . . . . V, 506. ***546.***

§ 26 . . . . . . V, 55.

*§ 28* . . . . . V, 99. 119. 461. 471. ***479. 484.*** VI, 333.

§ 29 . . . . . . II, 95. V, 119. 484. 491. 497.

*§ 30* . . . . . I, 285. II, 93. V, 119. 467. 468. ***472.***

*§ 31* . . . . . V, ***119. 123. 133.*** 145. ***472.***

§ 32 . . . . . . VI, 316.

*§ 33* . . . . . ***III, 386. IV, 41.*** 351. VI, 303.

§ 34. 35 . . . . VI, 70.

*§ 39* . . . . . ***I, 285.***

§ 40 . . . . . . I, 285.

Lib. IV. Tit. 7.

Quod cum eo, qui in aliena etc.

§ 6. 7 . . . . . II, 434.

**Institutiones Justiniani.**

Lib. IV. Tit. 8.

De noxal. actionibus.

§ 5 . . . . . . II, 428. V, 26.
§ 6 . . . . . . II, 70. 425. 428.

Lib. IV. Tit. 9.

Si quadrupes paup. etc.

§ 1 . . . . . . II, 125. V, 244.

Lib. IV. Tit. 11.

De satisdationibus.

§ 1. 4. 5 . . . VII, 184.
§ 7 . . . . . . I, 98. 151.

Lib. IV. Tit. 12.

De perp. et tempor. actionibus etc.

Tit. . . . . . . V, 265. 376.
pr. . . . . . . V, 62. 280. 353. 372.
*§ 1* . . . . . . V, 42. 46. 47. *55*. 81.
*§ 2* . . . . . . V, *135*. VI, 62.

Lib. IV. Tit. 13.

De exceptionibus.

pr. . . . . . . V, 162. 172.
§ 1 . . . . . . II, 321. V, 172.
§ 2 . . . . . . V, 172. 416.
§ 3 . . . . . . V, 172.
§ 4 . . . . . . V, 172. VII, 66.
§ 5. 6 . . . . . V, 172.
§ 7 . . . . . . V, 170. 172.
§ 8. 9. 10 . . . V, 176.
*§ 11* . . . . . . *II, 218*.

**Institutiones Justiniani.**

Lib. IV. Tit. 14.

De replicationibus.

Tit. . . . . . . V, 190.
§ 1. 2 . . . . . V, 192.
§ 4 . . . . . . V, 174. 178.

Lib. IV. Tit. 15.

De interdictis.

§ 1 . . . . . . VII, 107.
§ 7 . . . . . . V, 151.
§ 8 . . . . . . V, 64.

Lib. IV. Tit. 16.

De poena temere litig.

§ 2 . . . . . . II, 178.
§ 3 . . . . . . V, 79.

Lib. IV. Tit. 17.

De officio judicis.

§ 2 . . . . . . III, 398. VI, 107. 108. 316. 432. VII, 102.
§ 3 . . . . . . VI, 54. 109.
§ 6 . . . . . . V, 131.

Lib. IV. Tit. 18.

De publ. judiciis.

§ 2 . . . . . . II, 214.

**Isidorus**, originum s. etymologiarum libri XX.
I, cap. 27 . . . . I, 291.
X, cap. 2 . . . . III, 36.
XI, cap. 2 . . . . III, 65.

Justiniani sanctio pragmatica . . . . I, 132.
§ 11 . . . . . . . . . . . . . . I, 51.

**Lex Romana Burgundionum** (ed. Barkow).
Tit. 8, lin. 17 bis 20. VI, 109.
Tit. 22 . . . . . IV, 210.
Tit. 35, lin. 11. 12. 13. VI, 109.

**Lex Rubria de Gallia cisalpina.**
col. 1, lin. 48 . . VI, 13.
cap. XX, vers. 26. 27. V, 496.
cap. XXI . . . V, 536.
cap. XXII . . . V, 536. 603.

**Liber Feudorum.**
II, 1 . . . . . . I, 429.
*II, 43 . . . . VI, 481.*

**Liber Sextus.**

Lib. I. Tit. 2.
De constitutionibus.
cap. 1 . . . . . I, 289. 428. III, 338. IV, 506.

Lib. I. Tit. 4.
De consuetudine.
cap. 1 . . . . . IV, 506.
cap. 3 . . . . . I, 154.

Lib. I. Tit. 16.
De officio ordinarii.
cap. 9 . . . . . I, 154.

Lib. I. Tit. 18.
De pactis.
cap. 2 . . . . . VII, 52.

Lib. I. Tit. 21.
De restitutione in integrum.
cap. 1 . . . . . VII, 248. 249. 262. 263.
cap. 2 . . . . . VII, 31. 248. 249. 251.

**Liber Sextus.**

Lib. II. Tit. 2.

De foro competenti.

cap. 1. § 3 . . VIII, 244.

Lib. II. Tit. 3.

De litis contestatione.

cap. 1. 2 . . . VI, 39.

Lib. II. Tit. 13.

De praescriptionibus.

cap. 1 . . . . . IV, 506. 520.

cap. 2 . . . . . V, 358.

Lib. II. Tit. 14.

De sententia et re judicata.

cap. 3 . . . . . V, 333. VI, 70. 533.

Lib. III. Tit. 12.

De sepulturis.

cap. 2 pr. . . . VIII, 64.

Lib. III. Tit. 20.

De censibus etc.

cap. 4 . . . . . II, 322.

Lib. IV. Tit. 2.

De desponsatione impuberum.

cap. unic. . . . III, 82.

Lib. V. Tit. 11.

De sententia excommunicat.

cap. 5 . . . . . II, 322.

Lib. V. Tit. ult.

De regulis juris.

cap. 3 . . . . . V, 333.

cap. 13 . . . . . III, 332.

cap. 43. 44 . . III, 248.

**Livius**, annales.
III, 33.34.36.56.57. VI, 492.
V, 46 . . . . . II, 67.
VII, 1 . . . . . IV, 605.
VII, 2 . . . . . II, 204.
X, 22. 24 . . . II, 321.
XXII, 57 . . . III, 58.
XXIV, 44 . . . II, 53.
XXVI, 16 . . . II, 321.
XXXV, 7 . . . VIII, 78.
XXXIX, 9 . . . II, 37. 502.
XXXIX, 19 . . II, 502.
XLI, 9 . . . . V, 21.
XLV, 15 . . . II, 205. 211.

**Macrobius.**
Commentariorum in somnium Scipionis libri duo.
I, 6 . . . . . . III, 36. 65. 68. 70.
Saturnalium conviviorum libri septem.
I, 3 . . . . . . IV, 326. 364.
I, 13 . . . . . IV, 322. 365. 453. 455. 610.
I, 14 . . . . . IV, 323. 356. 365. 453. 612.
VII, 7 . . . . . III, 65.

**Novellae Justiniani.**
*Nov. 1*, cap. 4 . IV, 302.
Nov. 9 . . . . . V, 265. 355. *356*. 357. 358.
Nov. 17, cap. 12 . II, 166.
Nov. 18 . . . . VIII, 473.
Nov. 22 . . . . VIII, 405.
Nov. 22, cap. 1 . VIII, 395. 497.
Nov. 22, cap. 8 . II, 159.

**Novellae Justiniani.**

Nov. 22, cap. 35 . IV, 236.
Nov. 22, cap. 39 . IV, 44.
*Nov. 23, cap. 1. IV, 415.*
Nov. 39, cap. 2 . II, 389.
Nov. 52, cap. 2 . IV, 221.
Nov. 53, cap. 3 . VI, 22.
Nov. 66 . . . . VIII, 405.
Nov. 66, cap. 1. § 1. 2. 3. VIII, 473.
Nov. 66, cap. 1. § 4. 5 . VIII, 395. 473.
Nov. 69 . . . . VIII, 170.
Nov. 69, cap. 1 . VIII, 200. 239. 244. 309.
Nov. 69, cap. 2 . VIII, 244. 309.
Nov. 82, cap. 10 . VI, 22.
Nov. 82, cap. 11 . VII, 52.
Nov. 83, cap. 13 . I, 136.
Nov. 87 pr. . . IV, 241. 261. 267.
Nov. 87, cap. 1 . IV, 241.
Nov. 89, cap. 7 . I, 278.
Nov. 89, cap. 15 . I, 152.
Nov. 90 . . . . II, 222.
Nov. 91 . . . . V, 265.
Nov. 96, cap. 1 . VI, 22.
*Nov. 96, cap. 2.* VI, 335.
Nov. 100 . . . IV, 341.
Nov. 106 . . . I, 152. 184.
Nov. 107, cap. 1 . I, 226.
Nov. 107, cap. 3 pr. I, 280.
*Nov. 111* . . . V, 265. *356*. 357. 358.
Nov. 113, cap. 1 . I, 136. 310.

**Novellae Justiniani.**

Nov. 115 . . . II, 150.
Nov. 115 pr., cap. 1. VIII, 511.
Nov. 115, cap. 2 . IV, 339.
Nov. 115, cap. 3 pr. I, 237.
Nov. 117, cap. 6 . II, 531.
Nov. 119, cap. 1 . IV, 223.
Nov. 119, cap. 6 . VII, 231.
Nov. 119, cap. 9 . VIII, 472.
Nov. 120, cap. 6. § 1. 2 . . . . II, 331.
Nov. 125 . . . I, 132.
Nov. 127, cap. 1 . IV, 223.
Nov. 131 . . . V, 357.
Nov. 131, cap. 6 . V, 265. 356. 357. 358.
Nov. 134, cap. 1 . I, 421.
Nov. 134, cap. 6 . II, 238.
Nov. 134, cap. 13. II, 166.
Nov. 143 pr. . . I, 315. VIII, 511.
Nov. 155, cap. 1 . VII, 226. 227.
Nov. 158 . . . I, 275. 280.
Nov. 161, cap. 1 . IV, 120.
Nov. 162 . . . I, 75. IV, 193.
Nov. 165 bis 168. I, 144.

**Novellae Majoriani.**

Tit. 7 . . . . . II, 321.

**Novellae Marciani.**

Tit. 4 . . . . . I, 301.

**Novellae Theodosii.**

Tit. 4 . . . . . IV, 550.
Tit. 17 . . . . . II, 33.
Tit. 28 . . . . . IV, 489.

**Novellae Valentiniani.**

Tit. 8. 12 . . . V, 276.

**Östreichisches Gesetzbuch.**

Einleitung, § 6. 7. 8 . . . I, 329.

§ 2 . . . . . . III, 470.
§ 4 . . . . . . VIII, 133. 145.
§ 5 . . . . . . VIII, 401.
§ 10. 12 . . . I, 200.
§ 33 . . . . . . VIII, 133.
§ 34. 35 . . . VIII, 133. 145.
§ 36. 37 . . . VIII, 133. 145. 262.
§ 138. 155. 157 . II, 416.
§ 300 . . . . VIII, 174. 176.
§ 698 . . . . III, 204.
§ 871. 875. 876 . III, 471.
§ 897 . . . . III, 204.
§ 938 sq. . . . IV, 288.
§ 939 . . . . IV, 295.
§ 943 . . . . IV, 290. 295.
§ 944 . . . . IV, 290.
§ 947. 948. 949. 954. 995 . . . . IV, 292.
§ 1246 . . . . IV, 289.
§ 1423 . . . . IV, 295.
§ 1431 . . . . III, 471.
§ 1479 . . . . V, 407.
§ 1487 . . . . IV, 292.
§ 1502 . . . . V, 413.

**Ovidius.**

Fasti III, v. 771 bis 788 . . . . III, 60.

**Paulus**, receptae sententiae.
I, 2, § 1 . . . . II, 215.
I, 2, § 2 . . . . II, 191.
I, 2, § 3 . . . . II, 216.
I, 7 . . . . . . VII, 90.
I, 7, § 2 . . . . II, 61. 83. III, 331. VII, 162. 211.
I, 7, § 2 (g) . . VII, 133.
I, 7, § 4 . . . . VII, 270.
I, 8. 9 . . . . . VII, 90.
I, 9, § 4 . . . . VII, 264.
I, 9, § 6 . . . . VII, 220.
I, 9, § 7 . . . . VII, 266.
I, 9, § 8 . . . . VII, 152.
I, 13, A, § 9 . . VI, 108.
I, 21, § 13 . . II, 551.
I, 21, § 14 . . II, 532. 551.
II, 1 . . . . . . VII, 47. 77.
II, 1, § 2 . . . VII, 56.
II, 1, § 4 . . . VII, 75.
II, 1, § 5 . . . VII, 6. 8.
II, 5, § 3 . . . . I, 285.
II, 13, § 3. 4 . II, 424.
II, 13, § 7 . . V, 486.
II, 13, § 9 . . II, 425.
II, 14, § 1 . . VI, 130.
II, 22, § 1 . . IV, 360.
II, 22, § 2 . . V, 494.
II, 23, § 2 . . IV, 61.
II, 25, § 5 . . III, 250.
II, 31, § 34 . . V, 218.

**Paulus**, receptae sententiae.

III, 4, A, § 1 . . III, 70.
III, 4, A, § 2 . . III, 76.
III, 4, B, § 1 . . III, 163.
III, 4, B, § 2 . . III, 173. 180.
III, 6, § 29 . . II, 61. 80. 479.
III, 7 . . . . . IV, 240. 241.
IV, Tit. . . . . . III, 77.
IV, 6, § 2 . . . II, 251.
IV, 8, § 24 . . I, 360.
IV, 9, § 1 . . . II, 5. 8. 10. 403.
IV, 9, § 2 . . . II, 10.
IV, 9, § 3 . . . II, 9.
IV, 9, § 5 . . . II, 403. IV, 338.
IV, 9, § 8 . . . II, 10.
IV, 9, § 9 . . . II, 404.
IV, 10, § 1 . . II, 404.
IV, 10, § 2 . . II, 64.
V, 2, § 2 . . . III, 94.
V, 2, § 3 . . . IV, 492.
V, 2, § 4 . . . IV, 439.
V, 5, A . . . . VII, 6. 8.
V, 5, A, § 1 . . VI, 287.
V, 5, A, § 2 . . VII, 10.
V, 5, A, § 5. 7 . VI, 291.
V, 5, A, § 8 . . IV, 492.
V, 5, A, § 11 . VI, 381.
V, 9, § 1 . . . V, 20.
V, 9, § 3 . . . VI, 28.
V, 11 . . . . . IV, 1.

**Paulus**, receptae sententiae.
V, 11, § 5 . . IV, 11.
V, 11, § 6 . . IV, 97.
V, 12 . . . . . II, 274. 360.
V, 19, § 2 . . VI, 109.
**Paulus**, significat., lib. 3 . . . . . . . III, 77.
**Plautus**, Pseudolus.
I, 3, 69 . . . III, 80.
**Plinius**, (der Ältere).
Historia naturalis.
Zueignung . . . . . . . V, 643.
II, 79 . . . . . IV, 326.
III, 4 . . . . . I, 399. II, 43.
VI, 22 . . . . . VI, 499.
VII, 4 (al. 5) . . II, 401.
XIII, 15 . . . III, 287.
XVIII, 7 . . . III, 307.
XXVI, 72 . . . II, 85.
XXXV, 12 . . II, 257.
**Plinius**, (der Jüngere).
Epistolae.
I, 23 . . . . . . VI, 491.
V, 7 . . . . . . II, 301.
VII, 18 . . . . . II, 285.
X, 66 . . . . . I, 124.
X, 115. 116 . . I, 423.
Panegyricus.
cap. 42 . . . . . II, 273.
**Plutarch**, Numa.
cap. 12 . . . . . II, 533.

**Preußische Gesetzgebung.**

## Allgemeines Landrecht.

Publikations-Patent vom 5. Februar 1794.

§ 1 . . . . . . I, 197.
§ 7 . . . . . . I, 198.
§ 8 . . . . . . VIII, 372.
§ 9 . . . . . . VIII, 372. 514.
§ 10 . . . . . . VIII, 372.
§ 11 . . . . . . VIII, 372. 436.
§ 12 . . . . . . VIII, 372. 481.
§ 13 . . . . . . VIII, 372. 492.
§ 14 . . . . . . VIII, 372. 499.
§ 15. 16 . . . VIII, 372.
§ 17 . . . . . . VIII, 372. 432.
§ 18 . . . . . . VIII, 372.

Einführungs-Patent von 1803 . VIII, 373. 436.
Einführungs-Patent von 1811, S. 5. 6. VIII, 480.

Einleitung.

§ 3. 4. 6 . . . I, 198.
§ 7 . . . . . . I, 197. 198.
§ 8 bis 11 . . . I, 197.
§ 12 . . . . . . III, 468. 469.
§ 13 . . . . . . III, 469.
§ 15 . . . . . . VIII, 514.
§ 16 . . . . . . VIII, 400.
§ 17 . . . . . . VIII, 400. 410. 466. 478.
§ 18 . . . . . . VIII, 400.
§ 19 . . . . . . VIII, 400. 445.
§ 20 . . . . . . VIII, 400.
§ 23 . . . . . . VIII, 100. 132. 141. 174. 176.

**Preußische Gesetzgebung.**

§ 24 . . . . . . VIII, 100. 132. 141. 166.
§ 25 . . . . . . VIII, 103. 132. 141.
§ 26 . . . . . . VIII, 132. 141. 144.
§ 27 . . . . . . VIII, 132. 133. 141. 143.
§ 28 . . . . . . VIII, 132. 174. 176.
§ 29. 30. 31 . . VIII, 132.
§ 32 . . . . . . VIII, 132. 174. 176. 317.
§ 33 . . . . . . VIII, 132.
§ 34 . . . . . . VIII, 100. 132. 142. 145.
§ 35 . . . . . . VIII, 132. 133. 141. 143. 144. 145.
§ 46 bis 50 . . I, 328.

I, 1, § 12. 13 . II, 413.
I, 2, § 123. 124 . I, 372.
I, 2, § 125 . . II, 378.
I, 2, § 135. 136. 137. VIII, 190.
I, 3, § 36. 37 . . VIII, 527.
I, 3, § 46. 47 . . IV, 420.
I, 4, § 75 bis 82. III, 468.
I, 4, § 83 . . . III, 469.
I, 4, § 104 bis 107. III, 141.
I, 4, § 108 . . III, 131.
I, 4, § 112. 113 . III, 139.
I, 4, § 129 bis 132. III, 204.
I, 4, § 148. 149. 150. III, 469.
I, 5, § 18 . . . IV, 420.
I, 5, § 111 . . VIII, 354.
I, 5, § 113 . . VIII, 249. 258.
I, 5, § 114 . . VIII, 258.

Preußische Gesetzgebung.

I, 5, § 115. 131. 135. VIII, 354.
I, 5, § 148 . . VIII, 355.
I, 5, § 227 . . III, 204.
I, 5, § 256. 257 . VIII, 262. 267.
I, 7, § 11 bis 17. VI, 99.
I, 7, § 48$^{d}$ . . VI, 100.
I, 7, § 169. 170 . VIII, 190.
I, 7, § 222 . . VI, 97. 99. 100. 120. 183.
I, 7, § 223 bis 229. VI, 99. 120.
I, 7, § 239 . . VI, 99.
I, 7, § 240 . . VI, 99. 183.
I, 7, § 241 . . VI, 99. 183. 198.
I, 7, § 242 . . VI, 99. 198.
I, 9, § 500 . . IV, 313. V, 346.
I, 9, § 501. 502 . IV, 313. V, 346. 406.
I, 9, § 503 . . V, 346.
I, 9, § 511 . . V, 406.
I, 9, § 531 sq. . VII, 113.
I, 9, § 535 sq. . V, 346.
I, 9, § 545 . . V, 297.
I, 9, § 547 . . IV, 420.
I, 9, § 548 . . IV, 476.
I, 9, § 549 . . IV, 420. 477.
I, 9, § 550 . . IV, 343.
I, 9, § 558 . . V, 349.
I, 9, § 564 . . V, 342. 406.
I, 9, § 565. 566. 567. V, 413.
I, 9, § 568 . . V, 347.
I, 9, § 579 . . V, 346

Preußische Gesetzgebung.

I, 9, § 592 . . V, 349.
I, 9, § 594 . . VII, 113.
I, 9, § 620 . . VIII, 186.
I, 9, § 655 bis 659. IV, 512.
I, 9, § 669 . . V, 413.
I, 10, § 1 . . . VIII, 184.
I, 10, § 15 bis 17. VIII, 354.
I, 11 . . . . . I, 375.
I, 11, § 128 bis 133. VIII, 184. 226.
I, 11, § 406 . . IV, 294.
I, 11, § 761. 762. V, 296.
I, 11, § 827 bis 829. VI, 164.
I, 11, § 839 . . IV, 313.
I, 11, § 1037 sq. IV, 288.
I, 11, § 1039. 1058 . . . . . . IV, 294.
I, 11, § 1063 bis 1069. 1090. 1091. IV, 291.
I, 11, § 1123. . IV, 292.
I, 11, § 1129 sq. IV, 288.
I, 11, § 1140 bis 1161 . . . . . IV, 292.
I, 12 . . . . . I, 375.
I, 12, § 11. 12. 13. VIII, 479.
I, 12, § 14. . . VIII, 480.
I, 12, § 16. . . VIII, 463.
I, 12, § 43. . . VIII, 480.
I, 12, § 63. 504 . III, 204.
I, 12, § 536. 537. VIII, 324.
I, 13 . . . . . I, 375.
I, 15, § 1. 26. . VIII, 188.
I, 16, § 7 . . . V, 406.

**Preußische Gesetzgebung.**

I, 16, § 15. 16 . VI, 164.
I, 16, § 18 . . VI, 100. 183.
I, 16, § 20 . . VI, 164.
I, 16, § 45 . . IV, 294.
I, 16, § 64. 67. 68. VI, 164.
I, 16, § 166. 167. 176. 178. 181. 184. III, 469.
I, 16, § 377 . . V, 406.
I, 16, § 393 . . IV, 295.
I, 20, § 109 bis 112. VIII, 195.
I, 20, § 245 . . V, 348.
I, 20, § 402. 403. 411. 412 . . . VIII, 195.
I, 21, § 233 . . VIII, 354.
II, 1, § 310. 312. IV, 288.
II, 1, § 350 bis 355. VIII, 334.
II, 1, § 365 bis 369. VIII, 327.
II, 1, § 495 . . VIII, 322.
II, 1, § 1077 . . II, 417. VIII, 339.
II, 1, § 1078 . . II, 417.
II, 2, § 1 . . . II, 416.
II, 2, § 2 bis 6. 21. 22. 23 . . . II, 417.
II, 2, § 310. 312. IV, 288.
II, 2, § 598 . . VIII, 339.
II, 5 . . . . . . I, 367.
II, 8, § 480. 715 bis 747 . . . VIII, 153.
II, 8, § 855 . . IV, 343.
II, 8, § 856 . . IV, 344.
II, 8, § 859 . . IV, 477.
II, 8, § 936. 938. VIII, 154. 259.
II, 9, § 18. 19 . IV, 512.

Preußische Gesetzgebung.

II, 18, § 56. 81 bis 86 . . . . . VIII, 342.
II, 20, § 965. 968. 969 . . . . . II, 413.
II, 20, § 1425. 1426 1429 . . . VII, 85.

Anhang zum allgemeinen Landrecht.

§ 2 . . . . . . I, 328.
§ 74 . . . . . . IV, 288.
§ 78 . . . . . . VIII, 322.

Allgemeine Gerichtsordnung.

Einleitung, § 65. 66 . . VI, 394.

---

I, 2, § 17. 18 . . VIII, 103.
I, 2, § 121 . . VIII, 310. 323.
I, 2, § 122 bis 125. VIII, 310.
I, 2, § 148 bis 152. VIII, 245.
I, 5, § 20 . . . V, 150.
I, 5, § 29 . . . VI, 400.
I, 7, § 48[d] . . VI, 164.
I, 8, § 14. 15. 16. VI, 42. VII, 46.
I, 10, § 62 sq. . VI, 396. 399.
I, 10, § 62[c] . . VI, 396.
I, 10, § 63 . . VI, 396. 399.
I, 10, § 64 . . VI, 396. 397. 399.
I, 10, § 65 bis 68. VI, 396. 397.
I, 10, § 68 bis 81[b] . VI, 396. 399.
I, 10, § 248 . . VII, 85.
I, 13, § 36 . . VI, 398.
I, 13, § 38 . . VI, 395.
I, 14, § 1 . . . VI, 384.
I, 16, § 1 . . . VI, 394.

**Preußische Gesetzgebung.**

I, 16, § 2, Nr. 2 . VI, 384.
I, 24, § 3 . . . VI, 411.
I, 28, § 14 . . VI, 411.
I, 50, § 25 bis 32 und § 647 . . VIII, 291.
I, 50, § 648 . . . . . . . . . VIII, 291. 294.
I, 50, § 649 bis 671 . . . . . VIII, 291.
II, 10, § 27 bis 82 und § 88b . . VII, 46.
Joachimica von 1527 . . . . VIII, 320.
Corpus juris Fridericianum von 1781.
Tit. 13, § 10. 11 . . . . . . . VI, 395.
Transitorische Gesetze, wodurch die preußische Gesetzgebung in neu erworbene Landestheile zuerst eingeführt oder in wiedergewonnene Landestheile zurückgeführt wurde . . . . . . . . . . VIII, 372. 373.
Gewerbegesetz vom 7. Sept. 1811. VIII, 153.
Judenedikt von 1812.
§ 20. 21 . . . . . . . . . . VIII, 16.
Gesetz für die Provinzen jenseits der Elbe von 1814 (Gesetzsammlung von 1814, S. 89).
§ 9 . . . . . . VIII, 499. 526.
§ 10 . . . . . . VIII, 504.
§ 11 . . . . . . VIII, 530.
§ 13 . . . . . . VIII, 437. 446.
§ 14 . . . . . . VIII, 416.
Gesetzsammlung von 1814.
S. 89 bis 96 . . VIII, 475.
Patent für die Provinz Westpreußen von 1816 (Gesetzsammlung von 1816, S. 217).
§ 8 . . . . . . VIII, 476.

Preußische Gesetzgebung.

§ 11 . . . . . . VIII, 499. 526.
§ 12 . . . . . . VIII, 499.
§ 13 . . . . . . VIII, 504.
§ 14 . . . . . . VIII, 530.
Patent für die Provinz Posen von 1816 (Gesetzsammlung von 1816, S. 225).
§ 11 . . . . . . VIII, 499. 526.
§ 13 . . . . . . VIII, 504.
§ 14 . . . . . . VIII, 530.
Patent für die Provinz Sachsen von 1816 (Gesetzsammlung von 1816, S. 233).
§ 11 . . . . . . VIII, 499. 526.
Gesetzsammlung von 1817.
S. 201 . . . . . VIII, 417.
Gesetz vom 11. März 1818 . . . . . . VIII, 532.
Gesetzsammlung von 1821.
S. 39 . . . . . VIII, 168.
Gesetz vom 3. April 1823.
§ 2 . . . . . . VIII, 365.
Gesetzsammlung von 1824.
S. 153 . . . . . VIII, 245.
Daselbst, S. 154 . VIII, 366.
Gesetz für die Provinz Westphalen von 1825 (Gesetzsammlung von 1825, S. 153) . . VIII, 500.
Revidirte Städteordnung von 1831.
§ 117 bis 123 . . II, 355.
Gesetz vom 14. Dec. 1833 . . . . . . . VI, 384.
§ 17 . . . . . . I, 329.
Gesetz vom 31. März 1838 . . . . . . . V, 288.

**Preußische Gesetzgebung.**

Gesetzsammlung von 1838.
S. 249. 250. 251. VIII, 433.
Gesetz vom 18. Mai 1839 . . . . . . . V, 326.
Gesetzsammlung von 1839.
S. 78 . . . . VIII, 67.
Gesetzsammlung von 1840.
S. 306 . . . . VIII, 67.
Gesetz vom 18. Junius 1840 . . . . . . V, 360.
Gesetz vom 28. Dec. 1840.
§ 2 . . . . . . VIII, 294.
Gesetz vom 31. Dec. 1842 . . . . VIII, 99. 100.
Gesetz vom 11. Julius 1845 . . . . VIII, 321.
Gesetzsammlung von 1849.
S. 50 . . . . VIII, 238.
Daselbst, S. 51 . VIII, 151.
Daselbst, S. 68 . VIII, 259.
Staatsverträge mit anderen Staaten über die Behandlung der Collisionen örtlicher Rechte . . . . . . . . . VIII, 31. 32,
namentlich
mit Sachsen-Weimar (Gesetzsammlung von 1824, S. 49).
art. 3 . . . . VIII, 260.
art. 8 . . . . VIII, 100.
art. 18 bis 22 . . VIII, 292.
mit dem Königreich Sachsen (Gesetzsammlung v. 1829, S. 353).
art. 8 . . . . VIII, 100.
art. 19. 20. 21 . VIII, 292.

**Preußische Gesetzgebung.**

Staatsverträge

mit Sachsen=Altenburg (Gesetzsammlung von 1832, S. 105) . . . . . . . . . . VIII, 292.

mit Coburg=Gotha (Gesetzsammlung von 1834, S. 9) . . . . . . . . . . . . VIII, 292.

mit Reuß=Gera (Gesetzsammlung von 1839, S. 353) VIII, 292.

mit Schwarzburg=Rudolstadt (Gesetzsammlung von 1840, S. 239) . . . . . . . . VIII, 292.

mit Anhalt=Bernburg (Gesetzblatt von 1840, S. 250) . . . . . . . . . . VIII, 292.

mit Braunschweig (Gesetzsammlung von 1841, S. 1) VIII, 292.

**Priscianus,** commentariorum Grammaticorum libri XVIII ad Julianum.

lib. 8, cap. 4, § 18 . . . . . . . . . VI, 13.

**Quinctilianus,**

libri duodecim institutionis oratoriae.

I, 1 . . . . . . III, 36.

I, 6 . . . . . . I, 291.

IV, 2 . . . . . III, 64.

IV, 2 (pag. 319 ed. Burmann) . . . . V, 535.

V, 6 . . . . . . VII, 88.

VII, 6 . . . . . VI, 262.

declamationes.

Nr. 279 . . . . . III, 73.

**Reichsgesetzgebung, deutsche.**

Aurea bulla Caroli IV. von 1356.

cap. 8, § 1 . . . IV, 509.

cap. 15, § 4 . . II, 322.

Artikel des K. G. zu Lindau von 1500.

art. XIII, § 1. 2 . VI, 40.

Notariatsordnung vom 1512.

§ 2 . . . . . . II, 228.

Landfriede von 1521.

VII, 9 . . . . . II, 297.

Kammergerichtsordnung von 1523.

art. 3, § 3 . . . VI, 41.

Reichspolizeiordnung von 1530.

tit. 33 . . . . . VIII, 527.

Reichspolizeiordnung von 1548.

tit. 25 . . . . . VIII, 527.

Landfriede von 1548.

tit. 2. 14. tit. 29, § 4 . . . . . . . . II, 322.

Reichsabschied von 1548.

§ 53 . . . . . . IV, 342.

§ 56. 59. 64 . . IV, 509.

Reichsabschied von 1551.

§ 80 . . . . . . II, 227.

Kammergerichtsordnung von 1555.

II, tit. 9, § 6 . . . . . . . . . VI, 250.

II, tit. 10, § 1 . . . . . . . . II, 322.

III, tit. 1. 2, § 1. tit. 13, § 1 . . VI, 43.

III, tit. 13, § 4. tit. 15, § 4. tit. 24 bis 29. VI, 44.

Reichsabschied von 1570.

§ 89. 90 . . . VI, 45.

**Reichsgesetzgebung, deutsche.**
Reichsabschied von 1576.
§ 105 . . . . . IV, 509.
Reichspolizeiordnung von 1577.
tit. 26 . . . . . VIII, 527.
Kammergerichtsordnung von 1613.
II, 19, proem. . . I, 155.
II, 33, § 3 . . IV, 342.
II, 71 . . . . . I, 155.
Instrumentum pacis Osnabrugensis von 1648.
art. 5, § 26 . . V, 302.
art. 5, § 27 . . V, 301.
Jüngster Reichsabschied von 1654.
§ 36 . . . . . . VI, 45.
§ 37 . . . . . . V, 168. VI, 45. 46.
§ 38 . . . . . . V, 168. VI, 45.
§ 39 . . . . . . VI, 45.
§ 40 . . . . . . VI, 45. 46.
§ 105 . . . . . I, 155.
§ 110 . . . . . VI, 45.
Reichsschlüsse von 1668, 1670 . . . . . II, 227.
Strafe der widerspenstigen Handwerksgesellen von 1731 . . . . . . . . . . . . II, 227.
Wahlkapitulation des Kaisers von 1792, (Schluß des Eingangs) . . . . . . . . . . . III, 311.
art. 10. § 4 . . V, 302.
Allgemeine deutsche Wechselordnung vom 27. Nov. 1848 . . . . . . . VIII, 151. 159.
**Sachsenspiegel.**
I, 30. III, 33 . . VIII, 173.

**Sächsisches Privatrecht**, s. Haubold.
§ 276 . . . . V, 407.
Sanctio pragmatica Justiniani . . . I, 132.
§ 11 . . . . . I, 51.
**Scholien zu Juvenal's Satyren** (in Jun. Juvenalis Satiras commentarii vetusti, ed. Cramer).
X, 99, pag. 605 . III, 60.
**Schwabenspiegel.**
cap. 87. 130. 405. VIII, 173.
**Schweizerisches Staatsrecht.**
Officielle Sammlung der das schweizerische Staatsrecht betreffenden Aktenstücke.
B. 2, S. 34. 36. 39 . . . . . . VIII, 95.
**Seneca,** M. Annaeus,
contraversiarum libri decem.
lib. 3, praef. . . VII, 82.
**Seneca,** L. Annaeus,
de consolatione ad Marciam.
cap. 24 . . . . III, 65.
de beneficiis.
III, 7 . . . . V, 102. 643. 645.
epistolae ad Lucilium.
108 . . . . . VI, 486.
**Servius,** (Maurus Honoratus).
comment. ad Virgilii Aeneid.
IV, 653 . . . . III, 58.
VII, 53 . . . . III, 65.
comment. ad Virgil. eclog.
VIII, 39 . . . . III, 65.
**Sextus,** s. liber sextus.

**Siculus Flaccus**, de conditionibus agrorum (der Gromatici veteres, ed. Lachmann).
pag. 135 . . . VIII, 45.
**Spartianus**, vita Hadriani.
cap. 7 . . . . . II, 273.
**Statius**, Thebais.
IV, 841 . . . . . IV, 610.
**Suetonius**,
vitae duodecim imperatorum.
Augustus, cap. 8 . . . . . III, 61.
— , cap. 33 . . . VI, 293.
— , cap. 57 . . . II, 254.
— , cap. 101 . . . II, 238.
Caligula, cap. 10 . . . III, 61.
— , cap. 16 . . . V, 645.
Claudius, cap. 1 . . . . . II, 254.
— , cap. 26 . . . I, 221.
Galba, cap. 14 . . . . . V, 645.
Julius, cap. 40 . . . . . IV, 455. 612.
— , cap. 41 . . . . . V, 645.
Octavianus, cap. 32 . . IV, 432. V, 645.
Tiberius, cap. 35 . . . II, 556.
de illustris Grammaticis.
cap. 21 . . . . . II, 473.
**Sulpicius Victor**, f. Caperonner.
**Tabula Heracleensis.**
lin. 108. 109. 110. II, 171.
lin. 111 . . . . . II, 171. 174. 177. 178.
lin. 112 . . . . . II, 171. 174. 184.
lin. 113 . . . . . II, 171. 179. 184.

**Tabula Heracleensis.**

lin. 114. 115. 116. II, 171. 179.
lin. 117 . . . . II, 171. 174. 179.
lin. 118 . . . . II, 171. 174.
lin. 119. 120 . . II, 171.
lin. 121 . . . . II, 171. 174.
lin. 122. 123 . . II, 171. 183. 184.
lin. 132 . . . . II, 171. 205.
lin. 133 bis 141 . II, 171.
vers. 4. 5. 6 . . IV, 437.

**Tacitus,**

annales.

I, 54 . . . . . . II, 261.
II, 30 . . . . . II, 285.
IV, 16 . . . . . II, 505.
VI, 2 . . . . . II, 273.
XI, 6 . . . . . VI, 287.
XII, 5. 6. 7 . . I, 221.
XII, 53 . . . . II, 64.
XIII, 12 . . . VI, 491.
XIII, 27 . . . II, 254.
XIV, 27 . . . VIII, 54.
XIV, 28 . . . VI, 293.

historiarum libri.

I, 11 . . . . . . VIII, 51.
IV, 84 . . . . . III, 77.

de causis corruptae eloquentiae.

cap. 39 . . . . . III, 66.

**Tertullianus,** de spectaculis.

cap. 22 . . . . . II, 210.

**Ulpianus,** fragmentum.
I, § 13 . . . . . III, 74.
I, § 19 . . . . . I, 359.
II, § 5 . . . . . III, 140.
II, § 6 . . . . . III, 138. 142.
II, § 11 . . . . . IV, 51.
III, § 1 . . . . . II, 5. 281. VIII, 459.
III, § 2 . . . . . VIII, 459.
III, § 3 . . . . . II, 5. IV, 376. VIII, 459.
III, § 4. 5 . . . VIII, 459.
III, § 6 . . . . . I, 123. II, 281. VIII, 459.
V, § 1 . . . . . II, 386.
V, § 3 . . . . . II, 27.
V, § 4. 5 . . . II, 27. 40. 41.
V, § 6 . . . . . II, 27.
V, § 8 . . . . . II, 27. 470.
VI, § 2 . . . . . II, 436.
VI, § 6 . . . . . II, 116.
VI, § 8 . . . . . IV, 412.
VI, § 9 . . . . . IV, 178.
VII, § 1 . . . . IV, 61. 171. 179.
VII, § 4 . . . . II, 40. 470. III, 369. IV, 376.
VIII, § 5 . . . . III, 62.
X, § 1 . . . . . II, 495.
X, § 5 . . . . . II, 503. 505.
XI, § 5 . . . . . II, 66.
XI, § 6 . . . . . V, 21.
XI, § 7 . . . . . I, 259. V, 21.
XI, § 8 . . . . . V, 21.
XI, § 9 . . . . . II, 78.

**Ulpianus,** fragmentum.
XI, § 10. 11. 12. II, 63.
XI, § 13 . . . II, 61. 63. 464. 480. 501.
XI, § 16 . . . II, 37. 42.
XI, § 27 . . . II, 480.
XI, § 28 . . . III, 57. 69. 376.
XIII, § 1 . . . II, 37. 517. 554.
XIII, § 2 . . . II, 517. 555.
XIV . . . . . . II, 533.
XV . . . . . . II, 5. 6. IV, 103. 182.
XV, § 1 . . . IV, 273.
XVI, § 1 . . . II, 5. III, 65.
XVI, § 2 . . . II, 520. 523.
XVII, § 1 . . . III, 208. IV, 269. VIII, 459.
XIX, § 1 . . . II, 290. VIII, 534.
XIX, § 4 . . . II, 27. 41. VIII, 85. 452. 460.
XIX, § 5 . . . II, 27. VIII, 85. 452.
XIX, § 6 . . . IV, 567.
XIX, § 7 . . . IV, 579.
XIX, § 9. 10. 11. V, 21.
XIX, § 13. 14 . IV, 141.
XIX, § 18 bis 21. III, 93.
XX, § 2 . . . IV, 259. VIII, 452.
XX, § 3 . . . II, 51.
XX, § 4 . . . II, 51. VIII, 452.
XX, § 5 . . . II, 51. 249. V, 129. VIII, 452.
XX, § 6 . . . II, 51. VIII, 452.
XX, § 8 . . . II, 28. 42. IV, 259. VIII, 452.
XX, § 9 . . . VI, 12.
XX, § 10 . . . II, 55. IV, 259. VIII, 452.

**Ulpianus**, fragmentum.

XX, § 11 . . . II, 469. III, 378.
XX, § 13 . . . II, 482. III, 89.
XX, § 14 . . . II, 28. 39. 42. IV, 259. VIII, 50. 80. 85. 452.
XX, § 16 . . . II, 33.
XXI . . . . . III, 133.
XXI, § 14 . . . II, 37.
XXII, § 1 . . . II, 28. 42. VIII, 457.
XXII, § 2 . . . II, 28. 42. IV, 259. VIII, 457.
XXII, § 3 . . . II, 37. 42. IV, 259. 268. 269. VIII, 457. 459.
XXII, § 5 . . . II, 301. 302. 306. 362.
XXII, § 6 . . . II, 262. 265. 303.
XXII, § 9 . . . II, 367.
XXII, § 25. 26 . III, 247.
XXII, § 27. 31. 32. III, 404.
XXIII, § 4 . . . II, 88. 166. 482.
XXIII, § 5 . . . II, 168.
XXIII, § 6 . . . II, 88. 166. 482. VIII, 453. 456.
XXIV, § 1 . . . III, 133.
XXIV, § 3 . . . I, 121.
XXIV, § 4 . . . I, 146.
XXIV, § 7 . . . IV, 246. VIII, 460.
XXIV, § 16 . . III, 217.
XXIV, § 17 . . III, 132.
XXIV, § 19 . . III, 219. 304. 306.
XXIV, § 20 . . III, 219.
XXIV, § 28 . . II, 305.
XXV, § 2 . . . IV, 266.

**Ulpianus,** fragmentum.

XXV, § 4. 6 . . II, 28.
XXV, § 7 . . . IV, 268.
XXV, § 8 . . . III, 217.
XXV, § 12 . . II, 146. V, 64.
XXV, § 13 . . III, 132.
XXV, § 18 . . II, 146.
XXVI, § 5 . . . VIII, 485.
XXVII, § 5 . . II, 88. 89.
XXVIII . . . . . II, 74.
XXVIII, § 6 . . IV, 540.
XXVIII, § 7 . . II, 505.
XXVIII, § 9 . . II, 75.
XXVIII, § 10 . . IV, 401.
XXVIII, § 12 . . I, 295. II, 241. V, 72.
XXIX, § 3 . . . II, 5.

**Ulpianus,** Fragmentum de interdictis . . . V, 151.

**Ulpianus,** tit. de legibus.

§ 1. 2 . . . . . IV, 538. 550.
§ 3 . . . . . . I, 121.
§ 4 . . . . . . I, 146.

**Valerius Maximus,** factorum dictorumque lib. IX.

II, 2, § 4 . . . II, 53.
II, 4, § 4 . . . II, 204.
II, 8, § 2 . . . V, 103. 483.
VII, 7, § 6 . . VI, 493.
VIII, 1, § 2 . . V, 103.
VIII, 2, § 1 . . V, 605. 606. 640.

**Valerius Probus,** (auctores latinae linguae ed. D. Gothofredus, 1602, pag. 1453) . . . . V, 577.

**Varro,**

de lingua latina (ed. Müller).

lib. 5, § 3 . . . II, 38.
lib. 5, § 36 . . V, 538.
lib. 6, § 11 . . IV, 608.
lib. 8 (sonst 7), § 41. II, 263. 284.
lib. 10 *), § 3 bis 6. I, 291.

de re rustica.

lib. I, 28 . . . IV, 326.
lib. II, proem. . . IV, 604.

**Virgilius,** eclogae.

V, 49 . . . . IV, 605.

**Westphalen,** vormaliges Königreich.

Dekret vom 18. Januar 1813.

art. 3 . . . . I, 243.

*) in älteren Ausgaben lib. 9.

Druck von Theodor Fischer in Cassel.

FSC
www.fsc.org
MIX
Papier | Fördert gute Waldnutzung
FSC® C083411

Kolibri 360 GmbH
Ferdinand-Jühlke-Straße 7
99095 Erfurt, Deutschland
produktsicherheit@kolibri360.de